新智生产力

AI治理与赋能

主　编◎尚进
副主编◎胡杨

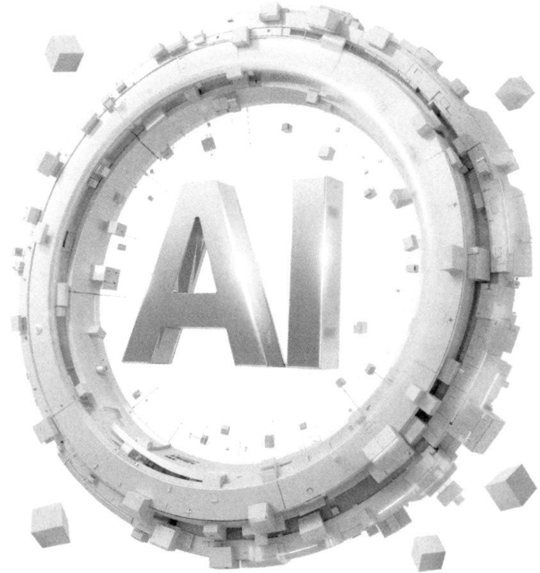

法律出版社 LAW PRESS
北京

图书在版编目（CIP）数据

新智生产力 : AI治理与赋能 / 尚进主编. -- 北京 : 法律出版社, 2025. -- ISBN 978-7-5244-0591-7

Ⅰ. D9-39

中国国家版本馆CIP数据核字第2025EZ9634号

新智生产力 : AI治理与赋能
XINZHI SHENGCHANLI : AI ZHILI YU FUNENG

尚 进 主编

策划编辑 陈昱希
责任编辑 陈昱希
装帧设计 鲍龙卉

出版发行 法律出版社
编辑统筹 法规出版分社
责任校对 晁明慧
责任印制 耿润瑜
经　　销 新华书店

开本 710毫米×1000毫米 1/16
印张 21.75 **字数** 322千
版本 2025年9月第1版
印次 2025年9月第1次印刷
印刷 北京科信印刷有限公司

地址：北京市丰台区莲花池西里7号（100073）
网址：www.lawpress.com.cn
投稿邮箱：info@lawpress.com.cn
举报盗版邮箱：jbwq@lawpress.com.cn

销售电话：010-83938349
客服电话：010-83938350
咨询电话：010-63939796

书号：ISBN 978-7-5244-0591-7
定价：78.00元

凡购买本社图书，如有印装错误，我社负责退换。电话：010-83938349

本书编委会

顾　　问　王金平　杜　平　李　平　丁文锋　屈庆超

主　　编　尚　进

副 主 编　胡　杨

编委会成员　段　振　张英俊　毕文强　李永卓　向海龙
洪友红　陶光辉　戴　伟　潘鹏飞　乔聪军
傅伯岩　唐爱超　李奕瑄　石会昌　潘彭丹

序　言
以AI之“智”，铸产业之“质”

人类文明的进程，总是伴随生产力的革命性突破。从蒸汽机引发的第一次工业革命，到电力驱动的第二次工业革命，再到计算机催生的第三次工业革命，每一次重大技术变革都深刻重塑了经济形态、社会结构与文明走向。而今，以人工智能为核心的新一轮科技革命正在全球范围内加速展开，一场由“智能”驱动的新智生产力革命已经到来。这不仅是技术工具的更迭，更是生产方式、生活方式、思维方式的系统性重构，将为人类社会带来前所未有的发展机遇与挑战。

2022年年底，随着ChatGPT的横空出世，人工智能从实验室和专业领域走入大众视野，迅速成为全球瞩目的技术风口。这一刻，许多人才真正意识到：AI不再是科幻小说中的遥远幻想，而是已经真切深入人们日常生活的现实力量。2024年，国产大模型DeepSeek以1760亿参数规模，在数学、推理、编程等多项测试中超越GPT-4，标志着中国在通用人工智能领域实现关键突破。这些技术里程碑不仅反映了AI能力的飞跃，更预示着一个智能驱动的新时代正在加速到来。

在这一历史性时刻，我们撰写《新智生产力》一书，旨在为政府部门、企业决策层和AI精英们提供系统而前瞻的战略指导。本书不满足于技术层面的浅尝辄止，而是力图从历史维度、全球视野和战略高度，深入剖析AI技术的核心原理、最新发展趋势、行业监管及其在各行各业中的变革性实践，系统展示

AI如何作为新质生产力引擎推动产业变革，为读者绘制一幅AI驱动创新发展的全景图。

本书从国家正在大力倡导的“新质生产力”概念出发，进一步将其引申为“新智生产力”，意在突出强调人工智能这一核心驱动力通过认知范式的系统性重构，深度重塑生产要素的配置逻辑与价值创造路径。这种转型不仅体现为技术工具的又一次升级和一般意义上量变的积累，更催生了生产力认知基模的颠覆，是一种质的飞跃：当DeepSeek大模型以开源生态降低AI应用门槛，当鸿蒙系统通过全域算力调度打破技术封锁，人类首次在生产力体系中实现了知识沉淀的自动化与决策优化的实时化，标志着社会生产正式跨入“智能涌现”的新纪元。

在此，我们明确指出，本书所探讨的“新智生产力”，是“新质生产力”在人工智能领域的具体化与深化。“新质生产力”是习近平总书记提出的重大战略概念，其核心要义在于以科技创新驱动生产力跃迁，摆脱传统经济增长方式，实现高质量发展。而“新智生产力”则聚焦于人工智能作为核心引擎，通过对数据、算力、算法等新生产要素的深度整合与优化，重塑传统产业，催生新兴产业，从而推动生产力实现质的飞跃。因此，“新智生产力”可被理解为人工智能赋能下的新质生产力，是其在智能时代背景下的重要分支和实现路径，其发展始终立足于国家关于新质生产力的战略部署和深刻内涵。

区别于传统生产力的改良与延续，新质生产力植根于颠覆性技术创新，通过要素重组、效率优化与模式重构，开创全新的价值创造范式和认知体系。而在这一过程中，AI正在以三重路径重塑产业格局：一是从工具赋能到流程再造，实现生产效率的几何级提升；二是从单点应用到系统重构，催生全新的商业模式与产业形态；三是从人机分立到协同进化，开辟人类认知与创造的新边界。

本书分为五大部分，系统展开对AI驱动经济社会变革的全面探索。第一部分“揭秘AI：从科幻到现实”，从理论视角追溯AI的发展历程、核心技术与演进趋势，解析从农业文明到智能文明的四次文明浪潮，阐释AI与人类智慧的异同，展望智能文明对生产与生活的重构图景。本部分还将全面分析全球AI竞争格局，对比美国科技巨头引领的AI生态链优势、欧盟数字主权与AI治理新范式，以及中国新型举国体制下的AI创新优势与机遇，为读者提供全球视野下的AI战略洞察。

第二部分“数据与AI：智能时代的共舞”，深入探讨数据作为AI“粮食”的关键作用，解析大数据时代的特征挑战，阐释数据要素市场化配置的战略机遇，介绍国家数据局与“数据要素×”行动计划的意义与实施路径。本部分将系统阐述数据治理与数据处理的重要性，以及如何将数据转化为有价值的智能决策，展现“从数据到智慧”的完整路径。此外，本部分还将解读“人工智能+”行动计划的核心内容与实施策略，深入剖析AI与实体经济深度融合的模式与机制，展示AI重塑产业创新动力系统。

第三部分“AI改变世界：未来已来”，是本书的重点内容，通过丰富生动的案例展示AI在各行各业的革命性应用。从智能制造到数字政务，从智慧司法到金融科技，从智慧交通到智慧医疗，从智能教育到数字文创，再到智能服务等前沿领域，本部分将全面呈现AI如何改变现实世界。每个章节都聚焦特定行业，深入剖析行业痛点与AI解决方案，展示领先企业的创新实践。例如，西门子元宇宙工厂的数字孪生技术应用，宝马AI质检系统如何重塑智造标准，杭州上城法院“小智3.0”的智能诉讼实践，平安集团GammaLab金融大脑的创新应用，以及宇树科技G1/H1系列人形机器人的技术突破与商业化路径。这些鲜活案例不仅展示了AI的现实应用价值，更描绘了未来产业发展的广阔图景。

第四部分“十字路口：AI时代的伦理与监管”，直面AI发展中的复杂挑战。随着AI渗透社会各领域，伦理、安全与治理问题日益凸显。本部分将深入探讨AI在算法正义、透明可解释性和数据隐私等方面的伦理问题，分析安全与发展双轮驱动的平衡策略，解读可信AI技术底座的构建实践。同时，本部分还将剖析AI系统面临的主要安全风险与防范措施，介绍全球主要国家和地区的AI监管政策与治理框架，并探讨开放合作、共建共享的全球AI创新治理网络的构建路径，为决策者提供AI监管与治理的政策参考，帮助读者在技术浪潮中把握伦理方向。

第五部分“智能新纪元：人机共生的未来图景”，放眼未来，探讨AI发展带来的人机协作、就业变革和社会影响。本部分将分析AI如何改变工作性质与创造过程，探讨人类与AI协作的最佳实践，展示AI如何成为人类能力的放大器。此外，本部分还将阐释中国AI自主创新的战略意义与路径，探讨从跟跑到领跑的创新跃迁、核心技术突破与标准话语权建设的重要性，展望中国特色AI创新的未来。作为收官，本部分提出“AI时代生存指南”，为个人保持竞争力、企业推动数智化转型、政府拥抱AI变革提供系统性建议，帮助各类主体在AI时代把握机遇、应对挑战。

作为一本面向政府决策者、企业管理层和AI技术精英的战略指导书，《新智生产力》将为不同读者提供差异化价值。对于政府决策者，本书系统阐述了AI发展的战略意义与政策路径，分析了全球AI治理趋势与中国方案，为制定AI产业政策与规划提供重要参考。对于企业管理者，本书详细探讨了AI转型的策略方法与实施路径，通过丰富案例展示了AI如何赋能业务创新与效率提升，帮助企业把握数智化转型机遇。对于技术从业者，本书深入剖析了AI核心技术的原理与演进，系统介绍了各行业AI应用场景，开阔视野，启发跨界创新思维。

在撰写过程中，我们深刻认识到，AI发展已经进入关键阶段。从算法突破到产业应用，从企业创新到国家战略，AI正以前所未有的速度与广度重塑经济社会发展格局。在这一背景下，中国既面临赶超机遇，也面临严峻挑战。一方面，中国拥有超大规模应用场景、完整产业体系与新型举国体制等独特优势；另一方面，在核心技术、顶尖人才与国际合作等方面仍存在差距。如何充分发挥优势、弥补短板，构建自主可控、开放协同的AI创新生态，是中国参与全球

AI竞争的关键命题。

《新智生产力》一书正是基于这样的时代背景与战略思考而诞生。我们希望通过系统梳理AI在不同领域的应用场景和实践经验，帮助决策者解决推动AI产业发展过程中面临的实际问题。从技术创新到商业模式重构，从应用场景挖掘到伦理风险防范，本书全方位探讨了AI赋能产业发展的各个关键环节，不仅是一本深入浅出的AI应用指南，更是一部洞察产业未来、指引创新方向的战略性著作。

当我们站在智能时代的前沿，回望人类文明发展历程，不难发现每一次生产力革命都伴随着深刻的社会变革。蒸汽动力改变了物质生产方式，电力革命重塑了能源利用模式，信息技术颠覆了知识传播范式。而AI将如何重构人类认知与创造的边界？这个问题的答案，不仅取决于技术本身，更取决于我们如何理解、应用与引导技术发展。正如物理学家奥本海默所言：“科技改变了世界，但我们需要智慧来引导它。”

《新智生产力》正是希望为这种智慧提供一些启发。通过深入理解AI的本质与影响，积极参与AI的创新与应用，共同构建负责任的AI治理体系，我们能够确保这一强大工具服务于创造更加美好的世界。以AI之“智”，铸产业之“质”，不仅是技术与产业的融合，更是智慧与价值的共创。让我们一起，在这场AI驱动的新质生产力发展浪潮中，把握机遇，迎接挑战，共创智能时代的美好未来。

2025年5月于北京

目　录

Contents

（挑战篇）

第四部分
十字路口：AI 时代的伦理与监管

理论篇

第一部分

揭秘AI：从科幻到现实

人工智能正以前所未有的速度重构全球产业格局与社会形态，开启新智生产力的历史性变革。从达特茅斯构想到大模型时代，AI已从科幻走向现实，成为推动人类迈向智能时代的核心引擎。与农业解放体力、工业扩展能量、数字提升信息处理等方式不同，在智能文明形成的过程中，AI对人类认知能力的系统性增强与部分替代将会得以实现，进而催生“人机共生、共创、共享”的新生产关系。

第 1 章
智能觉醒：AI 开启第四次文明浪潮

人工智能正以前所未有的速度与深度重塑人类文明的进程。从1956年达特茅斯会议的构想，到如今大模型引领的智能革命，AI已从实验室的理论探索演进为改变世界的现实力量。本章将深入探讨这一蜕变为何不仅是技术工具的更迭，更是生产方式、社会结构与文明形态的根本性转型。

1.1 从达特茅斯到GPT：AI的史诗进化

1956年夏天，在美国新罕布什尔州达特茅斯学院举办的一场学术研讨会上，“人工智能”（Artificial Intelligence，AI）这一术语首次被约翰·麦卡锡（John McCarthy）[1]正式提出。这场历时两个月的会议汇聚了玛文·明斯基、克劳德·艾尔伍德·香农[2]、艾伦·纽厄尔和赫伯特·亚历山大·西蒙[3]等计

[1] 约翰·麦卡锡是一位杰出的计算机科学家，出生于美国波士顿。他因在人工智能领域的开创性贡献而闻名，并在1971年荣获了图灵奖。他的研究极大地推动了人工智能的发展，对现代计算机科学产生了深远的影响。

[2] 克劳德·艾尔伍德·香农是一位杰出的美国数学家、电子工程师和密码学家。香农的贡献对信息论的发展至关重要，他的研究奠定了现代通信系统的基础。他被认为是信息论之父，他的工作对数字通信和数据压缩领域产生了深远影响。

[3] 赫伯特·亚历山大·西蒙（司马贺）是一位美国学者、计算机科学家和心理学家，他的研究涉及认知心理学、计算机科学等多个领域。他是人工智能和决策理论的先驱，以其对有限理性、满意度最大化和行为经济学的贡献而闻名。他的研究对理解人类决策过程和组织行为产生了深远影响。

算机科学和认知科学的先驱，他们在提案中自信地宣称："我们认为，如果精心挑选一组科学家共同工作一个夏天，就能在让机器使用语言、形成抽象概念、解决目前仅限于人类的问题，以及自我提升等方面取得重大进展。"这一被后人称为"达特茅斯会议"[1]的历史性聚会，不仅正式确立了人工智能作为一门独立学科的地位，更是人类追求用机器模拟智能的里程碑事件，拉开了一场跨越半个多世纪的技术探索和产业变革的序幕（见图1-1）。

图1-1　1956 年的达特茅斯会议奠定了 AI 后续发展的技术路径

达特茅斯会议后的初期阶段，被学界称为"符号主义"时期[2]，也是AI发展的第一个黄金时代。这一时期的研究者们充满乐观与激情，相信模拟人类思维的关键在于符号处理和逻辑推理。约瑟夫·韦岑鲍姆（Joseph Weizenbaum）在1966年开发的ELIZA程序，可以通过简单的模式匹配与人类

〔1〕 1956年夏季在达特茅斯学院举办的会议首次提出"人工智能"这一术语，由约翰·麦卡锡（John McCarthy）等计算机科学和认知科学先驱组织，旨在让机器模拟智能行为，推动AI成为独立学科。这是AI领域的奠基事件，被誉为"达特茅斯会议"。See https://www.historyofdatascience.com/dartmouth-summer-research-project-the-birth-of-artificial-intelligence/.

〔2〕 符号主义时期主要集中在1950年至1970年，人工智能研究的早期阶段。这一时期，研究者们主要关注机器推理系统，并开发了早期的神经网络和专家系统。符号主义学派认为人工智能源于数理逻辑，其核心思想是将智能行为描述为符号操作。

进行类似心理咨询师的对话，成为早期自然语言处理的典范。1958年，弗兰克·罗森布拉特（Frank Rosenblatt）发明的“感知机”（Perceptron）开创了机器学习的早期形态，尽管功能有限，但其概念奠定了后来神经网络发展的基础。1965年，斯坦福大学开发的DENDRAL专家系统〔1〕能够根据质谱数据识别化学结构，是第一个被广泛应用的专家系统，标志着AI开始向专业领域渗透。在这一时期，AI研究者的目标直指“通用人工智能”，马文·明斯基甚至乐观地预言，在一代人的时间内就能制造出具有普通人类智力水平的机器。

然而，这种乐观很快遭遇了现实的挑战。到了20世纪70年代中期，AI研究陷入了第一次“寒冬”。1969年，马文·明斯基和西摩尔·帕普特（Seymour Papert）在《感知机》一书中证明了单层感知机无法处理简单的异或（XOR）问题，对连接主义方法造成沉重打击。英国的莱特希尔报告（Lighthill Report）和美国国防部高级研究计划局（DARPA）对AI项目的资金削减，进一步加剧了这一困境。研究者逐渐认识到，当初对AI的期望过于乐观，人类智能的复杂性远超想象，尤其是常识推理、自然语言理解等被称为“AI完备”问题的领域，进展远比预期困难。

第一次寒冬后的20世纪80年代，随着专家系统的兴起，AI研究迎来了商业化的曙光。这一时期，以规则为基础的专家系统在医疗诊断、金融分析等专业领域取得了实用性突破。1980年，斯坦福大学推出的MYCIN系统〔2〕能够诊断血液感染并推荐抗生素治疗，其准确率甚至超过了一些医学专家。专家系统的成功使AI首次从实验室走向商业应用，日本“第五代计算机”计划的启动更是将AI推向了国家战略高度。与此同时，神经网络研究也重获活力。1986年，杰弗里·辛顿（Geoffrey Hinton）、大卫·鲁梅尔哈特（David Rumelhart）和罗纳

〔1〕 1965年斯坦福大学开发的DENDRAL专家系统，利用质谱数据辅助有机化学家识别分子结构，被认为是第一个广泛应用的专家系统，标志着AI向专业领域渗透。

〔2〕 20世纪70年代，斯坦福大学的MYCIN系统在医疗诊断领域取得突破，能够推荐感染性疾病治疗方案，准确率接近专家水平，推动专家系统商业化应用。

德·威廉姆斯（Ronald Williams）提出的反向传播算法（Backpropagation）解决了多层神经网络的训练问题，为后来的深度学习奠定了理论基础。

然而，专家系统很快暴露出其固有局限性——知识获取“瓶颈”、规则库维护困难以及对非结构化数据处理能力欠缺等问题，导致了20世纪80年代末到90年代初的第二次AI寒冬。这次挫折使AI研究者开始反思，单纯依靠规则系统或简单神经网络难以解决复杂的实际问题，AI需要更坚实的科学基础和更务实的应用路径（见图1–2）。

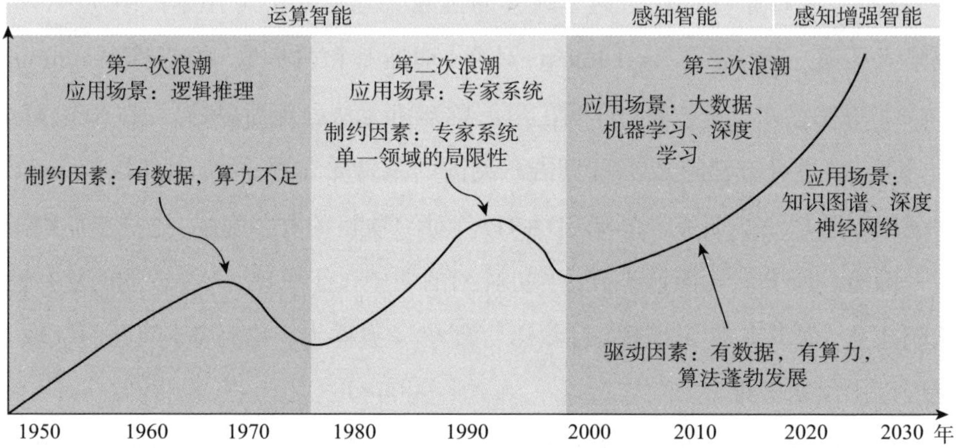

图1–2　人工智能发展的三次浪潮

20世纪90年代中期开始，AI研究迎来了方法论上的重大转变，统计学习方法逐渐成为主流。这一阶段的标志性事件是IBM“深蓝”（Deep Blue）计算机在1997年战胜国际象棋世界冠军卡斯帕罗夫[1]。尽管“深蓝”主要依靠强大的计算能力和棋谱数据，但它证明了在特定领域，机器已经可以超越人类最高水平的专家。与此同时，在自然语言处理、计算机视觉等领域，基于统计模型的方法取得了实质性进展。隐马尔可夫模型（HMM）在语音识别中的应用，支

---

〔1〕 1997年，IBM的深蓝（Deep Blue）计算机击败国际象棋世界冠军卡斯帕罗夫，标志着AI在特定领域超越人类顶尖专家。“深蓝”通过并行计算和专用硬件每秒评估2亿局面，展示了计算能力对AI发展的关键推动作用。See https://www.ibm.com/history/deep-blue.

持向量机（SVM）在图像分类中的成功，以及基于N-gram模型的文本处理技术，都代表了这一时期AI研究的主流方向。相较于早期寻求通用智能的宏大目标，这一时期的AI研究更加注重解决特定问题，更加重视数据驱动和经验验证，也更加注重实际应用价值。

2006年，杰弗里·埃弗里斯特·辛顿（Geoffrey Everest Hinton）[1]发表的关于深度信念网络的论文，标志着深度学习时代的开始。这一转折点被视为AI发展的又一个重大飞跃，深度学习之所以能够在这一时期崛起，源于三大关键因素的汇聚：一是计算能力的指数级提升，尤其是图形处理单元（GPU）在并行计算方面的巨大优势；二是大规模数据集的出现，如ImageNet等包含数百万标注样本的数据库为模型训练提供了坚实基础；三是算法创新，包括卷积神经网络（CNN）、长短期记忆网络（LSTM）等架构的改进，以及ReLU激活函数、Dropout正则化等技术的应用，有效地解决了深层网络训练中的梯度消失和过拟合问题。

2012年，由Alex Krizhevsky、Ilya Sutskever和Geoffrey Hinton开发的AlexNet在ImageNet挑战赛中以16.3%的错误率大幅领先第二名（26.2%），这被视为深度学习正式走向主流的标志性事件。随后，深度学习技术迅速在各个领域取得突破：2014年，Facebook的DeepFace人脸识别系统准确率达到97.35%，接近人类水平；2016年，谷歌DeepMind的AlphaGo战胜围棋世界冠军李世石，展示了深度强化学习在复杂决策任务中的潜力；2017年，谷歌的Transformer模型架构提出，开创了自然语言处理的新范式，后来成为大语言模型的基础架构。

2018年以后，AI发展进入了大模型时代，这一阶段的关键特征是模型规模的指数级扩大和自监督学习范式的兴起。2018年，OpenAI发布的GPT-1（Generative Pre-trained Transformer）模型拥有1.17亿参数；2019年，GPT-2

[1] 杰弗里·埃弗里斯特·辛顿，是一位出生于英国的加拿大计算机学家和心理学家，主要在多伦多大学任教。他在深度学习和神经网络领域做出了重要贡献，被称为“深度学习之父”之一。

扩大到15亿参数；2020年，GPT−3跃升至1750亿参数；2021年年底，李斯特语言（DeepMind）的Gopher达到2800亿参数；2022年，谷歌的PaLM模型突破5400亿参数；2023年，GPT−4的参数规模据估计已超万亿。这种参数规模的飞跃不仅带来了性能的提升，更重要的是催生了“涌现能力”（Emergent Abilities）——当模型规模达到某个临界点后，突然出现之前未被训练或预期的能力，如常识推理、多步骤问题解决、跨领域知识整合等。

2022年11月，OpenAI发布ChatGPT成为引爆全球AI热潮的关键事件。这款产品将GPT系列模型的强大能力以对话形式呈现给普通用户，其在知识获取、创意写作、代码编程等方面的卓越表现，让全球数亿用户直观体验到了大模型的能力。ChatGPT的爆火不仅标志着AI技术从实验室和专业领域走向大众市场的拐点，更催生了一场席卷全球的AI产业变革。各大科技巨头纷纷加码投入，谷歌推出Bard（现改名为Gemini）、微软推出Bing Chat和Copilot、Meta推出Llama系列开源模型、百度推出文心一言、阿里推出通义千问，全球AI创业公司融资规模也迅速攀升至历史新高。

2024年以来，以DeepSeek为代表的国产大模型实现了关键突破。凭借在数学推理、程序编写等多项评测中超越GPT−4的卓越表现，DeepSeek以1760亿参数规模的技术实力和极致的性价比优势，在全球AI竞争格局中确立了中国模型的重要地位。特别值得一提的是，DeepSeek的训练成本仅为同类国际模型的1/10，这种“成本降维打击”为加速AI技术在各行业的普及应用提供了可能。当微软、亚马逊、阿里、百度等全球科技巨头纷纷与DeepSeek达成战略合作，将其能力整合到自身云服务平台时，我们看到的不仅是一家公司的商业成功，更是中国在通用人工智能领域实现关键突破后，带动全球AI生态加速重构的典型案例。

纵观AI从达特茅斯会议到GPT的进化历程，我们得以洞察并提炼出其发展所遵循的几个重要规律，这些规律不仅揭示了AI演进的内在逻辑，也为我们预判未来趋势提供了深刻启示：第一是“周期律”——AI发展经历了明显的波峰与波谷，技术热潮与寒冬交替，每次低谷后的复兴都建立在更坚实的科学基础和更务实的应用场景之上；第二是“融合律”——AI的重大突破往往来自多学科交叉融合，从早期的数学与逻辑学，到后来的统计学、神经科学、心理学等多领域知识的整合；第三是“硬件律”——计算能力的提升是AI发展的关键推动力，从大型机到个人计算机，从GPU到专用AI芯片，硬件能力的跃升总是伴随着AI技术的质变；第四是“数据律”——大规模数据的可获取性决定了AI技术的应用边界，从早期的棋谱、医学记录到现代的互联网文本、图像、视频等海量数据，为AI模型提供了越来越丰富的“营养”；第五是“产业律”——AI技术最终通过与实体经济的深度融合释放其价值，每一次技术突破后都会催生新的商业模式和应用场景，重塑产业形态。

当前，我们正处于AI重塑全球产业格局的历史性拐点。与前几次技术革命相比，AI技术的独特之处在于其“通用性”——它不是某个特定领域的专用工具，而是能够渗透到几乎所有行业和应用场景的基础设施。大模型时代的AI，正从单点专用工具向通用智能基座转变，通过认知自动化、创造性协作和智能决策支持，全面提升各行各业的生产效率和创新能力。

1.2　四次文明浪潮：智能时代的拐点到来

人类文明史，是一部不断突破自身局限、扩展能力边界的进化史。在这漫长的历程中，人类社会经历了几次重大的文明跃迁，每一次都由关键技术的突破引发生产方式的根本变革，进而重塑整个社会结构和文明形态。纵观历史长河，我们可以清晰地辨识出四次重大的文明浪潮：农业文明、工业文明、数字文明，以及正在兴起的智能文明。这四次浪潮不仅标志着生产力的几何级提升，更代表着人类认知能力的不断拓展和社会组织形式的深刻变革。当下，我们正站在第四次文明浪潮——智能文明的拐点上，AI作为核心驱动力，正在以前所未有的方式重塑生产力形态和产业结构（见图1-3）。

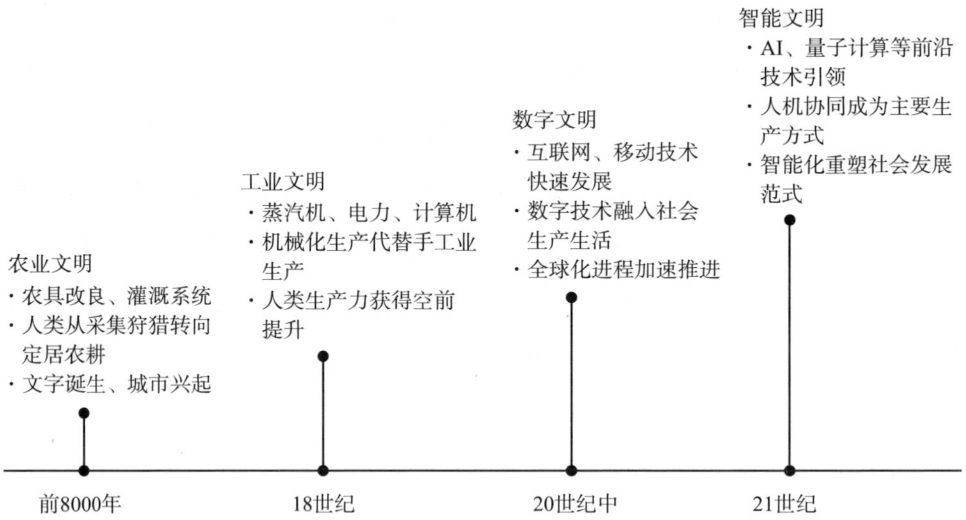

图1–3　人类四次文明浪潮

农业文明是人类历史上第一次重大的文明飞跃，始于约1万年前，持续了近8000年。这一时期的核心技术突破是农具改良与灌溉系统的发明与完善。在这一阶段，人类从原始的采集狩猎转向有计划的农业耕作，实现了从流动到定居的生活方式转变。这一变革的实质是人类首次实现了对自然资源的有序利用和初步控制，从被动适应自然环境转向主动改造自然环境。农业文明释放了人类的双手，使人类从完全依赖自然的采集狩猎状态跃升为掌握一定生产技能的定居农耕社会。这一转变带来了生产力的第一次大幅提升，剩余产品的出现使社会分工成为可能。农业文明还助推了文字的诞生和城市的兴起，为人类知识的传承和文明的延续奠定了基础。从生产力角度看，农业文明的本质是对自然力的初步驯化和直接使用，其特征是依靠简单工具对自然资源进行开发，劳动者的体力仍是主要生产力来源。

18世纪中期开始的工业文明，标志着人类进入了生产力发展的第二个重大阶段。蒸汽机的发明被视为工业文明的启动器，随后电力技术的广泛应用又将工业文明推向了新高度。工业文明的核心是机械化生产代替手工业生产，实现了人类体能的第一次重大解放。蒸汽机的发明使机器代替了人工，铁路运输的发展突破了地理限制，电力系统的建立则使能源供应实现了规模化和标准化。工业文明的生产方式是以工厂为中心的大规模工业生产，生产效率获得了空前提升。社会组织形式也随之发生变革，形成了以企业为单位、以分工协作为特征的工业社会结构。城市化进程加速，现代意义上的城市体系开始形成。从生产力视角看，工业文明实现了对自然力的人工转化和规模化利用，机器设备成为主要生产工具，人类的体力劳动被部分解放。工业文明创造的物质财富远超农业文明的总和，但其生产方式仍主要依赖于物理世界的能量转换和机械运动。

20世纪中期以来，以计算机和互联网为代表的数字技术迅猛发展，人类社会逐步迈入了数字文明时代。数字文明的核心技术支柱是计算机、互联网和移动通信技术，其本质是对信息的高效处理、传输和利用。数字文明打破了时空限制，创造了虚拟信息空间，实现了全球范围内的即时连接。生产方式上，数字化、信息化和网络化成为主要特征，远程协作、在线服务等新型工作方式大量涌现。数字平台经济兴起，共享经济模式蓬勃发展，全球价值链深度重组。社会结构也随之变化，扁平化组织形式日益普及，社会连接的复杂度和密度显著提高。数字文明极大地提升了信息处理效率，但其主要作用仍局限于信息层面，对物理世界的直接改造能力有限。从生产力角度看，数字文明实现了对信息要素的高效利用，信息成为关键生产要素，但人类的认知能力仍是生产过程中不可替代的核心要素。

当前，随着人工智能技术的突飞猛进，人类社会正在迈入第四次文明浪潮——智能文明时代。与前三次文明浪潮相比，智能文明具有根本性的差异：它不仅解放了人类的体力（如农业文明和工业文明），还提高了信息处理效率（如数字文明），更是首次实现了对人类认知能力的系统性增强和部分替代。AI、量子计算、脑机接口等前沿技术构成了智能文明的技术基础，其中AI无疑是核心驱动力。智能文明下的生产方式正在发生革命性变革，人机协同成为主要生产模式，认知任务的自动化程度不断提高。这一变革不是简单的技术叠加，而是生产力性质的根本转变，标志着人类开始从“工具时代”进入“智能伙伴时代”。

AI作为智能文明的核心驱动力，正在以多种方式推动新智生产力的形成。首先，以DeepSeek、GPT等为代表的大语言模型实现了对人类语言的深度理解和生成，使知识工作的许多环节得以“自动化”。其次，计算机视觉技术[1]的飞跃让机器能够“看懂”世界，实现了从被动数据处理到主动感知环境的转变。再次，多模态融合技术的突破使AI系统能够整合文本、图像、声音等多种信息形式，实现更接近人类的全面感知和理解。此外，强化学习和自主决策能力的提升使AI系统能够在复杂环境中自主学习和优化，不断提高解决问题的能力。

智能文明的兴起标志着人类社会发展进入了一个新阶段，这一转变将具有几个关键特征。第一，从“工具理性”到“认知增强”，AI技术不仅作为工具参与生产过程，更成为人类认知能力的延伸和增强。第二，从“物理空间”到“智能空间”，随着数字孪生技术的发展，物理世界与数字世界的边界日益模糊，人类活动空间从三维物理空间扩展到包含信息和智能维度的多维空间。第三，从“人机分离”到“人机融合”，人与智能技术的关系正从使用与被使用的工具关系，转向协作共生的伙伴关系。第四，从“经验驱动”到“数据驱动”，决策模式正在从主要依靠人类经验判断转向重点依托大数据分析和AI推理的科学决策。这些特征共同构成了智能文明区别于前三次文明浪潮的本质标志。

1.3 人机共生：共创共生的智能新纪元

在人类文明的长河中，每一次重大变革都源于人与技术关系的结构性重塑。这种重塑既包含技术对人类生存方式的颠覆性改造，也涵盖社会制度、文

〔1〕 计算机视觉是人工智能的一个重要分支，旨在使机器像人类一样“看”和理解图像。它利用机器学习和神经网络，通过分析数字图像和视频来识别、跟踪和测量目标。核心技术包括图像分割，将图像分解成像素组进行分类和标记，从而实现对图像内容的语义理解。

化认知与文明形态的连锁反应。从石器时代的简单工具到蒸汽机时代的机械设备，再到电子计算机时代的信息系统，人类始终在与自己创造的技术共同演化，但在这一过程中，技术长期被赋予着一种工具化的属性，始终难以突破各主体对应的外生性（exogenous）逻辑困境。然而，人工智能的出现标志着一个本质性的转折点——技术不再仅仅是被动的工具，还逐渐具备了主动学习、自我进化的能力。由此，人机关系正在从工具性使用向共生性协作转变，这一转变不仅改变了生产方式，更催生了一种前所未有的文明形态——人机共生的智能文明。

人机共生的理念源于生物学中的“共生”概念，是指两个不同物种在生态系统中形成的互利互惠关系。在技术领域，这一概念被发展为“控制论有机体”（Cybernetic organism）[1]或者赛博格（Cyborg），即通过机械与生物系统的融合实现协同适应，如克莱恩斯与克莱恩为适应太空环境提出的自调节人机组合理念，其理论根基与控制论（Cybernetics）密切相关，而控制论正是计算机与信息技术发展的重要理论基础。当这一概念被引入人工智能领域，它描述了人类智能与人工智能相互增强、共同演化的协作模式。美国计算机科学家J.C.R.李克莱德在20世纪60年代提出的“人机共生”（Man-Computer Symbiosis）理论，预见了人与计算机系统结合所产生的整体能力将远超人类或机器单独所能达到的水平。随着深度学习、神经网络等技术的突破，这一理论正在从科幻走向现实。

在今天，人机共生已不再是抽象概念，而是以多种形式存在于我们的日常生活和工作中。最显著的例子是大语言模型（LLM）驱动的智能助手，如DeepSeek、ChatGPT等模型，它们已经可以理解复杂指令，协助完成写作、编程、设计等创造性任务。这些系统不是简单替代人类工作，而是通过提供信息

〔1〕“控制论有机体”简称赛博格，也称为生化人或半机器人。它是指结合了有机体与技术元件的混合体，最早是为了解决宇航员在太空中的生存问题而提出的。后来，赛博格的概念被广泛应用于本体论思考，模糊了人与机器之间的界限，引发了对人类主体性的反思。

分析、创意启发和流程优化，成为人类认知的延伸。在制造领域，协作机器人（Cobot）代表了另一种人机共生形式，它们不再被隔离在安全笼中，而是能够直接与工人协同工作，分担重复性任务，提升整体生产效率。更前沿的脑机接口技术，如Neuralink的脑植入芯片，正探索人脑与AI系统的直接连接，这将开启人机融合的新阶段。

人机共生对生产关系的重塑尤为深刻，它催生了“新智生产力”—— 一种以AI赋能为核心特征的生产力形态。在传统生产中，人类通过掌握生产工具（如机器、设备等劳动资料）和劳动对象（如原材料），形成对生产资料的全面支配能力，进而结合具体劳动将自然资源转化为商品价值。而在人机共生模式下，价值创造过程发生了质变：AI系统从单纯的生产工具升级为生产伙伴，与人类形成“智力协同、分工互补”的新型生产关系。例如，在先进制造业中，数字孪生技术将虚拟仿真与实体生产融为一体，工程师通过与AI系统协作，可以在虚拟环境中进行产品设计、生产规划和问题排查，然后将最优方案应用于实体生产线（见图1-4）。

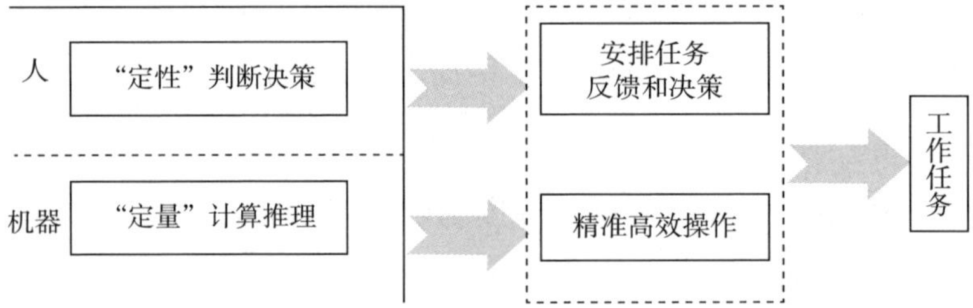

图1-4　人机协作模式

人机共生同样深刻改变着我们的生活方式。家庭环境正在变成一个智能生态系统，从智能音箱和家居助手到健康监测系统，AI正在成为家庭成员的数字伴侣。这些系统不仅执行指令，还能学习家庭成员的习惯和偏好，主动提供个性化服务。例如，小米的AIoT平台可以根据用户的作息规律、天气变化和健康状况，自动调节家居环境，提供健康建议，甚至预测可能的健康风险。

长远来看，未来智能文明的关键特征将是“共生、共创、共享”。“共生”意味着人类与AI系统的互利共存，各自发挥比较优势；“共创”体现为人机协作产生的创新成果将超越人类或机器单独所能达到的水平；“共享”则要求技术进步的成果能够惠及全社会，促进人的全面发展。在这一文明形态中，AI将从单纯的工具转变为人类智力的延伸和放大器，从而释放前所未有的想象力和创造力。

此外，人机共生的未来发展将呈现几个关键趋势：首先是“感知智能”向“认知智能”的跃升，换句话说，AI系统将从简单模式识别向具备常识推理、因果理解的方向演进；其次是单点智能向系统智能的拓展，各类专用型AI将在更大的系统中相互连接、协同工作；再次是数字空间向物理空间的延伸，人形机器人等具身智能体将使AI从虚拟世界走向现实世界；最后是技术赋能向能力培养的深化，AI教育将从工具使用培训转向创新思维和终身学习能力的培养。

这种新型智能文明的终极追求，绝非纵容AI割裂于人类文明之外独掌权柄，而是要实现人类与AI系统的和谐共存，共同创造更美好的世界。正如物理学家弗里曼·戴森[1]所言：“人类和智能机器将以互相尊重和互相理解的方式共同演化，就像森林中的树木和真菌在地下菌丝网络的帮助下彼此交流那样。”在这一愿景中，技术进步的终极目标无疑是人的全面发展和社会整体福祉的提升。

当我们站在智能文明的入口，回望人类与技术的漫长共舞，我们发现真正的变革不仅仅是工具的更迭，更是人类自我认知和世界观的根本转变。如今，我们正在经历从“人类使用工具”到“人类与智能系统共生”的范式转换，这一转换的核心是对智能本身的重新理解——智能不再是人类的专属特权，而是能够以多种形式存在并相互增强的能力谱系。

---

〔1〕 弗里曼·约翰·戴森是一位美籍英裔数学物理学家，曾任普林斯顿高等研究院教授。他最出名的贡献包括戴森变换。戴森的研究涉猎广泛，对量子电动力学、天体物理学和核能等领域都有重要影响。

本章小结

纵观AI的发展历程及其在人类文明进程中的角色，人工智能不仅是技术创新，更是重塑生产力的革命性力量。从达特茅斯会议到大模型时代，AI经历了从专用工具向通用智能基座的历史性跃迁，成为第四次文明浪潮的核心引擎，推动人类社会从数字文明向智能文明加速迈进。

智能文明的本质特征在于人机关系的结构性重塑，即从工具性使用转向共生性协作，从能力替代转向能力放大。在这种新型关系中，AI成为具备学习能力、决策能力和创造力的智能伙伴，与人类形成“智力协同、分工互补”的新型生产关系。

AI的力量源于算法，正如工业革命依赖蒸汽机。从规则系统到深度神经网络，算法革新始终是AI能力提升的关键驱动力。近年来，从ChatGPT到DeepSeek的大模型架构突破，AI逐渐具备了类人的理解力、推理力与创造力，为智能文明提供了强大引擎，而在这一过程中，算法的革新发挥着至关重要的作用。

第 2 章
算法解密：揭示 AI 学习与思考

算法，这把开启人工智能神奇大门的钥匙，正以前所未有的方式重塑全球生产力格局。从传统的规则系统到机器学习，再到深度学习与大模型架构，算法的演进历程映射了AI能力的几何级跃升。在新智生产力的框架下，算法不再仅是抽象的数学构造，而是释放数字智能、驱动产业变革、推动经济社会高质量发展的核心引擎。

2.1 算法之谜：机器如何学会“思考”

当我们惊叹于智能手机精准推荐我们可能感兴趣的商品，或者见证AlphaGo〔1〕击败世界围棋冠军，甚至是体验DeepSeek等大模型能够与人类进行近乎自然的对话时，我们实际上是在见证算法的魔力。算法，这个看似抽象的概念，已经成为驱动人工智能发展的核心引擎，也是新智生产力崛起的关键力量。在人工智能的庞大体系中，算法就像是魔术师手中的魔杖，它能够让冰冷的机器展现出“思考”和“学习”的能力，进而改变我们的生产、生活方式乃至整个社会的运行模式。

〔1〕 AlphaGo由DeepMind开发，采用了结合深度神经网络和蒙特卡洛树搜索的混合算法，核心包括策略网络（policy network）和价值网络（value network）。策略网络用于预测下一步落子概率，价值网络评估局面胜率。

从本质上讲，算法是一组明确定义的、可执行的指令序列，用于解决特定问题或执行特定任务。这个定义看似简单，却有着丰富的内涵。如果把计算机比作一位精通烹饪技艺的厨师，那么算法就是详细的烹饪食谱。无论是简单的冒泡排序，还是复杂的神经网络训练过程，都可以视为不同难度和复杂度的“食谱”。历史上，算法的概念甚至早于计算机的出现。公元前300年，欧几里得就已经提出了求最大公约数的辗转相除法，这被认为是人类社会发展过程中出现的最早算法之一。然而，直到20世纪40年代电子计算机的出现，算法才找到了最佳的载体，并开始了指数级的发展。

在人工智能领域，算法可以大致分为三类：传统算法、机器学习算法和深度学习算法。传统算法如寻路算法、遗传算法等，通常依赖于人工设计的规则和启发式方法；机器学习算法则能够从数据中学习模式和规律，包括决策树、支持向量机、随机森林等；而深度学习算法则是机器学习的一个子集，主要基于人工神经网络，能够自动学习复杂的特征表示。这三类算法就像是AI发展的三个阶段，也是机器“思考能力”不断提升的三个台阶。

但机器真的能“思考”吗？这取决于我们如何定义“思考”。从狭义上看，思考是人类认知活动的特有方式，涉及抽象推理、创造性思维和自我意识。而从广义上看，“思考”可以被理解为对输入信息进行处理和决策的过程。在这个广义的定义下，机器确实能够进行某种形式的“思考”，而这种能力的核心就在于机器学习[1]算法。

机器学习的本质是让计算机从数据中学习规律和模式，而不是通过明确的指令告诉它该怎么做。这种学习方式与人类学习有相似之处，但也有根本性差异。人类学习往往是综合的、抽象的、具有创造性的，而机器学习则是基于大量数据和统计方法，通过优化特定的目标函数来实现的。尽管如此，在某

〔1〕 机器学习是人工智能的一个分支，它利用数据和算法使计算机系统能够模仿人类的学习方式，从而在没有明确指令的情况下执行任务。通过训练“模型”，机器学习系统能够根据数据进行预测或生成内容。其核心在于开发算法和统计模型，依靠数据中的模式进行推理。

些特定领域，机器学习已经达到甚至超过了人类水平（见图2–1）。

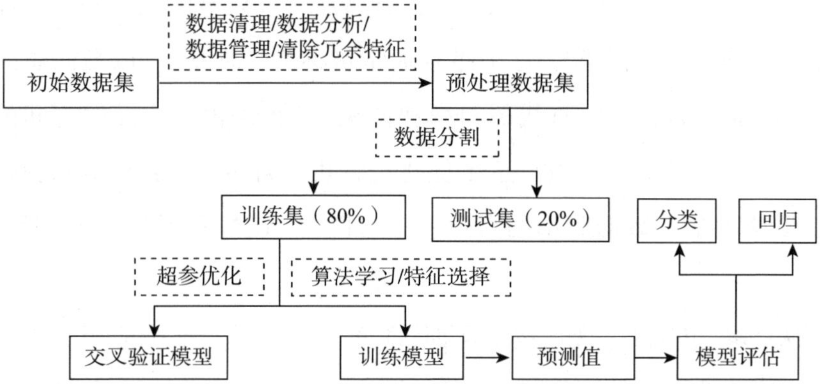

图2–1 机器学习实现流程

机器学习算法主要分为三大类：监督学习、无监督学习和强化学习。监督学习类似于有老师指导的学习，算法通过标记好的训练数据学习输入和输出之间的映射关系。例如，在图像识别任务中，我们会给算法提供大量已标记的图像（如“这是猫”“这是狗”），算法通过分析这些图像的特征，学习如何区分不同类别。常见的监督学习算法包括线性回归、逻辑回归、支持向量机等。这类算法已经广泛应用于疾病诊断、垃圾邮件过滤、信用评分等领域。

无监督学习则像是一个人在没有老师指导的情况下自主探索和发现知识。算法不依赖于标记好的训练数据，而是通过分析数据内在的结构和模式来发现有用的信息。典型的无监督学习算法包括K–means聚类、主成分分析、关联规则挖掘等。在实际应用中，无监督学习常用于市场细分、异常检测、特征提取等任务。例如，电商平台可以通过聚类算法对用户进行分组，然后针对不同群体制定差异化的营销策略。

强化学习则模拟了动物通过试错来学习的过程。算法通过与环境的交互，根据获得的奖励或惩罚来调整自己的行为策略，最终学会做出最优决策。AlphaGo的成功就是强化学习的典型应用，它通过与自己下棋，不断优化策略，最终达到了超越人类的水平。类似地，在自动驾驶、机器人控制、资源调度等领域，强化学习也展现出了巨大的潜力。

无论是哪种类型的机器学习，其核心都是通过数学优化方法寻找能够最好地解释数据的模型参数。这个过程通常被称为“训练”。以最简单的线性回归为例，算法通过调整直线的斜率和截距，使预测值与实际值之间的误差最小化。在更复杂的模型中，这个优化过程也更加复杂，但基本原理是类似的。正是这种基于数据驱动的自适应学习能力，让机器展现出了“思考”的魔力。

算法的魔力不仅体现在技术层面，更重要的是其在实际应用中创造的巨大价值。在互联网领域，搜索引擎通过复杂的排序算法，帮助人们从海量信息中快速找到所需内容；推荐系统基于用户的行为数据，精准地推送个性化内容，提升用户体验的同时也创造了巨大的商业价值；在医疗领域，诊断算法能够从医学影像中识别出肉眼难以察觉的疾病特征，辅助医生做出更准确的诊断；在金融领域，风控算法通过分析大量交易数据，实时发现和阻止欺诈行为；在制造业，预测性维护算法可以预测设备故障，减少停机时间，提高生产效率。

2.2 深度学习：突破 AI 能力的关键之匙

在人工智能发展的漫长历程中，深度学习的崛起无疑是最具革命性的突破之一。它犹如一把神奇的钥匙，不仅打开了困扰AI研究数十年的能力天花板，更彻底改变了我们与技术交互的方式，成为推动新智生产力发展的核心引擎。

深度学习的起源可以追溯到20世纪40年代的麦卡洛克–皮茨神经元模型和50年代的感知机。这些早期模型旨在模拟人脑中神经元的基本工作原理，通过简单的加权输入和非线性激活来实现初步的模式识别功能。然而，马文·明斯基在1969年的著作《感知机》中指出单层神经网络的固有局限性，使神经网络研究一度陷入低谷。直到1986年，杰弗里·辛顿等提出的反向传播算法才为多层神经网络的高效训练提供了可能，但受限于当时的计算能力和数据规模，深度学习仍未能真正腾飞。

真正的转折点出现在2012年。当年的ImageNet视觉识别挑战赛上，杰弗里·辛顿团队的AlexNet以压倒性优势击败了传统计算机视觉方法，将图像识别错误率从26%降至16.3%。这一惊人结果不仅证明了深度学习的巨大潜力，更拉开了深度学习主导AI领域的序幕。AlexNet之所以能够取得突破，正是得益于深度学习的核心优势——通过多层神经网络自动学习数据的层级表示。〔1〕

从本质上看，深度学习是一种从数据中自动学习表示的方法，其核心是多层神经网络结构。与传统机器学习需要人工设计特征不同，深度学习能够从原始数据中层层抽象，逐步形成从低级特征到高级特征的表示层次。例如，在图像识别任务中，网络的浅层可能学习边缘和纹理等基本特征，中间层学习形状和部件，深层则学习语义概念和类别。这种自动特征学习的能力，使深度学习能够处理结构复杂、规模庞大的非结构化数据，如图像、语音和自然语言等，这恰恰是传统AI方法难以应对的领域。

深度学习的技术基石是反向传播算法。这一算法通过链式法则计算损失函数对网络参数的梯度，然后使用梯度下降法逐步调整参数，使网络输出逐渐接近目标。反向传播解决了多层神经网络的高效训练问题，而随后发展起来的随机梯度下降、动量法、Adam等优化算法进一步提升了训练效率和效果。激活函数的创新，如ReLU（修正线性单元）的引入，有效地缓解了深层网络训练中的梯度消失问题，使构建更深层的网络成为可能（见表2-1）。

---

〔1〕 2012年，Alex Krizhevsky、Ilya Sutskever和Geoffrey Hinton开发的AlexNet在ImageNet图像识别竞赛中大幅领先，开启深度学习的主流应用时代。AlexNet利用卷积神经网络和GPU加速，实现了计算机视觉的重大突破。See https://quantumzeitgeist.com/geoffrey-hinton/.

表2-1　深度学习算法近年来发展迅速

算法类型	算法介绍
卷积神经网络（CNN）	CNN 主要用于计算机视觉中处理图像中数据的像素。在 CNN中，有卷积层和池化（即子采样）层，在这些卷积层和池化层之上，通过连接特征映射来学习向量表示，以进行最终的预测
递归神经网络（RNN）	RNN 在深度学习算法中主要用于处理序列数据。RNN 在传统的神经网络模型基础上，允许同一隐藏层的神经元之间的连接形成一个有向循环，从而可以使用顺序输入，通常被用于语言处理
图神经网络（GNN）	GNN是一种把数据抽象成节点和边并表示为图的建模方式。GNN可以处理节点级（如节点分类）、边级（如链接预测）和图级（如图回归）任务，具有邻域聚合、池化和读出操作
生成对抗网络（GAN）	GAN在生成逼真的合成样本方面取得了显著成就。GAN 由生成模型和判别模型组成。生成器旨在从随机分布中生成新的数据点，而判别器旨在分类生成的样本是来自训练数据分布还是来自生成器
变分自编码器（VAE）	VAE是一类功能强大的概率生成模型。VAE由一个编码器和一个解码器组成，编码器将高维数据映射到一个低维的连续潜在空间。与普通的自编码器相比，潜在空间被正则化，理想情况下，通过KL散度进行组织。除了重构之外，VAE近似一个概率分布，可以对其进行采样以生成
扩散模型	扩散模型是一类图像生成任务模型。扩散模型架构分别由扩散层、隐空间和去噪层组成。与VAE或流模型不同，扩散模型是通过固定过程学习，缓慢地将随机噪声添加到数据中，然后学习逆向扩散过程以从噪声中构造所需的数据样本，并且隐空间具有比较高的维度
Transformer 模型	Transformer 模型是强大的语言模型。Transformer 模型由输入部分、解码器、编码器和输出部分组合而成

深度学习的壮大还离不开几种关键架构的发展。卷积神经网络（CNN）通过局部连接和权重共享，大幅减少了模型参数，特别适合处理具有空间结构的数据，如图像。经典的CNN架构包括LeNet、AlexNet、VGG、GoogLeNet和ResNet等，它们在图像分类、目标检测、图像分割等任务上取得了突破性进展。以ResNet为例，它通过残差连接解决了深层网络训练困难的问题，使构建超过100层甚至1000层的网络成为可能，进一步提升了模型性能。

对于序列数据的处理，递归神经网络（RNN）及其变体长短期记忆网络（LSTM）和门控循环单元（GRU）展现出强大能力。这些模型通过维持内部状态，能够捕捉数据中的时序依赖关系，广泛应用于语音识别、机器翻译和文本生成等任务。LSTM特别解决了传统RNN难以学习长期依赖关系的问题，通过引入遗忘门、输入门和输出门机制，实现对长序列信息的有效管理。

2017年，Google提出的Transformer架构引发了自然语言处理领域的范式转变。Transformer抛弃了循环结构，而是完全基于注意力机制，通过自注意力层计算序列中每个位置与所有位置的关联性，从而捕捉全局依赖。这一架构不仅解决了RNN的序列计算瓶颈，实现了更高效的并行训练，还大幅提升了模型性能。Transformer的成功直接催生了BERT、GPT等预训练语言模型，并最终演化为当今的大型语言模型（LLM）。

深度学习还与强化学习结合，催生了深度强化学习。2016年，DeepMind的AlphaGo击败世界围棋冠军李世石，标志着AI在复杂决策任务上的重大突破。此后，深度强化学习在游戏、机器人控制、能源管理等领域展现出强大潜力。百度Apollo自动驾驶系统就应用了深度强化学习，通过模拟和实际道路数据训练，使车辆能够在复杂环境中做出安全决策。

目前，深度学习的发展已经进入一个新的阶段。从功能上看，单一模型正在向多模态大型模型演进，能够同时处理图像、文本、语音等多种数据类型；从架构上看，模型规模不断扩大，参数量从百万级增长到千亿级甚至万亿级；从学习方式看，从监督学习向自监督学习和少样本学习转变，减少对标注数据的依赖；从应用方式看，通用基础模型加特定任务微调的范式正在成为主流。这些趋势共同推动着深度学习向更通用、更强大、更易用的方向发展。

2.3 大模型建筑术：从 GPT 到 DeepSeek 的架构革命

自2018年以来，大型语言模型（LLM）的发展如同一场席卷全球的建筑革命，从初代GPT的奠基，到如今DeepSeek等国产大模型的崛起，这场革命正在重塑AI产业形态，创造出新智生产力的强大引擎。大模型作为人工智能领域的“超级基础设施”，其架构演进不仅是技术进步的缩影，更代表着人类对通用人工智能的不懈探索。

大模型的建筑术始于Transformer架构[1]的出现。2017年，谷歌在论文*Attention is All You Need*中提出的Transformer架构，通过自注意力机制彻底改变了AI处理序列数据的方式。与传统的RNN、LSTM等循环神经网络相比，Transformer实现了并行计算，大幅提升了训练效率，同时能够更好地捕捉长距离依赖关系。这一架构成为后续所有大模型的基石，就像建筑史上从石木结构到钢筋混凝土的革命性跨越（见图2-2）。

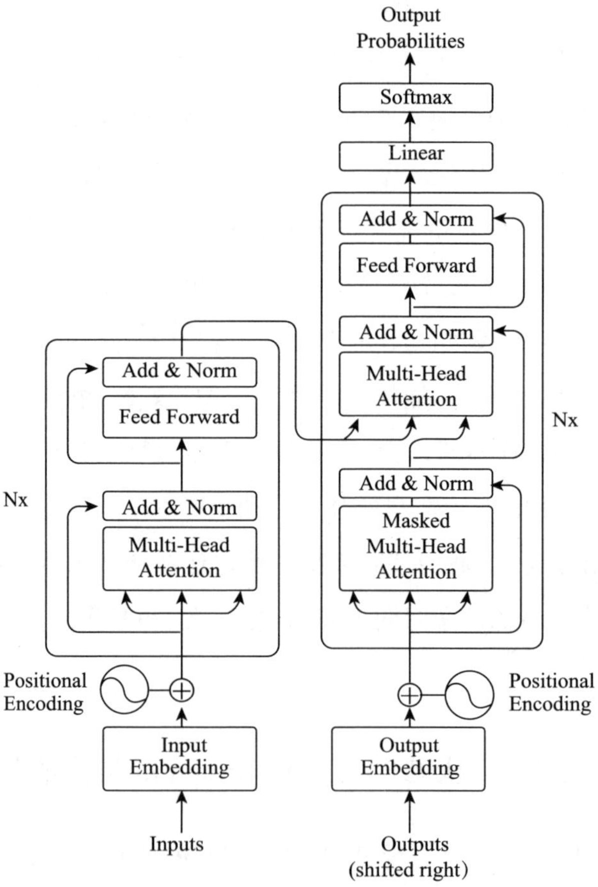

图2-2 Transformer 模型架构

〔1〕 Transformer架构的自注意力机制和并行训练优势，是大模型发展的基础。See https://en.wikipedia.org/wiki/Transformer_(deep_learning_architecture).

GPT系列模型是这场“建筑革命”的先行者。2018年，OpenAI发布的GPT-1包含1.17亿参数，采用单向自注意力机制，通过在大规模文本语料上预训练，展示了令人印象深刻的语言理解能力。2019年，GPT-2将参数规模扩大至15亿，引入了更大的数据集和更深的网络层次，其生成文本的连贯性和逻辑性显著提升。2020年，GPT-3以1750亿参数的惊人规模震撼学术界和产业界，它不仅在文本生成上表现出色，更展现出“少样本学习”的惊人能力，即不需要大量特定任务数据就能完成新任务。2023年发布的GPT-4进一步采用多模态设计，能够同时处理文本和图像输入，其内部架构据推测采用了稀疏专家混合（MoE）技术，使模型在维持可控计算成本的同时，实现了数万亿级别的有效参数量。

大模型训练方法的革新是这场架构革命中工程化突破的关键所在。从早期以语言建模任务为核心的纯自监督预训练，逐步演进到今天“自监督预训练—指令微调—基于人类反馈的强化学习（RLHF）”三阶段训练范式，大模型的训练流程日趋复杂和精细。自监督预训练通过预测下一个词或恢复遮蔽词等任务，让模型掌握语言的基本规律；指令微调通过对话形式的指令数据集，使模型学会按照人类意图执行任务；RLHF则通过人类反馈数据训练奖励模型，引导大模型生成符合人类偏好的回答。这三阶段训练流程类似于建筑施工中的“打地基（基础训练）—建框架（任务适配）—精装修（效果优化）”，每一步都对最终模型性能至关重要。

在这一进程中，最引人注目的是大模型的“涌现能力”[1]现象。这一术语描述了当模型参数达到一定规模阈值时，模型会突然表现出训练时未明确教授的能力，如链式思考、解决复杂推理问题、编写程序等。这种类似于“量变引起质变”的跃迁现象引发了学术界的广泛讨论。以GPT-3为例，当其参数

〔1〕 涌现能力是指大规模语言模型（如ChatGPT）独有的能力，这些能力在小规模模型中并不存在，而随着模型规模的增大而突然出现。这种“神来之笔”般的涌现能力，其关键在于其锐利性，即能力的突然展现。

规模达到1750亿时，它开始展现出理解与执行复杂指令、上下文学习等超出预期的能力。这种涌现能力与规模效应息息相关，更大的模型能够捕捉到更复杂的模式和更高层次的抽象概念，从而实现接近人类认知的跳跃式思维。就如同城市发展达到一定规模后，会涌现出更高效的经济形态和社会结构一样（见图2-3）。

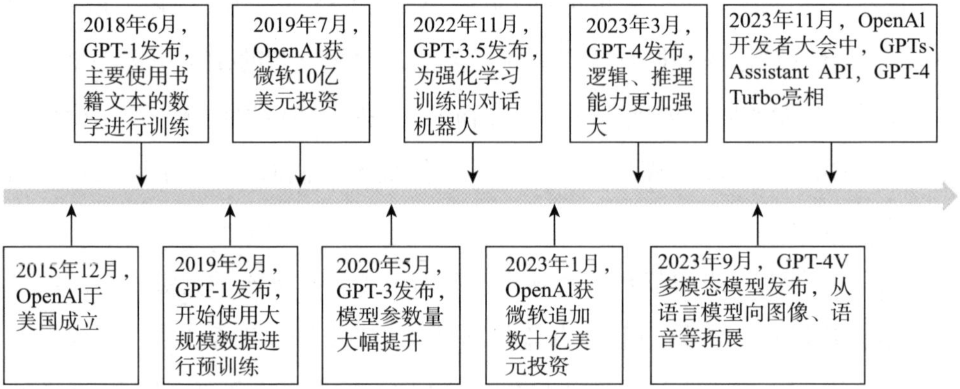

图2-3 ChatGPT早期发展历程

模型架构的革新直接推动了应用场景的拓展。以往的AI模型往往专注于特定任务，如图像识别、语音识别或机器翻译，需要针对每个应用场景单独训练模型。而大模型作为通用基础设施，其强大的泛化能力使一个模型可以适应数百种应用场景，从智能客服、内容创作到代码编程、知识问答，再到决策辅助、数据分析等。这种“一模多用”的特性大幅降低了AI应用的开发成本和门槛，加速了AI技术在各行各业的普及。

本章小结

纵观算法的演进历程，AI技术经历了从“规则系统”到“自学习系统”再到“涌现能力系统”的进化历程，这不仅体现技术迭代，更揭示了新智生产力形成的内在机制。算法作为AI核心引擎，通过监督学习、无监督学习和强化学习等方式，使机器具备从数据中提炼规律、形成决策的能力。深度学习则通过多层神经网络结构，实现从低级特征到高级语义的自动抽象，突破了处理非结构化数据的能力天花板。

大模型架构（从ChatGPT到DeepSeek）带来革命性突破，它们不再是针对特定任务的专用工具，而是具备广泛适应性的通用智能基座。通过自注意力机制和海量参数，这些模型展现出理解上下文、执行复杂指令和多步骤推理等惊人的涌现能力。

算力作为“超级引擎”和数据作为“超级食粮”，共同支撑大模型的构建。在算法、算力与数据三大要素协同作用下，AI正以前所未有的方式重塑全球经济格局和社会形态。

第3章

算力与算力网：AI的“超级引擎”

算力，这一数字时代的核心生产要素，已成为驱动人工智能腾飞的“超级引擎”。如同电力之于工业革命，算力对于智能文明具有决定性影响，塑造着新智生产力的发展边界。随着大模型时代的到来，摩尔定律面临前所未有的挑战，全球科技力量正在架构创新、异构计算与新型材料等多元路径上开辟算力革命的新疆界。算力革命，正如火如荼地重塑全球产业格局与创新生态。

3.1 摩尔定律之外：算力革命的新边界

在人工智能崛起的时代，算力已成为世界各国战略资源和产业升级的关键引擎。（正如电力之于工业革命，算力之于AI时代具有同等甚至更为关键的基础性地位。）然而，支撑数字产业半个多世纪的摩尔定律正面临前所未有的挑战，推动着全球科技力量在新的技术范式下展开激烈角逐，开创算力革命的新边界。

回溯历史，1965年英特尔创始人戈登·摩尔提出著名预测：集成电路上的晶体管数量大约每24个月翻一番，性能也相应提升一倍[1]。这一定律引领半导

〔1〕 摩尔定律最初由摩尔于1965年发表，1975年修正为每两年翻一番，现已成为半导体技术进步的经验法则。参见维基百科，https://zh.wikipedia.org/wiki/%E6%91%A9%E5%B0%94%E5%AE%9A%E5%BE%8B。

体产业从最初的几千个晶体管发展到今天台积电N3工艺下超过1000亿个晶体管的芯片，实现了近六十年的指数级增长，推动计算能力从千万分之一提升到数百万亿次/秒（PFLOPS）。正是这种持续的算力进步，为互联网、云计算甚至今天的生成式AI提供了坚实的技术基础。

然而，技术发展从不会一帆风顺。进入21世纪20年代，摩尔定律遭遇了三重天花板。物理极限是第一道障碍——当晶体管尺寸接近原子级别（目前最先进工艺已达2–3纳米），量子效应和热耗散问题日益严峻，电子在如此微小的空间内的行为开始遵循量子力学而非经典物理学规律，导致传统缩小晶体管尺寸的路径变得异常艰难。经济极限是第二道障碍——先进制程的研发投入呈指数级增长，台积电3纳米工艺的研发成本已超过50亿美元，5纳米到3纳米的性能提升却不足30%，投入产出比持续下降。生态极限是第三道障碍——全球芯片供应链面临地缘政治风险和断供风险，限制了技术的共享与协同创新。

面对摩尔定律放缓甚至终结的趋势，产业界并未停滞不前，而是开辟出多元化的技术路径，形成“后摩尔时代”的算力革命。这场革命的核心是从单纯追求晶体管密度转向系统级创新和专用化设计。英伟达（NVIDIA）创始人黄仁勋曾形象地表述“摩尔定律已死，但黄氏定律正在崛起”，即通过架构创新实现算力的倍增。

架构革命是算力突围的第一条路径。从通用处理器（CPU）向专用处理器（GPU、TPU、NPU）的演进，标志着计算架构的根本性变革。GPU的大规模并行计算能力使其在深度学习任务中的性能超过CPU数十倍甚至上百倍。2023年英伟达发布的H100 GPU拥有1170亿个晶体管，单精度浮点性能达到60 TFLOPS，相比上一代A100提升超过60%，这种飞跃很大程度上源于架构优化而非工艺提升。谷歌TPU、华为昇腾等AI专用芯片，更是通过面向张量计算的定制架构[1]，实现了特定场景下的极致性能。

---

〔1〕《英伟达黄仁勋：GAA 工艺或仅带来 20%性能提升，架构与软件创新更为关键》，参见新浪科技，https://finance.sina.com.cn/tech/digi/2025-03-27/doc-ineraynh3830311.shtml。

异构计算是算力突围的第二条路径。通过整合CPU、GPU、FPGA、ASIC等不同类型的处理器，形成优势互补的计算平台，可实现远超单一处理器的系统性能。以DeepSeek训练集群为例，采用算力超边缘布局策略，结合CPU预处理、GPU深度学习训练、FPGA加速特定算法，通过异构系统协同调度，使训练成本降至GPT-4的1/10，既提升了性能，又优化了能效比。中国科学院计算技术研究所王中风院士领导研发的“寒武纪”芯片〔1〕，也是基于异构计算思想，针对神经网络计算特性定制电路结构，在能效比上实现了显著的优势（见图3-1）。

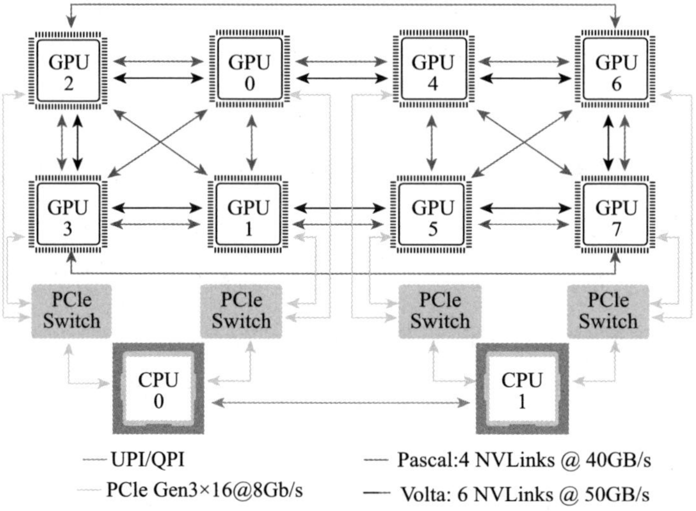

图3-1　CPU+GPU异构计算系统方案框图

新型材料与封装技术开辟了算力突围的第三条路径。传统硅基半导体逐渐接近理论极限，碳基芯片、氮化镓等新材料展现出巨大潜力。而在封装技术上，从2D平面设计转向3D立体叠层（如台积电的CoWoS〔2〕和Intel的Foveros

〔1〕 寒武纪新一代智能处理器微架构和指令集持续研发，支持大模型训练和推理，优化AI应用场景。异构计算通过多种芯片协同提升性能和能效。参见《从技术创新到应用拓展　寒武纪不断挖掘产品潜力》，载极客网https://www.fromgeek.com/daily/1044-661347.html，最后访问日期：2025年7月25日。

〔2〕 台积电CoWoS技术不断迭代，第五代CoWoS-S封装晶体管数量提升20倍，支持高带宽内存集成。参见艾邦半导体网，https://www.ab-sm.com/a/23456，最后访问日期：2025年7月25日。

技术)，通过晶圆级封装和异质集成，在有限平面空间中实现了更高的算力密度。美光和三星等存储厂商推出的HBM（高带宽内存）通过3D堆叠和硅通孔技术，将内存带宽提升至传统DDR内存的数倍，有效解决了AI计算中的“存储墙”问题。

前沿计算技术则指向更为遥远的算力未来。量子计算利用量子叠加和纠缠效应，有望在特定问题上实现指数级加速。中国科学技术大学潘建伟院士团队的“九章”量子计算机[1]在高斯玻色取样问题上展示的算力优势，证明了量子霸权的可行性。类脑计算通过模拟人脑神经元网络的工作方式，追求低功耗高效计算。光子计算利用光信号替代电信号，有望实现超高速低能耗计算。这些技术虽尚未大规模商用，却代表着算力发展的长期方向。

值得特别关注的是，AI与算力之间形成了强烈的正反馈循环。一方面，AI应用特别是大模型训练的算力需求呈现爆炸性增长。从2012年AlexNet的训练算力仅为数天的GPU时间，到2023年GPT-4训练需要超过104台NVIDIA H100 GPU运行1年，10年间算力需求增长超过百万倍。斯坦福大学报告显示，AI训练算力需求每3～4个月翻一番，远超摩尔定律的增长速度。另一方面，AI技术反过来加速芯片设计优化，英伟达近年来超过25%的架构突破来自AI辅助设计，谷歌TPUv4的关键电路优化也依赖AI算法。这种循环加速了算力技术迭代，创造出全新的产业机遇。

3.2　算力新版图：从“东数西算”到全国一张网

在人工智能发展的历程中，算力已然成为与算法、数据并驾齐驱的核心要素。如果说算法是AI的大脑，数据是AI的食粮，那么算力就是支撑这一切的“超级引擎”。随着大模型时代的到来，算力需求呈指数级增长，一场关于算

[1] 量子计算代表算力未来方向，利用量子叠加和纠缠效应实现指数级加速，虽尚未商用，但潜力巨大。参见《里程碑式突破！——潘建伟团队解说“九章”量子计算机》，载高校科技网，https://www.edu.cn/rd/gao_xiao_cheng_guo/cheng_guo_zhan_shi/202012/t20201207_2053533.shtml。

力基础设施的国家战略正在中国大地上徐徐展开，从“东数西算”到全国一张网，中国正在构建全球最大规模的智能算力网络，为新智生产力的蓬勃发展奠定坚实基础。

“东数西算”工程[1]的提出源于中国数字经济发展面临的多重挑战与战略考量。一方面，中国东部地区人口密集、经济发达，产生了海量数据资源，但能源资源相对紧张，土地成本高昂，数据中心扩容面临“瓶颈”；另一方面，西部地区能源资源丰富，特别是水电、风电、光伏等清洁能源占比高，电力成本优势明显，但数字经济发展相对滞后。这种不平衡状态催生了“数据东向西流、算力西向东输”的战略构想。2020年5月，“东数西算”首次被写入政府工作报告；2021年5月，国家发改委等部门联合印发《全国一体化大数据中心协同创新体系算力枢纽实施方案》，正式拉开了这一重大工程的序幕。

“东数西算”工程的核心是构建“以数据中心为基础、云服务为纽带、数据流动为目标”的全国一体化算力网络体系。在空间布局上，该工程规划了八大国家算力枢纽节点，包括京津冀、长三角、粤港澳大湾区、成渝、内蒙古、贵州、甘肃、宁夏，同时建设10个国家数据中心集群。在这一布局中，东部沿海三大枢纽（京津冀、长三角和粤港澳大湾区）定位于高端算力、智能算力供给，西部四大枢纽（内蒙古、贵州、甘肃和宁夏）则聚焦通用算力和大规模存储能力，成渝枢纽则作为东西部的连接点，兼具两方面特点。

截至2025年年初，“东数西算”工程已取得显著成效。国家层面的数据显示，全国一体化算力体系初步形成，十大国家数据中心集群总体算力规模突破400EFLOPS，年均增长超过30%，算力利用率从原来的不足40%提升至65%以上，绿色节能特征明显，平均PUE（电能使用效率）值降至1.3左右，西部地区更是达到1.1～1.2，接近世界领先水平。特别值得一提的是，全国数据中心碳排

〔1〕“东数西算”工程已纳入国家战略，布局京津冀、长三角、粤港澳大湾区、成渝、内蒙古、贵州、甘肃、宁夏等八大算力枢纽。参见《2023年东数西算研究报告》，载资产信息网，https://m.ofweek.com/ai/2023-10/ART-201712-8470-30612661.html，最后访问日期：2025年7月25日。

放强度较2020年下降15%以上，用能结构中可再生能源占比提升至40%，实现了绿色低碳和高效运行的双重目标。

在全国性布局的基础上，各地智算中心的建设呈现百花齐放的特色。以贵州为例，作为全国首个大数据综合试验区，贵州依托得天独厚的气候条件和能源结构，打造了以贵阳、黔南、安顺为核心的数据中心集群，吸引了苹果、腾讯、华为等科技巨头入驻。贵州的特色在于数据“聚通用”[1]，形成超过250万架服务器的规模，满足了全国约20%的数据存储和处理需求。内蒙古则依托丰富的风能、太阳能资源，以及较低的电价优势，在呼和浩特、乌兰察布[2]、鄂尔多斯建设了以绿色算力为特色的数据中心集群，成为北京大模型训练的“后花园”。宁夏中卫则利用清洁能源优势，建设了全国首个“零”碳数据中心，以极低的PUE值和碳排放为全国树立了标杆（见图3-2）。

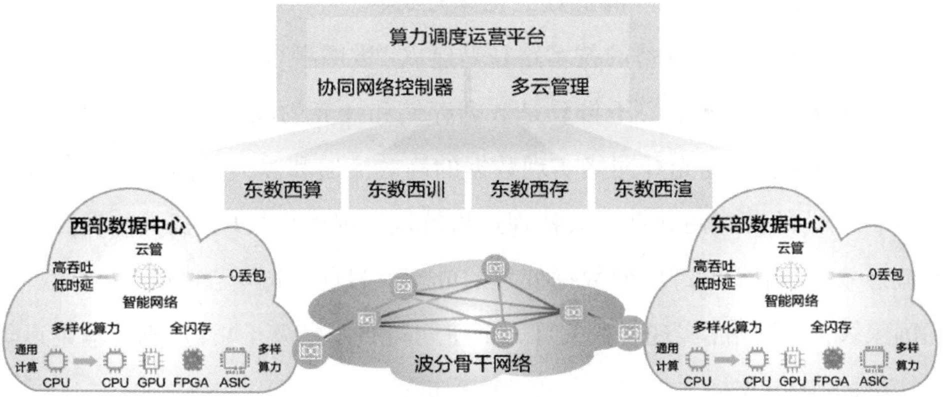

图3-2 “东数西算”典型场景分类

---

〔1〕 贵州省自2016年以来致力于数字政府建设，重点推进政务数据的“聚、通、用”。这意味着贵州正在努力整合、共享和利用政府数据，以提升效率和安全性。通过建立数据资源目录和政务云平台，贵州实现了政务数据的100%共享交换，为政府提供有力的数据支撑。参见《云上贵州系统平台监控调度中心：为数据“聚通用”提供有力安全保障》，载贵州省人民政府网，https://www.guizhou.gov.cn/home/gzyw/202109/t20210913_70114799.html。

〔2〕 乌兰察布作为国家算力枢纽，建设绿色数据中心，风电项目年发电量3.2亿千瓦时，减排二氧化碳26.62万吨。参见《聚焦高质量发展丨向“新”而行——内蒙古乌兰察布高质量发展新实践》，载新华网，http://nmg.news.cn/20250121/2846b31733f646d79a784c7251fbc98f/c.html。

在这些国家战略布局之外，各地方政府也结合自身产业特点，积极布局区域性智算中心。截至2025年年初，全国已有超过80个地级市建设或规划了不同规模的智算中心，总投资超过5000亿元。这些区域性智算中心通常结合当地产业特色，如杭州的数字内容创作、青岛的海洋计算、武汉的光电信息处理等，形成了特色鲜明的算力供给格局。

随着各地算力中心的建设，中国的算力网络正从独立的节点向全国一体化演进。2023年12月，国家发展改革委、网信办等部门联合印发《算力基础设施高质量发展行动计划（2023—2025年）》，提出构建“一网、一池、一平台、一体系”的全国一体化算力基础设施体系，即全国一体化算力网络、全国一体化算力资源池、全国统一的算力服务平台和全国一体化的算力调度体系。这一战略规划的核心是打破区域算力壁垒，实现全国算力资源的统一调度和优化配置，提高算力利用效率，降低社会化算力成本。

全国一体化算力网络的技术路径是建立“数网融合”的下一代互联网络。在这一架构下，数据中心不再只是数据存储和计算的场所，更是成为网络的核心节点，通过高速光纤网络实现数据的高效流通和算力的灵活调度。这种“云网一体”的模式使数据不必物理迁移就能实现远程处理，极大地提高了数据流通效率，降低了跨区域数据处理的成本。目前，全国已建成“八纵八横”的国家级骨干网络，实现了八大算力枢纽之间的万兆级互联，数据传输延迟降至10毫秒以内，支持大规模分布式训练和推理任务。

算力网络与数据要素市场的协同发展是“东数西算”工程的重要特色。随着国家数据局的成立和“数据要素×”行动计划的推进，数据资源的价值日益凸显。数据要素实现高效流通并创造价值，离不开强大的算力支撑。在这一背景下，各地数据交易所与算力中心开始深度融合，形成“数据+算力”的一体化服务模式。

另外，算力普惠化趋势日益明显。为了让更多中小企业和开发者能够享受到高性能算力资源，各地智算中心纷纷推出面向中小企业的普惠算力计划。

例如，上海AI实验室的“AI开放平台”则为创业团队提供“一站式”的算力支持和技术指导。这些普惠性举措极大地降低了AI创新的门槛，释放了社会创新活力，加速了AI技术的商业化应用（见表3-1）。

表3-1 企业、政府均纷纷宣布加速算力资本开支

时间	投资方	政策/事件	主要内容
2025年3月3日	深圳市人民政府	《深圳市加快打造人工智能先锋城市行动计划（2025—2026年）》	支持企业、高校、科研机构低成本使用智能算力。鼓励社会投资智算中心向初创企业、中小微企业提供优惠算力
2025年2月24日	阿里巴巴	阿里未来三年投入至少3800亿元人民币用于AI和云计算基础设施	计划未来三年将投入至少3800亿元人民币，用于建设云计算和AI的基础设施，践行其对长期技术创新的承诺
2025年2月19日	中国移动	中国移动（西宁）绿电智算融合示范基地开工	该项目位于青海省西宁市南川工业园区，一期算力规模超2000P。建设规模达3.2万平方米，投资额约7亿元，占地51亩
2025年2月17日	中国联通	中国联通（大连）智算中心项目成功入驻旅顺	总投资约6亿元，2栋数据中心机房楼、1栋配套综合楼，规划1512架12kW机柜及744架5kW机柜，智能算力达到2000P
2025年2月12日	武汉市人民政府	《武汉市促进人工智能产业发展若干政策措施》	每年安排不超过300万元和不低于1000万元的算力服务券，分别支持开展算力网络运行监测等建设和中小企业购买算力服务
2025年2月10日	腾讯云	腾讯云·中重数字孪生产业园区项目开工	总投资达30亿元，占地106亩。旨在建设4000P的腾讯云智算中心，并构建智慧型、全方位的园区服务平台
2025年1月13日	字节跳动	太行算力中心二期获批投资额45亿元	总投资45亿元。该项目总占地面积307.5亩，规划12kW服务器机柜15604台、网络机柜510架，并配套建设应急电源系统等

从“东数西算”到全国一张网，中国的算力版图正在发生深刻变革。这一宏大工程不仅是数字基础设施的升级，更是新智生产力发展的关键支撑。在算力、算法、数据三大要素的协同驱动下，人工智能正以前所未有的速度改变着各行各业，创造着巨大的经济和社会价值。

3.3 算力民主化：从少数垄断到普惠计算

在人工智能发展的历程中，算力资源的分配格局经历了从集中到分散、从垄断到普惠的历史性变革。如同电力在工业革命中的角色，算力已成为AI时代的基础能源，其获取成本和分配效率直接影响着AI技术的创新速度和应用广度。当前，全球AI算力资源呈现出明显的马太效应，超过80%的高端算力集中在少数科技巨头手中，这种“算力鸿沟”不仅制约了AI技术的普及应用，也在一定程度上阻碍了AI潜能的全面释放。算力民主化，正成为破解这一难题的关键路径。

算力资源的过度集中带来了诸多挑战。首先是创新窒息效应，高昂的训练成本使初创企业和研究机构难以进行大规模AI实验，据估算，训练一个千亿参数级大模型的成本已超过数百万美元，这一门槛极大地限制了创新主体的多样性。其次是地区发展不平衡，算力资源的地理分布高度不均，仅美国与中国就占据全球AI算力的70%以上，许多发展中国家因算力短缺而难以参与全球AI创新浪潮。更值得警惕的是技术垄断风险，当算力成为稀缺资源时，掌握算力的少数企业可能形成事实上的行业壁垒，进而阻碍市场公平与技术进步。正如历史上电力普及带来的工业民主化一样，算力民主化已成为AI产业健康发展的历史必然。

云计算[1]的兴起为算力民主化提供了技术基础。云服务模式将高昂的硬件投入转化为可负担的租用费用，极大地降低了AI应用的入场门槛。从最初的IaaS到PaaS，再到现在的AI-as-a-Service，云计算服务层次不断提升，使企业无须自建数据中心也能获取高性能算力资源。阿里云、华为云、腾讯云等国

〔1〕 云计算是一种通过互联网按需提供IT资源的方式。它将巨大的数据计算处理程序分解成无数个小程序，并通过多台服务器组成的系统进行处理和分析。云计算的核心在于其可扩展性，能抽象、汇集和共享整个网络中的IT资源。

内云服务商已推出专门的AI训练平台，按需付费、弹性伸缩的定价模式使中小企业也能用得起AI算力。据IDC报告，2024年中国公有云AI计算服务市场规模已突破300亿元，年增长率超过45%，这一数据背后是数以万计的企业正通过云服务获取算力支持。特别值得关注的是，以DeepSeek为代表的开源大模型也选择在云平台上提供服务，这进一步加速了算力资源的开放共享（见图3-3）。

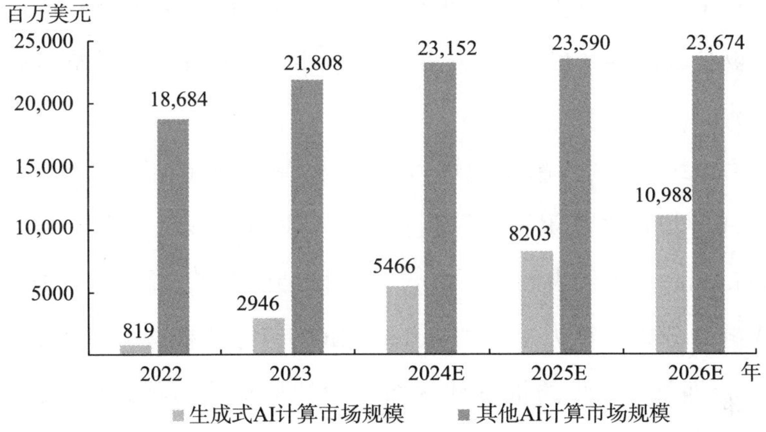

注：数据为IDC预测。

图3-3　全球生成式 AI 计算市场规模预测

与集中式云计算相辅相成的是边缘计算的快速发展。边缘计算将算力资源推向网络边缘，更靠近数据产生和应用场景的位置，解决了数据传输延迟和隐私保护等问题。在工业互联网、智慧城市、自动驾驶等场景中，边缘计算已成为不可或缺的算力支撑。华为昇腾AI边缘计算模组、英特尔OpenVINO等边缘AI加速方案，使算力资源可以下沉到工厂车间、交通设施甚至家用设备中。根据全球边缘计算产业联盟的数据，2025年中国边缘计算市场规模预计将达到1500亿元，这意味着算力资源将进一步向应用终端延伸，形成云—边—端协同的分布式算力网络。

高效小模型技术的突破为算力民主化提供了另一条重要路径。面对大模型训练和推理的巨大算力需求，研究者开始探索如何在有限算力约束下实现接近大模型的性能。知识蒸馏、模型量化、稀疏化等技术使模型体积显著缩小，同时保持较高精度。以微软的Phi-2为例，这一拥有27亿参数的小模型在多项任务上表现接近拥有1750亿参数的GPT-3.5，但训练和部署成本仅为后者的1%。国内的百川智能、智谱AI等也推出了高效轻量级模型，这些"小而美"的AI模型可以在普通服务器甚至边缘设备上运行，大大拓展了AI应用的边界。高效小模型的出现，正如同紧凑型发动机对汽车工业的革命，它让更多场景能够以合理成本获得AI能力，推动AI技术从"实验室奢侈品"向"产业必需品"转变。

在算力组织形式上，新型的算力共享与互助模式也正在涌现。分布式算力网络允许参与者贡献闲置计算资源并获得回报，形成"算力互联网"。以Folding@home[1]为代表的分布式计算项目已证明了这一模式的可行性，而基于区块链的分布式算力平台如Golem、SONM等则将这一理念商业化。在中国，"东数西算"工程的推进使区域算力协同成为可能，东部发达地区的算力需求可以通过高速网络转移到西部资源丰富地区，实现成本和效率的优化。

算力的普惠化程度直接关系到AI能否真正成为推动产业变革的引擎。当算力像电力一样普及，AI技术才能真正渗透到经济社会的毛细血管中，释放出革命性的生产力。正如历史上蒸汽机、电力的普及引发了工业革命，算力的普惠化也将成为AI驱动第四次工业革命的关键推手。算力民主化不仅是技术演进的必然趋势，也是产业发展的现实需求，更是实现AI普惠的必由之路。

---

〔1〕 Folding@home（FAH or F@h）是一个分布式计算项目，旨在通过模拟蛋白质折叠、计算药物设计等方式，帮助科学家开发治疗各种疾病的新疗法。任何拥有计算机和互联网连接的人都可以成为参与者，贡献计算资源，从而支持全球健康威胁的研究。

本章小结

算力已从单纯计算资源跃升为新智生产力的战略基础设施，与算法、数据形成创新三角，共同推动智能文明进步。面对摩尔定律的天花板，全球科技力量在架构革命、异构计算与前沿技术等多元路径上寻求突破，创造更高效、专用、绿色的计算能力。

中国特色的“东数西算”工程构建了“八纵八横”国家级骨干网络与八大算力枢纽节点，实现了数据资源与能源资源的优化配置，既保障了数字经济可持续发展，也为西部地区创造了新增长极。

同时，算力民主化趋势通过云计算服务、边缘计算部署与高效小模型等创新路径，正打破算力资源集中的壁垒，使AI技术真正渗透到经济社会的毛细血管，为各行业智能化转型提供基础支撑。

第 4 章
AI 争霸赛：全球格局与中国突围

在人工智能驱动的新智生产力浪潮中，全球正形成多元化的创新格局，各国家和地区基于各自禀赋与战略考量，走出了不同的发展路径。通过这幅全球AI竞争格局图，我们能更清晰地把握AI的全球演进规律，探寻中国在这场变革中的独特路径与战略机遇。

4.1 硅谷模式：美国 AI 霸权的崛起

当我们谈论人工智能的全球格局时，美国硅谷无疑是这场变革的核心引擎。硅谷作为全球科技创新的“麦加圣地”，在过去七十余年里创造了持续不断的技术奇迹，从半导体、个人计算机到互联网、移动通信，每一次产业变革都以硅谷为中心向全球扩散。进入21世纪的第三个十年，硅谷再次站在了AI这一颠覆性技术的最前沿，主导着全球人工智能发展的技术路径、商业模式和产业生态。

硅谷模式的成功并非偶然。这一独特的创新生态系统是在特定的历史条件和制度环境下逐步形成的，使之具备了培育全球AI巨头的完美土壤。追溯其源头，斯坦福大学在20世纪50年代建立的“工业园区”模式开创了大学与产业紧密合作的先河，催生了惠普等一批高科技公司。这种“产学研”紧密结合的模式在AI时代得到了极致发挥。以斯坦福大学、加州大学伯克利分校、麻省理工学院等为代表的顶尖学府不仅是基础理论研究的摇篮，也是高端AI人才的培养基地和技术转化的加速器。AI领域标志性的突破，如深度学习的复兴、大语言模型的崛起，无不与这些学术机构密切相关。

更为关键的是，硅谷形成了一套高效的创新组织机制和资本运作模式。风险投资与创业企业、大型科技公司与初创企业之间形成了紧密的共生关系，构成了一个有机的创新网络。从数据来看，2020年至2024年间，全球AI领域的风险投资总额超过3000亿美元，其中美国占比超过60%，仅硅谷地区就吸引了约1800亿美元的投资〔1〕。这种强大的资本支持使美国AI企业能够承担更大的技术风险，推动更具前瞻性的创新。以OpenAI为例，从2023年4月微软领投的100亿美元到2024年9月计划筹集的65亿美元，其估值已达到惊人的1570亿美元。这一资本规模使它能够持续投入大模型研发，推动GPT系列模型的迭代升级，引领全球生成式AI的发展方向（见表4–1）。

表4–1　近两年外头部初创AI企业融资主要发生在美国

时间	公司	募资	估值
2024年9月	OpenAl	计划向投资者筹集65亿美元	1570亿美元
2024年5月	智谱AI	智谱AI获Prosperity7 Ventures 4亿美元C轮投资	200亿元人民币
2024年5月	Scale Al	AI数据标注公司Scale AI完成10亿美元的募资	138亿美元
2024年5月	xAI	马斯克为xAI投入60亿美元的融资	180亿美元
2024年5月	Kimi月之暗面	截至5月，阿里巴巴2024财年合计投入8亿美元	25亿美元
2024年4月	Anthropic	亚马逊宣布完成了对Anthropic（Claude）总计40亿美元的融资。2023年9月亚马逊提供了一笔12.5亿美元的投资，之后又追加了275亿美元	184亿美元

〔1〕 参见《硅谷华人创投：坚持精品基金路线，AI投资存在泡沫》，载21世纪经济网，https://www.21jingji.com/article/20250321/herald/398e9b57c4626a6f3bfcea0bf435f31c.html。

续表

时间	公司	募资	估值
2023年11月	零一万物	完成10亿美元的新一轮融资，由阿里云领头	NA
2023年10月	Anthropic	谷歌领投了Anthropic的5亿美元融资，此后又追加了20亿美元的投资	NA
2023年4月	OpenAl	微软领投了约100亿美元，多家PE投资超3亿美元	800亿美元

美国在AI领域的霸权地位建立在其完整而强大的AI产业链之上。这一产业链覆盖了从基础研究、核心技术到应用场景的全链条，形成了相互支撑、协同发展的完整体系。在基础研究层面，美国拥有得天独厚的优势。据统计，全球AI领域引用率最高的前100名学者中，有超过70%供职于美国的大学和研究机构。2020年至2024年，美国学者发表的AI论文在全球高被引论文中占比超过40%。这种基础研究优势为美国AI产业提供了源源不断的理论突破和技术创新。

美国的AI人才培养体系同样处于全球领先地位。美国高校每年培养超过4万名AI相关专业的硕博士毕业生，其中包括大量来自全球各地的顶尖人才。更重要的是，美国构建了一套“产学研用”紧密结合的人才培养机制，使学术成果能够迅速转化为产业应用。许多AI领域的顶尖科学家同时在学术机构和企业担任职务，促进了知识的快速流动和技术的产业化。例如，斯坦福大学的AI实验室与谷歌、微软等企业保持着密切合作，共同推动大模型、计算机视觉等前沿技术的发展。

在AI技术的商业化和应用场景拓展方面，美国同样遥遥领先。美国拥有全球最多元化、最成熟的AI应用场景，从企业服务、智能制造到医疗健康、金融科技，几乎覆盖了所有行业。这种多样化的应用场景为AI技术提供了丰富的训练数据和验证环境，加速了技术的迭代和成熟。以医疗AI为例，美国食品药品监督管理局已批准超过300款AI医疗设备，远超其他国家。在金融领域，摩根大通、高盛等金融机构投入巨资构建AI风控系统和智能投顾平台，重塑传统金融服务模式。

美国科技巨头在全球AI竞争中扮演着引领者的角色，通过不断的技术创新和商业模式探索，构建了难以撼动的竞争优势。谷歌作为全球AI研究的先驱，通过2014年收购DeepMind并持续加大研发投入，在深度学习、强化学习等领域保持领先。其Gemini系列模型与OpenAI的GPT系列形成了良性竞争，共同推动大模型能力的不断提升。微软则通过与OpenAI的战略合作，成功将AI技术与其云计算平台Azure深度融合，创造了“AI+云计算”的新商业模式。据统计，截至2024年，微软Azure AI服务的年营收已超过200亿美元，成为其增长最快的业务板块之一。

亚马逊则将AI技术与电商、云计算和智能硬件相结合，打造了覆盖消费者和企业用户的全方位AI服务体系。其AWS云平台提供了丰富的AI开发工具和模型服务，成为全球企业AI应用开发的重要基础设施。2024年4月，亚马逊宣布完成对Anthropic（Claude开发商）总计40亿美元的投资，进一步巩固了其在基础模型领域的布局。Meta（原Facebook）则在AR/VR与AI的结合上进行了大胆探索，其元宇宙战略虽然面临挑战，但在社交网络的AI应用方面取得了显著成果，Llama系列开源模型的推出也极大地促进了AI技术的普及和应用创新。

值得注意的是，美国的AI霸权不仅依靠私营部门的创新，还得到了联邦政府的有力支持。自奥巴马政府时期开始，美国政府就持续推动国家级AI发展战略。2019年，特朗普政府发布《美国人工智能倡议》，聚焦基础研究、标准制定、人才培养等方面。拜登政府则进一步加大了支持力度，2022年10月发布《人工智能权利法案蓝图》[1]，平衡促进创新与保护公民权利。在2023财年，美

〔1〕《人工智能权利法案蓝图》是由美国白宫科技政策办公室（OSTP）于2022年10月4日发布的，旨在指导自动化系统的设计、使用和部署。该蓝图旨在通过五项原则赋予个人、公司和政策制定者权力，并促进大型科技公司承担责任。蓝图包含前言、五项原则、应用说明和技术手册等部分。

国联邦政府对AI研发的直接投入超过70亿美元，远高于其他国家。更重要的是，美国政府通过国防高级研究计划局（DARPA）、国家科学基金会（NSF）等机构，长期稳定地资助AI基础研究，为产业发展奠定了坚实基础。

随着全球AI竞争格局的多元化发展，美国硅谷模式的霸权地位虽然短期内难以撼动，但长期来看将面临越来越多的挑战与变数。一方面，技术的民主化和开源趋势使AI创新的门槛不断降低，创新中心逐渐从少数几个地区扩散到全球各地；另一方面，各国政府对AI发展的战略重视和政策支持力度不断加大，国家力量在AI竞争中的作用日益凸显。

4.2　欧盟数字主权：监管下的创新平衡

在全球人工智能竞争日趋激烈的今天，欧盟正走出一条独特的发展路径，以“数字主权”为核心理念构建其AI战略体系，选择将伦理与监管置于AI发展的前沿，试图打造一个既促进创新又保护公民权益的平衡模式，这一“欧盟方案”正成为全球AI治理的重要参考框架。

欧盟数字主权战略的形成源于其特殊的历史文化背景和地缘政治考量。随着全球数字经济的发展，欧盟日益意识到在关键数字基础设施和技术领域对美国科技巨头的依赖已成为潜在风险。2019年开始将“适应数字化时代的欧洲”作为六大优先事项之一，明确提出构建“欧洲技术主权”的战略目标。此后，欧盟不断深化和扩展这一概念，发展为今天的“数字主权”战略，核心是确保欧盟在数字时代拥有自主决策能力，维护欧洲价值观和竞争力。

欧盟数字主权的核心理念可概括为“监管引领、价值导向、自主可控”。在监管引领方面，欧盟以立法先行，通过建立严格而明确的规则框架引导技术发展。在价值导向层面，欧盟将人权、隐私、公平等核心价值作为AI发展的基本准则，坚持“以人为中心”的发展理念。在自主可控方面，欧盟致力于减少对外部技术的依赖，培育本土数字能力，尤其是在关键技术领域实现自主可控。

欧盟数字主权战略的实施路径呈现“技术—制度—伦理”三位一体的特点。在技术层面，欧盟投入大量资源支持关键技术研发，如“地平线欧洲”计划中专门设立AI研发基金，推动高性能计算、量子计算等前沿技术突破。在制度层面，欧盟构建了全球最为系统、严格的数字领域监管框架，包括通用数据保护条例（GDPR）、数字服务法案（DSA）、数字市场法案（DMA）以及AI法案等，形成了完整的数字治理体系。在伦理层面，欧盟推动AI伦理准则的制定和推广，强调透明、可解释、负责任的AI发展原则。

欧盟AI法案〔1〕是其数字主权战略的核心支柱，也是全球首个全面规范AI开发和应用的立法框架。2023年12月，欧盟三大机构就AI法案达成政治协议，该法案在2024年正式生效，成为欧盟乃至全球AI治理的里程碑事件。AI法案的突出特点是采取风险分级监管模式，根据AI系统可能带来的风险程度实施差异化管理：对不可接受风险的AI应用（如社会信用评分系统）予以禁止；对高风险AI应用（如重要基础设施、教育、就业等领域）实施严格监管，要求开发者进行合规性评估、确保数据质量和系统透明性；对有限风险AI应用要求信息披露；对最低风险AI应用则基本不设限制。这种精细化的规制方式，既体现了欧盟对AI安全的高度重视，也反映了其促进负责任创新的政策导向（见图4-1）。

〔1〕 欧盟AI法案，正式名称为《欧盟人工智能法案》，旨在为人工智能的开发和使用建立统一的监管框架。该法案于2021年4月由欧盟委员会提出，经过三年审议，于2024年3月获得欧洲议会通过，5月获得欧盟理事会接受。参见吴桐、刘宏松：《地缘经济转向、数字主权与欧盟人工智能治理》，载《国际安全研究》2024年第5期。

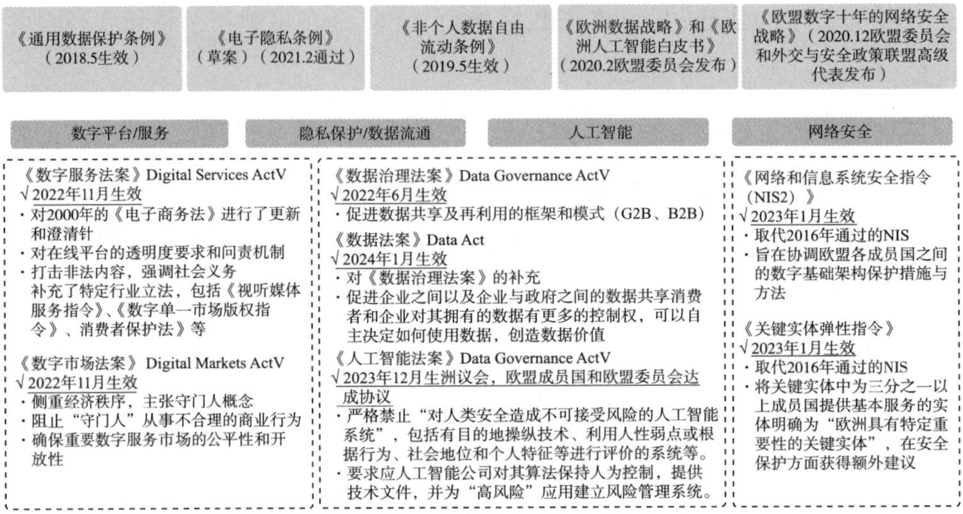

图4-1　欧盟数字领域主要法律政策体系

与此同时，AI法案的另一个显著特点是其域外适用效应。任何向欧盟市场提供AI系统或服务的实体，无论其总部位于何处，都必须遵守这一法规，这使欧盟AI法案可能产生类似GDPR〔1〕的“布鲁塞尔效应”，即通过市场准入机制影响全球AI治理标准，扩大欧盟在全球数字规则制定中的话语权和影响力。

欧盟在AI监管上的领先地位正对全球AI治理产生深远影响。首先，其基于价值观和风险管理的监管思路正被越来越多的国家和地区借鉴，如加拿大、英国、新加坡等国都在制定类似的AI监管框架。其次，欧盟的监管实践正推动全球AI治理标准的形成，特别是在透明度、问责制、公平性等方面的要求逐渐成为国际共识。最后，欧盟积极推动跨大西洋和国际AI治理合作，如与美国建立的贸易与技术委员会（TTC），以及在联合国、G7、经合组织等多边框架下的协调倡议，这些努力正在构建全球AI治理的协同机制。

---

〔1〕 GDPR，即《通用数据保护条例》，是欧盟于2016年4月27日颁布的关于保护自然人在处理个人数据方面的条例。它于2018年5月生效，适用于全球范围内的组织，涉及数据隐私和安全。该条例包含了数百页的新要求，对处理欧盟公民个人数据的组织提出了严格的合规要求。See https://gdpr-info.eu/.

评估欧盟“监管引领创新”模式的效果，我们可以看到一些初步成果。积极方面，欧盟在数据治理和AI伦理领域的标准已产生全球影响；其严格的制度环境实际上促使企业开发更加安全、透明和负责任的AI产品，从长期来看可能转化为竞争优势；同时欧盟在特定AI应用领域如工业4.0、健康医疗AI等方面保持较强竞争力。然而，挑战也很明显：欧盟在基础AI模型和核心算法研发上与美中差距仍在扩大；严格监管可能增加企业合规成本，延缓创新速度；欧盟AI创业生态系统在风险资本、人才和规模化能力方面仍存在短板。

欧盟在AI发展中的另一个关键特色是强调“绿色AI”，即低能耗、环保、可持续的AI技术。随着大模型对算力需求的剧增，AI的能源消耗和碳排放问题日益凸显。欧盟将绿色数字化转型作为战略重点，推动AI系统能效优化和可再生能源利用，这与其“欧洲绿色协议”[1]紧密衔接，体现了欧盟将环保理念融入科技创新的独特路径。

与此同时，欧盟显著加强了数据基础设施建设，试图突破AI发展的数据“瓶颈”。“欧洲数据战略”提出建立9个欧洲共同数据空间，覆盖工业、健康、金融、能源等关键领域，促进数据共享和流动。通过公私合作的欧洲云联合体GAIA-X项目，欧盟正尝试构建符合欧洲价值观和标准的分布式数据基础设施，增强数据主权。这些努力旨在为欧洲AI创新提供高质量、合规的数据资源，形成与监管框架相适应的数据生态系统。

综合来看，作为一种独特的发展模式，欧盟的“监管引领”路径为全球AI治理提供了重要参考，其基于价值观和风险管理的监管框架正在成为国际标准的重要来源。尽管在创新速度和商业化方面面临挑战，但欧盟在工业AI、医疗健康等特定领域的优势，以及在绿色AI、负责任AI等新兴方向的引领地位，使其在全球AI版图中占据独特位置。

---

〔1〕“欧洲绿色协议”是欧盟于2019年年末推出的气候变化应对方案，旨在推动欧盟绿色转型，最终目标是在2050年前实现气候中和。这项协议包括一系列政策举措，涉及多个领域，以加速欧洲的绿色转型。

4.3 日韩路径：传统制造业的 AI 转型

在全球人工智能发展格局中，日本与韩国走出了一条独具特色的发展路径。作为世界制造业强国，两国充分发挥其在精密制造、电子产业与自动化领域的传统优势，通过人工智能与制造业的深度融合，正在重塑产业价值链，推动经济增长新引擎的形成。这种“制造业基因”与“人工智能技术”的结合，不仅是对传统产业的智能化改造，更是在全球AI竞争中塑造差异化竞争优势的战略选择。

日本的AI发展战略深受其制造业国情影响。作为全球机器人与精密制造业巨头，日本面临人口老龄化、劳动力萎缩的严峻挑战，AI自然成为其维持制造业竞争力的关键工具。2016年，日本政府陆续提出“人工智能技术战略”和“Society 5.0”战略[1]，明确将AI技术作为解决社会问题、重振经济活力的核心引擎。在这一战略框架下，日本政府选择性地在制造业、健康医疗和交通运输三大领域重点布局AI应用，确保在有限资源下实现最大社会经济效益。2019年，日本又推出“AI战略2019”，提出将日本打造成“AI就绪社会”（AI-Ready Society）的目标，进一步强化人工智能在制造业数字化转型中的关键作用。[2]

与此同时，韩国的AI战略则展现出更为积极进取的态势。2019年，韩国政府发布“人工智能国家战略”，明确提出建设“AI强国”的宏伟目标，计划到2030年成为全球人工智能技术与应用的领导者。2020年，韩国又启动规模达

---

〔1〕 Society 5.0，也被称为“超级智能社会”，是日本政府于2016年提出的一个概念。它旨在通过先进技术，例如人工智能、物联网和大数据，实现经济发展和社会问题的兼容并蓄，构建一个以人为本的、可持续发展的包容性社会。其核心目标是通过数字技术赋能，解决社会挑战，提升生活质量，创造更美好的未来。

〔2〕 日本“人工智能技术战略”和“AI战略2019”聚焦制造、医疗、交通等领域；韩国2019年发布《人工智能国家战略》，提出2030年成为AI强国目标。参见《日本人工智能战略论析》，载网易号“创新研究（cancel）nD” 2023年11月22日，https://www.163.com/dy/article/IK5JC7QI0511B355.html。

1.6万亿韩元的“数字新政”计划[1]，重点推动大数据、人工智能与制造业的融合发展。在业界，三星、LG、现代等韩国制造业巨头也纷纷加大AI研发投入，通过技术创新与产业应用双轮驱动，加速AI与制造业的深度融合。2024年，韩国代理总统崔相穆更是将DeepSeek的突破称为“新冲击”，推出34万亿韩元（约1710亿元人民币）基金支持AI和半导体发展，并计划成立“国家AI委员会”，目标成为世界三大AI领先国家之一。

在具体实践层面，日韩两国正通过AI技术重新定义制造业价值链，形成了从基础研究到产业应用的完整创新生态。在生产制造环节，机器视觉检测、智能预测性维护和自动化生产调度成为AI应用的重点方向。丰田、日立等日本制造业巨头已广泛应用深度学习算法进行产品缺陷检测，显著提升了生产效率与产品质量。在韩国，三星电子建立的智能工厂可实现近90%的自动化生产，AI系统能够自主调整生产参数，优化资源配置，减少能源消耗和降低废品率。

半导体产业是日韩AI战略中的重中之重。作为全球半导体设备与材料的核心供应国，日本在光刻、蚀刻和封装环节占据关键地位。东京电子、Screen Holdings等日本设备厂商借助AI技术提升设备精度和产能，为全球AI芯片供应链提供关键支撑。随着生成式AI推动半导体产业升级，以及全球封装产能扩张，日本设备厂商在产业浪潮中发挥着越来越重要的作用。韩国则凭借三星和SK海力士在存储芯片市场的主导地位，积极布局AI专用芯片的研发与生产。2023年，三星推出的NPU（神经网络处理单元）已广泛应用于其智能手机、家电和汽车电子产品中，成为韩国AI硬件实力的重要体现（见图4-2）。

[1] 韩国的“数字新政”是一项旨在推动经济数字化转型的计划。该计划的核心内容包括在社会、经济、教育、产业和医疗等领域进行数字化转型，目标是将韩国经济发展为主导型经济。

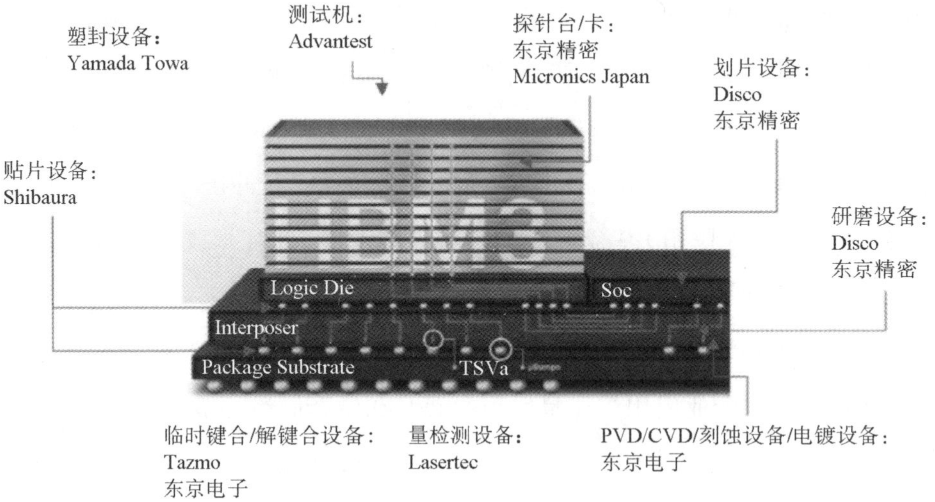

图4-2　日本设备企业——生成式 AI 产业链

工业机器人领域是日本AI优势的集中展现。日本发那科（FANUC）、安川电机（YASKAWA）等全球工业机器人巨头通过深度融合AI技术，开发出拥有视觉感知、自主决策能力的新一代工业机器人。这些智能机器人能够适应复杂多变的生产环境，大幅提升柔性制造能力。特别值得一提的是，日本在协作机器人领域的创新成果尤为突出。安川电机推出的新一代协作机器人集成了自然语言处理和计算机视觉技术，可通过语音和手势进行人机交互，极大地降低了机器人的使用门槛，使中小制造企业也能享受智能制造带来的效率提升。

在AI人才培养方面，日韩两国采取了不同策略。日本政府计划到2025年培养25万名AI专业人才，并重点推动制造业一线员工的AI技能培训。丰田、索尼等企业也建立了专门的AI研究实验室，为员工提供系统化的AI知识培训。韩国则通过“AI强国培训计划”，每年投入超过2000亿韩元用于AI人才培养，同时通过产学研协同创新平台，促进高校、研究机构与制造业企业的深度合作，加速AI技术的产业转化。

然而，日韩AI发展也面临诸多挑战。首先是与美国等AI领先国家在基础研究和原创算法方面的差距。尽管在应用层面表现突出，但日韩两国在大模型架构、自监督学习等前沿算法研究方面仍有较大提升空间。其次是数据资源不足的问题。相比中国和美国拥有的海量数据资源，日韩市场规模较小，数据积累相对不足，这在一定程度上限制了AI模型的训练效果。此外，商业模式创新不足也是制约因素，日韩企业在AI商业化方面比硅谷企业保守，往往过于专注技术本身而忽视市场需求和商业可行性。

面对这些挑战，日韩两国政府和企业也正采取积极应对策略。在开放合作方面，日本提出“数据自由流动”倡议，促进跨境数据共享。2024年，微软、亚马逊和苏格兰皇家银行等国际巨头加入了日本“AI伦理委员会”，共同探索AI负责任发展路径。韩国则通过“AI开放创新中心”计划，引进国际顶尖AI研发团队，加强与全球AI创新网络的对接。在本土优势强化方面，日韩均加大了在半导体、传感器等硬件领域的投入，力求在全球AI供应链中占据更加重要的位置。

4.4 中国速度：新型举国体制推动 AI 创新

在全球人工智能发展的激烈竞争中，中国正依托其独特的制度优势，构建起一条有别于西方模式的AI创新发展道路。新型举国体制作为中国特色的创新方案，既传承了传统举国体制“集中力量办大事”的精神内核，又融入了市场机制的活力和开放协同的理念，成为推动中国人工智能产业跨越式发展的强大引擎，为全球AI创新贡献了中国智慧。

新型举国体制与传统举国体制的关键区别在于，它不再是单纯依靠政府主导的封闭式创新模式，而是政府、市场、社会多元力量协同互动的开放创新体系。在AI领域，中国充分发挥了社会主义市场经济的制度优势，通过顶层设计与基层创新相结合、国家战略与市场活力相融合、技术攻关与产业应用相衔接的方式，有效地解决了AI发展中的系统性挑战。这种协同创新机制使中国能够在关键技术突破、产业生态培育、场景创新等方面形成合力，快速缩小与全球AI领先国家的差距。

自2017年《新一代人工智能发展规划》发布以来，中国已初步形成了以国家战略为引领、部门规划为支撑、区域政策为补充的多层次AI政策体系。从中央层面看，"十四五"规划将AI列为七大数字经济重点产业之一，《"十四五"智能制造发展规划》明确了以智能制造带动产业转型升级的路径，2023年以来陆续启动的"人工智能+"行动计划[1]则为AI赋能千行百业提供了具体指南。在中央层面，工信部、科技部、国家发改委等协同推进的国家人工智能创新应用先导区建设，财政部、税务总局联合出台的科技型企业研发费用加计扣除政策，为AI企业提供了全方位支持。在地方层面，北京的"智源行动计划"[2]、上海的"AI创新高地建设方案"、深圳的"AI先锋城市建设计划"[3]等因地制宜的创新举措，形成了区域联动、梯度发展的创新格局（见表4-2）。

表4-2　近期中央和地方层面针对人工智能政策梳理

	时间	会议/政策	相关内容
中央层面	2024年9月9日	全国网络安全标准化技术委员会发布《人工智能安全治理框架》1.0版	以鼓励人工智能创新发展为第一要务，以有效防范化解人工智能安全风险为出发点和落脚点
	2024年9月11日	工信部发布《关于推进移动物联网"万物智联"发展的通知》	进一步深化移动物联网与人工智能、大数据等技术融合，提升移动物联网行业供给水平、创新赋能能力和产业整体价值
	2024年12月12日	中央经济工作会议	开展"人工智能+"行动，培育未来产业 到2025年，全省算力规模超过40EFLOPS，人工智能核心产业规模超过3000亿元。

〔1〕"人工智能+"行动旨在推进人工智能技术与各行各业的深度融合，促进产业的健康可持续发展。2025年政府工作报告中提及将持续推进该行动，重点在于结合数字技术、制造优势和市场优势，支持大模型的广泛应用。

〔2〕"智源行动计划"是北京市政府于2018年发起的一项人工智能发展计划。该计划旨在推动人工智能的研发和应用，主要围绕人工智能开放服务平台、共建联合实验室、人才集聚培养、产学研学术交流等方向展开。

〔3〕深圳市正积极推进其AI先锋城市建设计划，目标是加速全域、全时、全场景的AI应用。该计划涵盖多个方面，包括强化产业要素供给、增强源头创新能力、营造创新创业生态等。

续表

	时间	会议/政策	相关内容
地方层面	2024年5月26日	《广东省关于人工智能赋能千行百业的若干措施》	到2027年，全省人工智能产业底座进一步夯实，算力规模超过 60EFLOPS，全国领先的算法体系和算力网络体系基本形成
	2024年7月26日	《北京市推动“人工智能+”行动计划（2024—2025 年）》	2025年年底，通过实施5个对标全球领先水平的标杆型应用工程、组织10个引领全国的示范性应用项目、推广一批具有广泛应用前景的商业化应用成果
	2024年9月5日	《湖南省人工智能产业发展三年行动计划（2024—2026年）》	到2026年，全省智能算力达到 3600PFLOPS，人工智能产业规模突破1000亿元，培育2～3家有全国影响力的生态主导型企业和一批专精特新“小巨人”企业，培育一批 高水 平研发创新平台
	2024年10月8日	《浙江省“人工智能+”行动计划（2024—2027年）（征求意见稿）》	到2027年，培育形成10个以上全国一流的垂直行业大模型，500个以上可复制推广的标杆应用场景，1000个以上融合示范案例，全力打造人工智能创新发展和融合应用高地
	2024年10月23日	《河南省推动“人工智能+”行动计划（2024—2026 年）》	到 2026年年底，力争2～3个行业人工智能应用走在全国前列，建设一批高质量行业数据集，形成2～3个先进可用的基础大模型、20个以上垂直领域行业模型和一批面向细分场景的应用模型、100 个左右示范引领典型案例
	2024年11月20日	《四川省人工智能产业链总体工作方案（2024—2027 年）》	到2027年，四川人工智能产业实现“十百千万”发展目标，成为全国人工智能产业发展第四极
	2024年12月18日	《深圳市打造人工智能先锋城市的若干措施》	打造人工智能先锋城市，发放“语料券”和“模型券”以促进语料开放共享和交易，降低人工智能模型应用成本

在这一政策体系引导下，中国形成了一套独具特色的科技创新协同机制。政府主导的国家实验室、工程研究中心等创新平台与企业研发中心形成互补，国家科技重大专项与市场化研发投入相结合，突破了一批制约产业发展的卡脖子技术。在大模型领域，2023年至2025年，百度文心一言、阿里通义千问、科大讯飞星火、智谱AI等相继突破，而2024年DeepSeek大模型以1760亿参数规模在数学、推理、编程等多项测试中超越GPT-4的成就，更是彰显了中国在

通用人工智能领域的关键突破能力。这些成果的取得，离不开新型举国体制下的协同攻关——国家算力网络东西部节点为训练提供基础设施支撑，行业龙头企业、科研院所、开源社区协同构建开放创新生态，政府引导基金与社会资本形成投资合力，共同助推中国AI技术从跟跑到并跑，甚至在某些领域实现领跑的战略跃迁。

中国新型举国体制的另一显著特点是系统性推进基础设施建设，为AI创新提供坚实支撑。在算力方面，以“东数西算”工程为标志的国家算力网络体系已初步建成，截至2025年年初，全国智算中心布局超过20个，总算力规模稳居全球第二，有效地满足了AI创新的算力需求。在数据资源方面，中国拥有全球最大的互联网用户群体和最为丰富的应用场景，产生的数据总量占全球约30%。国家数据局成立后，以“数据要素×”行动为引领，推动数据确权、流通、交易等基础制度建设，15个数据交易所梯次布局，初步形成数据要素市场化配置机制，为AI模型训练提供了丰富“燃料”。在人才培养方面，中国构建起从基础教育到高等教育再到企业实训的全链条AI人才培养体系，年培养AI相关专业人才超过5万名，为产业发展提供了充足的人力资源供给。

中国的新型举国体制并非封闭自守，而是积极推动开放协同的全球创新网络构建。在全球开放合作方面，中国已与40多个国家签署AI合作协议，主导制定18项国际标准，在“一带一路”沿线国家实施了1000余项技术援助项目。在2025年2月巴黎人工智能行动峰会上，中法等约60国共同签署《巴黎人工智能宣言》，倡导“开放、包容、道德、安全”原则，体现了中国在全球AI治理中的建设性角色。同时，中国学者在国际顶级AI学术会议上的论文数量和引用率持续提升，中国AI开源社区的全球影响力不断扩大，如GitHub中国开发者贡献占比达26%。这些开放合作的实践，为全球AI创新注入了中国力量，也促进了中国AI产业与国际前沿的深度融合。

新型举国体制下的中国AI创新实践，也在不断探索安全与发展的平衡之道。随着AI技术的深入应用，数据安全、算法公平、伦理治理等挑战日益凸显。中国一方面加快建立AI全生命周期治理体系，出台《生成式人工智能服务管理暂行办法》[1]等法规，完善风险评估与安全审查机制；另一方面积极参与全球AI治理对话，在遵循国际通行规则的同时，提出符合发展中国家利益的治理方案，为全球AI健康发展贡献中国智慧。这种兼顾发展与安全、创新与规范、国家利益与全球责任的治理理念，既是中国新型举国体制的重要内涵，也是中国方案的独特价值所在。

通过新型举国体制的创新加速作用，中国AI产业实现了跨越式发展。截至2025年年初，中国AI产业规模超过2000亿美元，年增长率保持在20%以上，成为全球增长最快的AI市场之一。在全球AI专利申请中，中国占比超过30%，多项技术指标处于全球领先水平。国产大模型生态初步形成，具有自主知识产权的AI芯片已在特定场景实现规模化应用，人形机器人、多模态交互等前沿技术领域取得突破性进展。这些成就的取得，既得益于国家战略引领与资源整合，也源于市场力量的充分激发创新活力的竞相迸发，充分证明了中国新型举国体制的独特创新优势。

放眼全球AI竞争格局，美国依托强大的科技创新能力和完整的产业链优势，在全球AI竞争中依然处于领先地位；欧盟以强有力的数字主权为核心，构建了全球首个AI监管框架体系；日韩则通过传统制造业优势转型与场景创新，在AI产业链的特定环节形成独特竞争力。在这一格局中，中国的新型举国体制为全球AI发展提供了一条有别于西方模式的创新路径，其价值不仅在于技术突破与产业发展，更在于为人工智能这一新智生产力的培育与释放探索出一套系统性方案。

---

〔1〕《生成式人工智能服务管理暂行办法》于2023年5月23日由国家互联网信息办公室审议通过，并联合国家发展改革委、教育部等部门发布。该办法已于2023年8月15日正式实施，旨在规范生成式人工智能服务，并建立监管框架，涵盖了科技进步等相关内容。

本章小结

全球AI发展呈现出多元化创新路径：美国依托硅谷模式，通过产学研紧密结合和风投创业生态，确立了全球领先地位；欧盟以数字主权为核心，构建全面监管框架，在安全与伦理标准制定方面发挥引领作用；日韩深度融合AI与传统制造业优势，在半导体、工业机器人等领域形成特色竞争力；中国则通过新型举国体制，推进从基础设施到应用的全链条发展，实现从跟跑到并跑甚至领跑的跨越。

无论何种模式，AI发展都依赖三大关键要素：算力提供基础动力，算法构建核心智能，数据则是根本“燃料”。各国在数据方面各具优势：美国拥有互联网平台积累的海量高质量数据，欧盟通过数据空间增强主权，日韩在工业互联网数据领域有独特积累，中国则以全球30%的数据总量和丰富应用场景，共同引领全球AI发展。

第二部分

数据与AI：智能时代的共舞

数据与人工智能融合正重构生产力形态与边界。数据已跃升为与土地、劳动力、资本、技术并列的第五大生产要素，其非竞争性、可复制性和增值特性为AI提供“超级食粮”。原始数据如同“石油”，须经过系统“炼化”转化为AI可利用的“精油”。通过决策引擎智能分析与联邦学习协作，数据实现了从信息到智慧的质变，驱动全要素融合与产业价值链重构。“数据—算法—算力”协同进化构建了以AI为核心的新智生产力体系，形成“技术—产业—制度”三位一体创新生态，为经济高质量发展注入智能动力。

第 5 章
数据金矿：AI 时代的“新石油”

数据，这一数字时代的“原油”，正以前所未有的规模与深度重塑AI驱动的新智生产力格局。当全球数据量从TB级跨越至PB级，量变开始引发质变，与此同时，人类的认知方式与生产范式则将会发生根本性转变。作为与土地、劳动力、资本和技术并列的第五大生产要素，数据具备非竞争性、可复制性和无限增值等独特属性，为AI模型提供了源源不断的“智能养料”。

5.1 数据爆炸：从 TB 到 PB 时代的飞跃

人类社会正经历一场前所未有的数据洪流。从比特到字节，从兆字节到吉字节，再到太字节，如今我们已迈入拍字节乃至艾字节的时代。这不仅是数量级的简单叠加，更是人类文明在数字空间的质变升级。拍字节（PB）级数据的出现，不仅意味着存储容量的扩展，更代表着人类对世界认知方式的根本变革。当数据规模从TB跨越到PB，量变引发质变，曾经的不可能成为可能，我们的认知边界被极大拓展，这是人类理解世界方式的一次真正跃迁。

回顾人类历史，每一次信息载体的变革都引发了生产力的跨越式发展。从结绳记事到甲骨文，从竹简纸张到印刷术，从电报电话到互联网，信息的存储与传播能力决定了每一个时代的边界。而今天，以拍字节为基本单位的数据洪流正在重塑新时代的边界。2024年，全球数据量超过150ZB（泽字节），相当于150万亿GB，这一数字预计到2025年将增长至90ZB。仅2024年一年，人类创造的数据量就超过了从文明曙光到2010年近万年人类历史的总和。这种指数级增长不是偶然，而是多重因素共同作用的结果（见图5-1）。

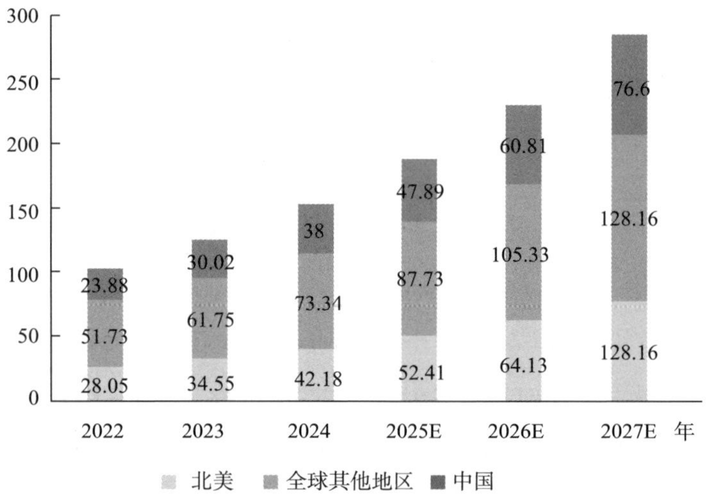

图5-1　全球数据量快速增长，2025年有望超175ZB

数智时代，数字基础设施的普及是数据爆炸的首要条件。5G网络、物联网设备和云计算平台构成了数据产生与流动的基础设施。全球互联网普及率从2010年的29%增长到2024年的70%以上，中国的移动互联网用户已超过10亿，移动支付渗透率超过80%。每一个联网设备都是数据的源头，每一次点击、每一次支付、每一次定位都在不断丰富着这个数字世界的轮廓。智能手机、可穿戴设备、智能家居、工业传感器等智能化终端如繁星般遍布世界各个角落，构成了一张无所不在的数据采集网。以物联网为例，截至2024年，全球物联网设备数量已超过340亿台，这些设备每天产生的数据量达到数十PB级别。

与此同时，数据采集技术的精进使数据的维度和精度都得到极大提升。高分辨率图像、4K甚至8K视频、高精度传感器、基因测序仪等设备，使我们能够以前所未有的精细度捕捉世界的方方面面。一部现代智能手机配备的传感器已超过十种，包括加速度计、陀螺仪、气压计、指纹传感器等，这些传感器每秒可产生数百次采样。在医疗领域，一台基因测序仪单次运行可产生数TB的原始数据，而一家大型医院的影像系统每年可产生数PB的医学影像。数据不再仅仅是文字和数字的简单组合，更是包含图像、声音、视频、传感器读数、时空信息等在内的多维度信息洪流。

与此同时，当数据量级从TB迈向PB，其影响远不止于存储空间的量级跃迁，更驱动着从精确思维向概率思维的认知范式重构。换句话说，这种转变不仅体现在对数据价值的认知维度上，更重塑着人类理解复杂系统的方式。在科学研究范式的转变方面，传统科学研究往往遵循“观察—假设—实验—验证”的演绎路径，而大数据时代，科学家可以通过对海量数据的分析，直接发现此前难以察觉的规律和微妙关联，实现从“数据到知识”的归纳飞跃。天文学家不必整夜守在望远镜前，而是分析来自自动天文观测站的PB级数据；生物学家无需漫长的实验验证，而是通过对基因组大数据的挖掘发现新的生物机制；气象学家依靠对全球气象观测网络的实时数据分析，将天气预报的准确率提升到前所未有的水平。

此外，这种认知方式的变革也正在深刻影响甚至颠覆现代商业的决策逻辑。腾讯通过对社交网络产生的海量数据进行分析，能够精准把握用户行为特征和社交关系网络，进而不断调整和优化产品功能和各类服务体验。截至2024年，腾讯微信日活跃用户超过12亿，每天产生的消息数量超过450亿条，图片超过100亿张，视频数千万个，这些数据构成了腾讯理解用户、优化服务的基础。通过对这些PB级数据的挖掘和分析，腾讯能够实现精准的内容推荐、广告投放和产品迭代，将用户体验与商业价值推向极致，实现了社会效益和商业收益的双赢。

另外，从TB到PB的跃迁，不仅改变了数据的规模，还改变了数据的基本特征。大数据时代的数据呈现出“5V”特征：Volume（规模）、Velocity（速度）、Variety（多样性）、Veracity（真实性）和Value（价值）。数据规模从TB跃升至PB级别，使全样本分析成为可能，不再需要依赖抽样调查；数据产生和处理速度实现了从离线分析到实时计算的飞跃，使“实时决策”成为现实；数据类型从结构化数据扩展到非结构化的文本、图像、音视频等多种形式，极大丰富了信息的维度；与此同时，数据真实性问题也随着规模扩大而凸显，如何在海量信息中辨别真伪成为新的挑战；而数据价值的挖掘则成为这个时代最具战略意义的任务，谁能从PB级数据中提炼出有价值的信息，谁就能在竞争中占据先机（见图5-2）。

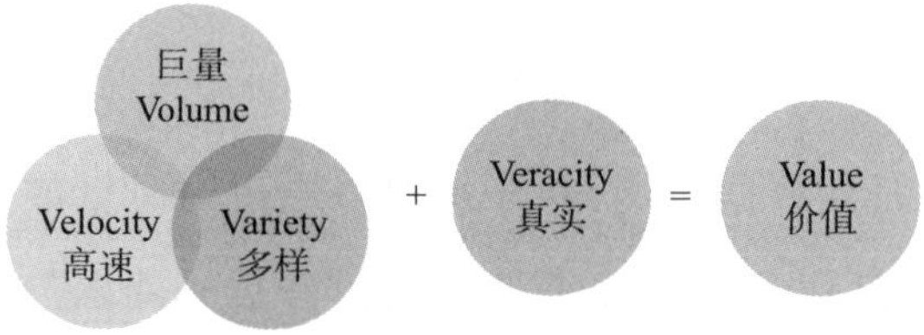

图5-2　大数据5V特征

从TB到PB的认知跃迁，本质上是人类认识世界方式的革命。传统认知模式是基于因果关系的线性思维，对现象背后的机制进行解释；而数据驱动的认知模式则更注重基于相关性的网络思维，关注“是什么”而非“为什么”。这并不意味着因果思维的终结，而是提供了一种互补的认知路径。当我们拥有PB级的数据时，即使不完全理解背后的机制，也能通过数据的力量做出准确预测和决策。在某种程度上，这是一种认知效率的提升，让我们能够在复杂性不断增加的世界中保持决策能力。

总之，从TB到PB的跃迁，标志着数据正在从单纯的信息载体转变为关键生产要素。在数字经济时代，数据与土地、劳动力、资本、技术一起，成为推动生产力发展的核心要素。这一转变引发了对数据所有权、使用权和收益权的重新思考，数据要素市场化配置成为新的制度创新方向。数据不再仅是企业或政府的资产，更是蕴含巨大社会价值的公共资源，如何平衡数据开放共享与安全保护，如何建立数据确权与流通机制，如何实现数据价值的合理分配，都是数字时代亟待解决的重大课题。

5.2　数据资产化：解锁第五大生产要素

数据，这一数字时代的“新石油”，正以前所未有的方式重塑全球经济版图。2020年4月，中共中央、国务院首次将数据与土地、劳动力、资本、技术并列，正式确立了数据作为生产要素的基础性地位。这一历史性决策不仅标志着中国对数字经济发展规律的深刻洞察，更揭示了数据要素化对驱动人工智能技术创新、激发产业变革的战略意义。

数据作为第五大生产要素，其本质在于信息承载与价值凝结的双重属性。与传统生产要素不同，数据具有非竞争性、非排他性、可复制性和时效性等独特特征。土地资源有限、劳动力存在疲劳、资本会随使用而折旧、技术可能面临替代，但数据却能在多场景下同时使用而不被消耗，且其价值随着应用范围的扩大和深入而呈指数级增长。更为关键的是，数据要素与AI技术深度融合后，能够突破人类认知局限，挖掘传统要素无法发现的规律与价值，创造出全新的生产可能性边界。

实现数据要素价值的充分释放，离不开市场化配置机制的构建。当前，我国正在探索以“三权分置”为核心的数据产权制度创新，即将数据的所有权、使用权和经营权分开界定，平衡数据开发利用与安全保护的关系。在此基础上，数据要素市场化配置的关键环节包括数据确权、评估定价、流通交易和价值分配四大环节。

数据确权是数据要素市场化的前提。不同于传统物理资产的唯一归属，数据确权需要综合考虑数据来源、加工程度和应用场景。目前，我国正在从源头确权、协议确权和协同确权三个方向推进数据权属界定。以深圳为例，其创新实施的数据产权登记系统已累计为超过2000家企业提供了数据确权服务，有效解决了数据交易中的权属争议问题（见图5-3）。

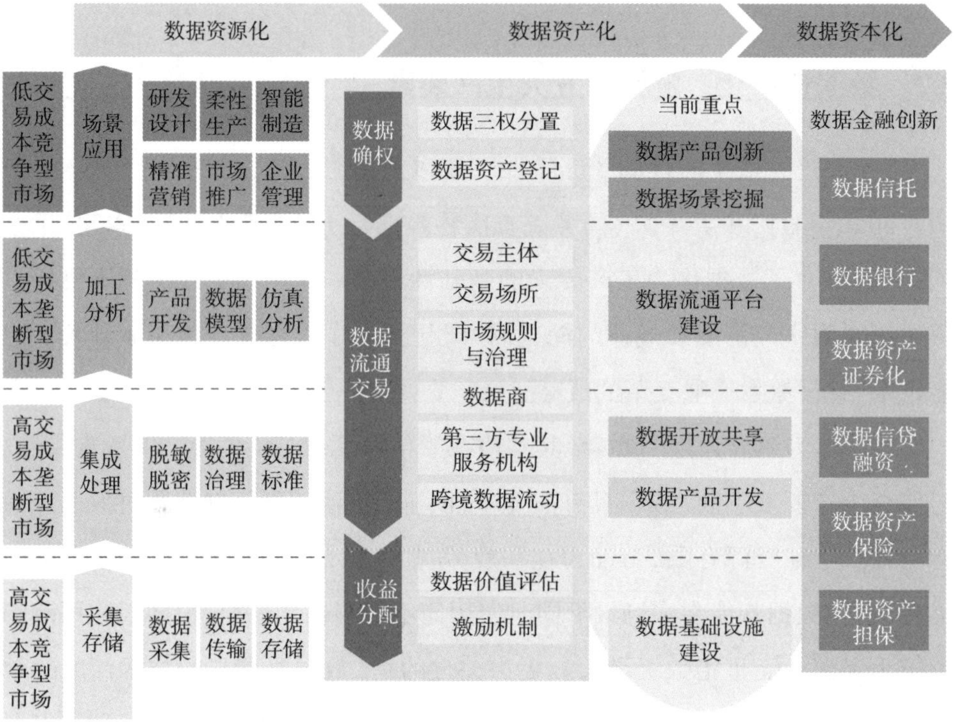

图5-3　数据要素价值释放路径

评估定价是数据要素市场化的核心枢纽。其本质是通过科学衡量数据价值、量化交易成本，推动数据从“资源”向“资产”转化。与传统资产不同，数据价值具有场景依赖性和时效性，使其定价面临独特挑战。目前，主要从成本法、市场法和收益法三个角度进行探索，其中基于应用场景和价值贡献的收益法日益受到重视。浙江省率先发布《数据资产评估规范》，构建了包含质量维度、应用维度和安全维度的评估体系，为数据产品定价提供了科学依据，有效促进了数据流通与价值实现。

数据流通交易是数据要素市场化的价值转化引擎。与传统商品交易不同，数据交易需要考虑数据使用方式、范围限制和安全合规等多重约束。北京、上海、贵阳、深圳等地已建立了区域性数据交易所，探索标准化数据产品交易、定制化数据服务和算法模型交易等多元化交易模式。特别值得一提的是，上海数据交易所创新推出的“数据沙箱”机制，允许数据需求方在安全可控环境中进行数据价值验证，有效降低了数据交易的风险和成本。[1]

价值分配是数据要素市场化的利益平衡机制，是通过科学界定数据权属、合理量化各方贡献、动态调节利益共享，实现数据从“资源垄断”向“价值共创”的转型。在数据价值链中，从数据生产者到平台运营商，再到应用开发者，形成了复杂的价值网络。贵阳大数据交易所创新实施的“按贡献分配”机制，根据各参与方在数据生命周期各环节的投入和贡献，确定相应的收益分配比例。这种价值分配机制不仅平衡了各方利益，更激发了数据共享意愿，形成了“多方共赢、价值倍增”的良性生态，为数据要素市场的可持续发展提供了制度保障。

在AI驱动的产业变革中，数据要素与人工智能技术的协同互促正在重构产业价值链和商业模式。一方面，高质量的数据供给为AI算法训练提供了关键“燃料”，直接决定了AI模型的性能上限；另一方面，AI技术能够有效挖掘数据价值，将非结构化数据转化为可用知识，形成“数据—算法—应用—数据”的正向循环。

京东集团的智慧供应链实践是数据要素推动产业变革的典型案例。通过构建包含消费者行为、市场趋势、库存状态和物流网络在内的多维数据空间，京东实现了供应链全流程的数字化闭环。特别是在零售场景中，基于数据要素驱动的需求预测准确率达95%以上，商品补货周期缩短60%，库存周转率提升42%，实现了显著的经济效益[2]。更为重要的是，这种以数据为核心要素的智能供应链模式，正在从单一企业延展至产业生态，推动整个零售业的数字化

〔1〕 上海数据交易所官方发布的《上海数据交易所数据产品交付指引（试行）》详细阐述了标准交付、生态交付、自主交付及受控沙箱等模式。

〔2〕 京东智慧供应链涵盖多供应链网络（中小件、冷链、大件等），通过流程再造和数据驱动提升库存效率，智能补货自动化率达85%，2019年实现1小时达，2020年研发端到端补货模型入围Gartner全球创新前六。参见《干货丨顶尖教授解读京东智慧物流与智慧供应链》，载罗戈网，https://adm.logclub.com/articleInfo/Njgy，最后访问日期：2025年7月25日。

转型和高质量发展（见图5-4）。

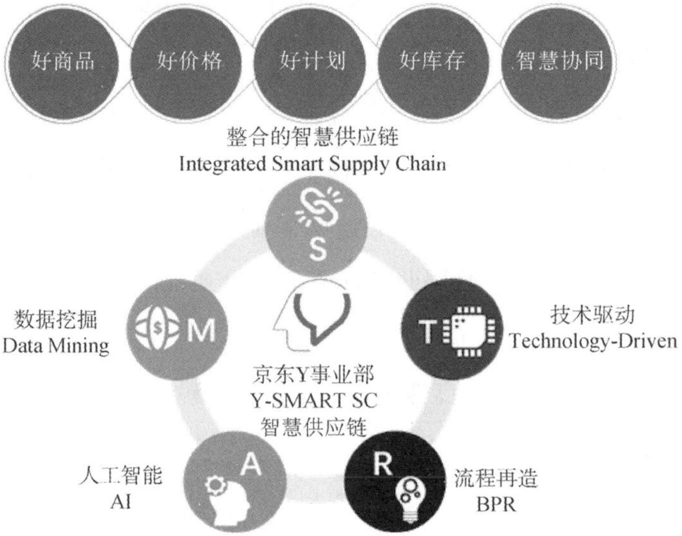

图5-4　京东智慧供应链

数据要素化的价值还体现在产业协同与创新生态构建方面。以长三角一体化示范区为例，通过推动区域数据共享平台建设，打破了行政壁垒和数据孤岛，促进了跨区域资源优化配置。数据显示，自实施数据要素一体化战略以来，区域内企业创新活力提升36%，新业态新模式增长45%，产业链协同效率提高28%。这一实践表明，数据要素化不仅能够提升单一主体的生产效率，更能够重构产业协作关系，培育区域发展新动能。

目前，随着数据要素市场化配置的深入推进，中国正在构建更加系统化、制度化的国家数据战略。2021年成立的国家数据局作为数据要素市场建设的“国家队”，正在统筹推进数据基础制度建设、监管体系优化和应用场景拓展。2023年发布的《“数据要素 ×”三年行动计划》更是明确了数据与各行业深度融合的路径图，勾勒出中国数据要素市场发展的宏伟蓝图。随着“东数西算”工程的全面实施和国家算力网络的布局完善，中国数据要素化的基础设施支撑能力将进一步增强，为AI赋能千行百业提供坚实保障。

5.3　数据经济学：开启价值创造新模式

在人工智能驱动的新智生产力时代，数据已然成为与土地、劳动力、资本、技术并列的关键生产要素。然而，数据与传统生产要素有着本质区别——它可以被无限复制而不损耗，多方可以同时使用而不排他，且其价值可以通过算法持续挖掘而不断增值。这一特性催生了全新的经济学范式——数据经济学，正重塑着价值创造、衡量与分配的基本规则，成为理解AI时代产业变革的理论基石。

数据经济学本质上研究数据在经济系统中如何流动、交换、创造价值并形成新的市场结构。与传统经济学不同，数据经济学面临非竞争性与非排他性带来的边际成本接近于零的特点。数据一旦生成，复制和传输的成本几乎可以忽略不计，这打破了稀缺性作为价值基础的经典经济学假设。同时，数据的递增收益特性更是颠覆了传统经济中的递减收益规律——随着数据规模扩大，其边际价值不减反增，AI模型的表现呈指数级提升，这使数据积累形成了强化循环的“飞轮效应”。

数据价值创造的机制与传统经济中的价值创造截然不同。在数据价值链中，原始数据通过采集、清洗、标注、聚合、分析等环节，逐步转化为信息、知识和最终的决策智能。DeepSeek等大模型的出现，更是将数据价值提升到前所未有的高度——它不仅能识别数据中的显性模式，更能挖掘隐藏在海量数据背后的深层洞察。腾讯公司的研究表明，同样的用户行为数据，通过AI深度挖掘后的商业价值可比传统分析方法高出3～5倍。以美团为例，其城市神经网络系统整合了餐饮、出行、娱乐等多维数据，构建了精准的城市服务需求预测模型，将配送效率提升了37%，每年为平台降低超过20亿元的运营成本。

数据价值的衡量一直是数据经济学面临的核心挑战。传统的成本法、市场法和收益法在面对数据这一特殊资产时均显现出局限性。目前，业界正逐步形成以“数据效用”为核心的价值评估体系：一方面衡量数据在特定场景下的“决策改进价值”，即数据支持的决策与无数据情况下决策之间的价值差异；另一方面测算数据在AI模型训练中的“性能提升贡献”，即特定数据集对模型精度提升的边际贡献。平安银行开创性地构建了“数据资产价值图谱”，将数据价值分解为基础价值、场景价值和时效价值三个维度，并以此为基础建立了数据资产管理会计体系，实现了数据资产的资本化处理，为金融行业的数据价值核算提供了范例。〔1〕

数据价值分配规则的制定更是一场牵动多方利益的博弈。数据经济中存在多元主体：数据提供者（个人、企业）、数据加工者（技术公司）、模型训练方（AI企业）以及最终应用方。如何在这些主体间公平分配数据创造的价值，成为数据经济健康发展的关键。中国提出的“数据要素三权分置”理论——将数据的所有权、使用权和收益权分离，为解决这一难题提供了创新思路。浙江省在实践中进一步细化为“数据产权、使用权、定价权、收益权”四权分置模型，通过数据交易所建立透明定价机制，确保价值分配的公平性。〔2〕以浙江省数据交易中心为例，其创新的“数据沙箱”模式允许数据在不出域的情况下实现价值变现，解决了数据分享与隐私保护的张力，交易规模在2024年达到320亿元，年增长超过80%。

此外，数据经济催生了全新的商业模式与价值网络。与传统的线性价值链不同，数据驱动的价值网络呈现多中心、网状结构。平台模式、数据即服务（DaaS）、AI能力开放等新型商业模式蓬勃发展，企业的竞争优势已从资产规模转向数据资源的整合能力与AI应用创新能力。阿里巴巴的“数据中台”战

---

〔1〕 平安银行2024年第三季度报告显示其已部署超百个大模型应用场景，数据处理效率提升30%，存储成本降低18%，支持“AI+金融”场景落地。参见《平安银行股份有限公司2024年第三季度报告》，载https://file.finance.sina.com.cn/211.154.219.97:9494/MRGG/CNSESZ_STOCK/2024/2024-10/2024-10-19/10532290.PDF。

〔2〕 浙江已建立数据知识产权登记平台，推动“三权分置”保护机制，促进数据资产确权和流通。参见《浙江拟发布数据知识产权登记办法，明确三权分置下的分级分类保护》，载21经济网，https://www.21jingji.com/article/20230404/herald/bf8d688b58084c2fb55c305a5bcec412.html。

略〔1〕使其内部16个业务条线的数据实现互通共享，显著降低了新业务孵化的边际成本。这种数据驱动的商业模式革新，正是AI重塑产业组织的生动体现（见图5-5）。

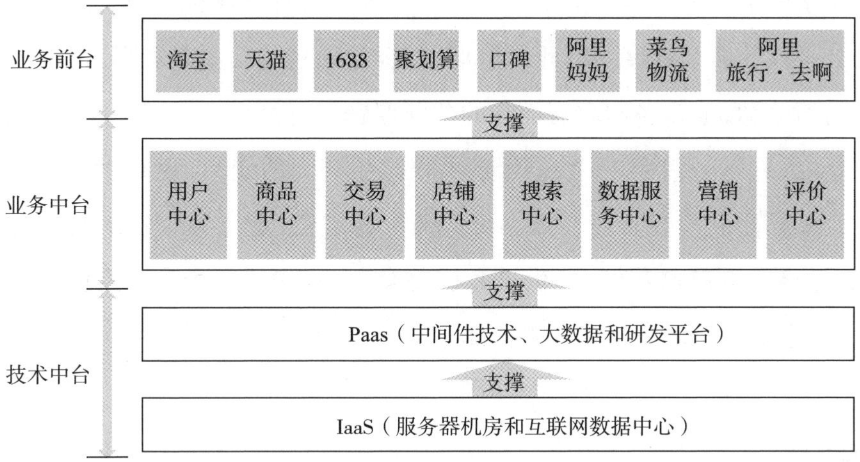

图5-5　阿里巴巴中台架构

另外，数据的可组合性与AI的通用性相结合，进一步加速了创新扩散与价值释放。不同场景下的数据可以被AI模型识别共性模式，实现跨域知识迁移，这种“跨学科认知能力”是传统创新模式所不具备的。更深层次看，数据经济正重塑着整个价值分配体系。传统经济中，资本与劳动力在价值分配中占据主导；而在数据经济中，数据控制权与算法能力成为价值分配的关键变量。这一转变引发了深刻的经济学思考：数据创造的价值应当如何在技术开发者、数据提供者和最终用户之间合理分配？个人数据权益如何得到公平保障？政府在数据公共产品供给中应扮演什么角色？这些问题不仅关乎经济效率，更关乎社会公平与可持续发展。

然而，数据经济也面临数据垄断与市场失灵的风险。数据具有典型的网

〔1〕 阿里巴巴“中台战略”启动于2015年，经历了10年数据中台建设，推动业务数据实时化及智能化。参见《数据中台厂商——阿里数据中台的12年建设实践总结》，载龙石数据，https://www.longshidata.com/blog/c/c2022123002.html。

络效应和规模效应，大型平台企业在数据积累上的先发优势容易形成“赢者通吃”的市场格局。全球头部AI企业OpenAI、Anthropic、DeepSeek等凭借海量训练数据构建的大模型能力，已经形成难以逾越的技术壁垒。这种数据集中度带来的潜在风险不仅限于市场竞争层面，还延伸至数据安全、隐私保护和算法公平性等多个维度。因此，建立数据要素市场的反垄断规则、促进数据资源的均衡流动，成为各国政府面临的共同课题。

总之，在这一浪潮中，数据经济不仅是生产力的变革，更是生产关系的重塑。企业需重新审视自身在数据价值链中的定位，建立数据资产的战略管理体系；政府需创新监管框架，促进数据要素市场化配置；个人则需提升数据素养，成为数据经济的积极参与者而非被动接受者。

本章小结

数据作为AI时代的“超级食粮”，正支撑着新智生产力的蓬勃发展。从TB到PB的量级跃迁不仅扩展了存储规模，更带来了认知方式的革命性转变，使我们能从海量信息中发现隐藏的规律与关联。

作为正式确立的第五大生产要素，数据通过非竞争性、可复制性和递增收益等特性，打破了传统经济学基于稀缺性的价值假设，开创了新的经济运行规律。中国通过“三权分置”的产权制度创新，构建了数据确权、评估定价和流通交易的市场化配置机制，国家数据局和“数据要素 ×”行动计划正加速数据价值释放。

然而，拥有海量数据本身并不足以创造价值。数据必须经过系统化的治理、加工和转化，才能真正发挥作用。这一过程包括数据清洗、标注、结构化，以及通过特征工程和知识图谱构建，最终实现从信息到知识、从知识到智慧的跃迁。

第 6 章 从数据到智慧：AI 的点石成金

数据作为AI的“超级食粮”，其真正价值在于转化为智慧与行动的能力。从原始数据到智能决策，AI构建了一条“点石成金”的价值炼化链，彻底重塑产业创新与价值创造的基本范式。通过“数据—信息—知识—智慧”的转化链条，AI正以前所未有的方式释放数据要素的潜能，成为驱动新智生产力涌现的核心引擎。

6.1 数据炼化：从信息到智慧的智能路径

在数字经济时代，数据被誉为“新型石油”，这一比喻不仅形象地揭示了数据作为关键生产要素的战略价值，更暗示了一个深刻的洞见：原始数据如同粗糙的石油，必须经过精细的炼化工艺，才能转化为驱动AI创新的高质量“燃料”。正如原油通过炼化分离出汽油、柴油、航空燃油等不同品质的产品，原始数据同样需要经过系统化的预处理流程，才能被提纯为AI模型可直接利用的“精油”。这一从数据到智慧的转化过程，正是AI驱动产业变革的关键环节，其效率与质量直接决定了智能应用的上限与价值。

数据预处理作为连接原始数据与AI模型的桥梁，其本质是一套从“数据粗胚”到“AI精粮”的系统化工程。完整的数据预处理流程通常包括数据收集、清洗、转换、规约、集成、标注和增强七大环节，形成一条数据"精炼"的完整产业链。在数据收集阶段，需要建立多样化的数据获取渠道，确保数据来源的广泛性与代表性。随着IoT设备、传感器网络和社交媒体的普及，数据采集正从被动记录转向主动感知，为AI应用提供实时、多模态的数据流。例如，智慧城市场景中的交通数据采集已经融合了卫星定位、视频监控、车载传感器等多种手段，形成覆盖全时空的数据采集网络，为交通AI模型提供全景视角。

数据清洗作为预处理的第一道工序，承担着"去杂质"的关键任务。研究表明，真实世界的数据集通常含有15%～50%的噪声和错误，这些"杂质"如果不加处理，将严重影响模型训练效果。传统的数据清洗通常依赖人工规则和启发式方法，耗时耗力且难以应对复杂场景。近年来，AI驱动的自动化清洗技术取得了显著突破，通过异常检测算法、时序模式识别和深度学习等方法，大幅提升了清洗效率和准确性。以DeepSeek大模型的训练数据处理为例，团队开发的智能清洗流水线能够自动识别并修正文本数据中的错别字、语法错误和逻辑矛盾，对超过10PB的语料库实现了99.5%的自动化清洗率，数据质量提升30%以上，为模型的卓越表现奠定了基础（见图6-1）。[1]

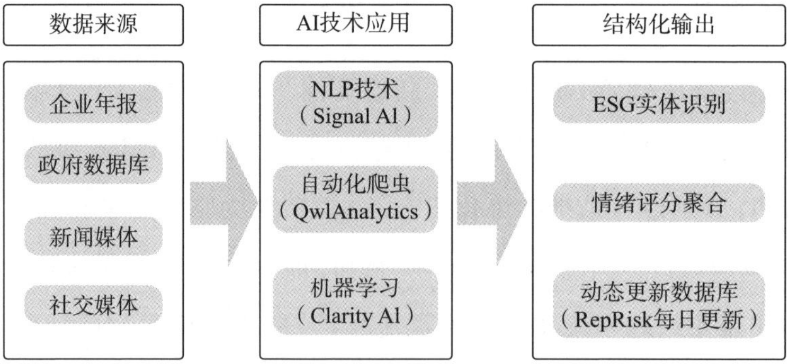

图6-1　AI 赋能数据整合与清洗流程

〔1〕 DeepSeek采用"技术瘦身+开源共享"策略，其开源模型DeepSeek-V3实现万亿参数轻量化部署，且训练数据涵盖网页、代码（CodeMix、PyEdu-R等）、文献等多模态数据，训练过程包括基础训练、强化学习和微调。

数据转换与规约环节则专注于将异构数据统一为标准格式，并通过降维、聚合等技术减少冗余，提升数据密度。在多源数据融合日益普遍的今天，这一环节的重要性越发凸显。传统的数据转换主要依赖人工设计的映射规则，面对千变万化的数据格式显得力不从心。现代数据转换工具则融合了深度学习和知识图谱技术，能够自动发现数据间的语义关联，实现智能化的格式统一。

数据集成作为连接不同数据源的枢纽，解决了数据分散、孤立的问题，为全局视角的分析提供了可能。在医疗领域，患者数据往往分散在不同的系统和机构中，数据集成成为医疗AI发展的前提条件。上海普陀区中心医院的智能诊疗系统通过建立统一的患者索引和医疗本体模型，成功集成了20家医院的临床数据，构建了包含600万患者、30亿条医疗记录的统一知识库。这一集成平台支持的肺癌早期筛查AI模型比单机构训练的模型准确率高出15个百分点，挽救了数千患者的生命，创造经济效益超过20亿元。[1]这一案例生动展示了数据集成对提升AI模型性能的关键作用（见图6-2）。

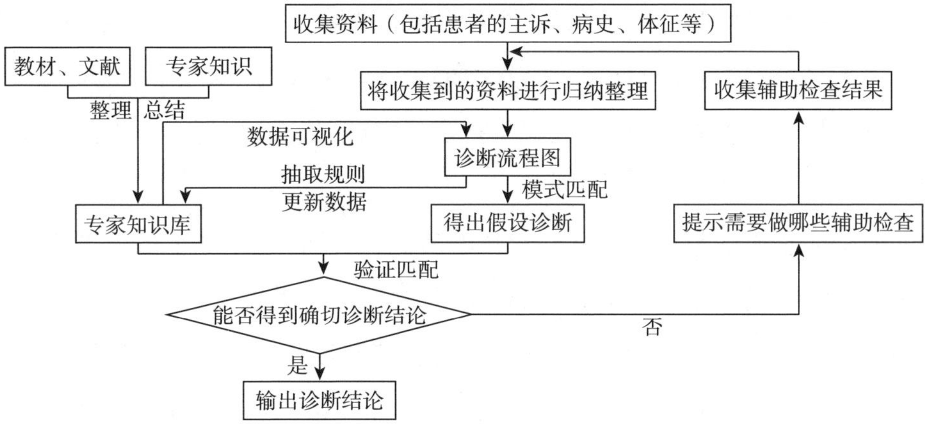

图6-2　智慧诊室业务流程设计

---

〔1〕 参见《上海市普陀区中心医院：基于互联网医院的智慧诊室实践》，载中国医院协会信息专业委员会网，https://www.chima.org.cn/Html/News/Articles/8988.html，最后访问日期：2025年7月25日。

数据标注作为赋予数据语义的关键工序，是监督学习模型训练的必要前提。高质量的标注数据直接决定了模型的上限，但传统标注工作劳动密集、成本高昂。以计算机视觉为例，一小时高清视频的标注成本可高达数千元，严重制约了AI应用的规模化发展。近年来，AI辅助标注技术取得了革命性进展，通过半监督学习、主动学习和弱监督学习等方法，显著降低了标注成本，提高了标注质量。百度自动驾驶部门开发的智能标注平台通过预训练模型自动生成初始标注，再由人工进行校验和精修，将标注效率提升了5倍，标注成本降低了70%，百度Apollo自动驾驶系统在复杂场景下的安全表现大幅提升。[1]这种“人机协同”的标注模式已成为行业标准，推动自动驾驶技术走向商业化。

数据增强作为扩充训练样本的有效手段，解决了许多领域数据稀缺的难题，特别是在需要大量标注数据的深度学习场景中价值突出。传统的数据增强主要通过简单的变换（如图像旋转、缩放）生成新样本，而现代增强技术则融合了生成对抗网络（GAN）、变分自编码器（VAE）等先进技术，能够生成高度逼真的合成数据。阿里巴巴的电商视觉AI团队通过StyleGAN技术自动生成了数百万张不同角度、不同光照条件下的商品图像，将商品识别模型的准确率提升了23%，特别是在长尾商品类别上的表现显著改善，支撑了“拍立淘”等视觉搜索服务的体验升级，日均视觉搜索量突破1亿次，创造商业价值超过50亿元。

数据质量评估与控制贯穿整个预处理流程，确保每个环节的产出符合预期标准。高质量的数据通常具备准确性、完整性、一致性、及时性和可用性五大核心特征，这些特征共同决定了数据的价值密度。现代数据质量管理已形成“定义—测量—分析—改进—控制”的闭环体系，通过定量指标实时监控数据质量，及时发现并修正问题。特别是在金融、医疗等高风险领域，数据质量直接关系到模型决策的可靠性。中国工商银行的智能风控系统建立了包含

〔1〕 百度众包提供2D/3D数据标注，日产3D点云28万框准确率99%，2D分割日产4000帧准确率98.4%，通过私有化平台保障数据安全，提升产能和质量。

200多个指标的数据质量评估框架，对交易数据进行全流程质量监控。系统每天处理超过1亿笔交易，通过提升数据质量，欺诈识别准确率提高了35%，每年为银行及客户挽回损失超过100亿元。[1]这一实践证明，严格的数据质量管理是AI系统可靠运行的基础保障（见图6-3）。

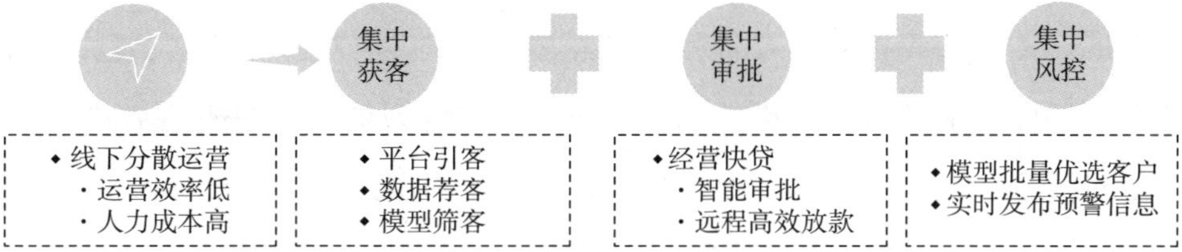

图6-3　工商银行重塑普惠金融经营管理体系

随着大模型技术的发展，数据预处理领域迎来了革命性变革。大模型不仅是数据预处理的受益者，更成为预处理过程的强大工具。基于大模型的数据处理范式正在从“人工设计规则+机械执行”转向“自适应学习+智能处理”，实现了预处理流程的智能化升级。DeepSeek团队创新性地提出“Instruct Teacher”框架，利用大模型自身能力辅助训练数据的优化，形成了“模型提升数据质量、数据提升模型性能”的良性循环。这一方法将数据处理效率提升了300%，为DeepSeek-V3模型在数学推理、代码生成等复杂任务上的卓越表现提供了关键支撑。

综合来看，数据预处理作为从“数据原油”到“智能精油”的关键工序，其重要性不言而喻。然而，高质量的数据只是智能应用的起点，如何将这些精练后的数据转化为智能决策，仍需依靠先进的算法和模型。在确保数据质量的基础上，决策引擎的构建与优化成为AI系统释放价值的关键环节。决策引擎作为AI的“大脑”，承担着将数据洞察转化为行动指令的重要职责，是AI系统发挥实际价值的核心组件。

[1] 工商银行浙江省分行融合行内外数据，采用多种AI算法强化风险识别，提升信用卡申领安全性。

6.2 决策引擎：如何驾驭不确定世界

在充满不确定性的世界中，决策始终是人类面临的最大挑战。从商业投资到医疗诊断，从资源调度到风险管控，决策质量直接影响着组织的生存与发展。传统决策模式主要依赖人类经验与直觉，面对海量数据、复杂关系和动态环境时常显得力不从心。AI决策引擎作为智能时代的关键基础设施，正通过其强大的数据处理能力、精确的模式识别能力和系统化的逻辑推理能力，为不确定性世界提供确定性解决方案，成为产业智能化转型的核心驱动力。

AI决策引擎本质上是一套将数据洞察转化为行动指令的智能系统，其基本架构通常包括数据输入层、特征工程层、模型推理层和决策输出层四大组件。数据输入层负责收集和整合不同来源的结构化与非结构化数据；特征工程层通过提取关键特征降低数据维度，突出决策相关信息；模型推理层基于训练好的算法模型进行逻辑推理和预测分析；决策输出层则将模型结果转化为可执行的决策建议或自动化操作。这一架构随着AI技术的发展不断演进，从早期的基于规则的专家系统，到现代的融合多种算法的混合智能系统，决策引擎的能力边界正在持续扩展。

当前主流的AI决策引擎依托四大类算法框架：基于规则的推理系统、基于统计的概率模型、基于优化的搜索算法和基于学习的智能模型。基于规则的推理系统通过预定义的“如果—那么”规则链进行决策，具有高度可解释性，在金融风控、医疗诊断等需要明确逻辑路径的场景中应用广泛。

基于统计的概率模型则专注于处理不确定性信息，通过贝叶斯网络[1]、马

〔1〕 贝叶斯网络是一种概率图模型，也称为信念网络或有向无环图模型。它通过有向无环图来描述随机变量之间的条件依赖关系。这种网络主要用于描述研究系统中随机变量之间的关系，以圈表示随机变量，并绘制在一个有向图中。它最早由犹大·伯尔（Judea Pearl）在 1985 年提出。

尔可夫决策过程〔1〕等方法对复杂事件的概率分布进行建模。这类模型特别适合应用于存在信息不完全、观测有噪声的决策场景。在金融投资领域，瑞银集团的AI投资顾问系统基于贝叶斯网络构建了市场风险模型，能够根据宏观经济指标、地缘政治事件和市场情绪等多维信息，动态调整投资组合，在2008年国际金融危机中帮助客户规避了40%的市场下跌风险，表现远优于传统投资策略。

基于优化的搜索算法则擅长解决资源分配、路径规划等组合优化问题，通过遗传算法、蚁群算法、模拟退火等启发式方法在庞大的解空间中寻找最优或近似最优解。“O2O实时物流配送智能调度系统”系统将美团外卖配送时间首次缩至28分钟，准时率达98%，人均日单量增加46%，平均配送成本降低20%，在业内处于领先地位。凭借毫秒级调度、最优级配送路径的前端技术，以及机器深度智能学习，美团外卖可以实现“50毫秒内给你最优化的配送路径”，使用多种算法应对不同配送场景，优化配送员路径，高效分配订单，成为供应链优化的典范（见图6-4）。

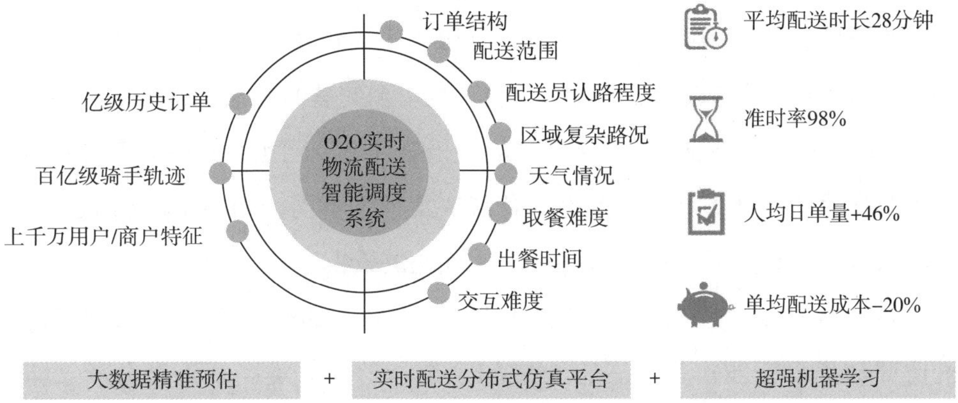

图6-4 美团外卖的O2O实时物流配送智能调度系统

〔1〕 马尔可夫决策过程（MDP）是一个用于对在部分随机且部分由决策者控制的环境下进行决策建模的数学框架。它是一种离散时间随机控制过程，常用于强化学习、机器人控制和经济规划等领域。MDP是智能体与环境之间不断交互的循环过程，智能体根据当前状态选择行动，并接收反馈以进行后续决策。

基于学习的智能模型，特别是深度学习和强化学习，则代表了决策引擎的最新发展方向。这类模型通过从历史数据或交互经验中学习决策策略，能够应对高维度、非线性的复杂决策问题。DeepMind开发的AlphaGo通过深度强化学习击败世界围棋冠军，证明了AI在复杂策略决策上的突破性能力。这一技术路线已从游戏领域拓展到实际产业应用——谷歌数据中心的冷却系统优化就采用了类似技术，通过强化学习自动调整冷却参数，降低能耗40%。

AI决策引擎处理不确定性的能力源于其三大技术优势：海量数据整合、多维度建模和动态自适应。在数据整合方面，AI系统能够同时处理历史数据、实时信息和预测信息，形成对决策环境的全景视图。例如，华为云开发的智能电网调度系统整合了气象数据、用电负荷、设备状态等多源信息，构建了包含3000多个变量的电网运行模型，在考虑发电成本、设备稳定性和负荷波动等因素的情况下，实现了电网调度的自动优化，相比人工调度提高了电网效率5.2%，每年减少运营成本超过10亿元。

在多维度建模方面，AI决策引擎能够同时考虑大量相互关联的因素，构建复杂系统的整体模型。传统决策方法受限于人类认知能力，通常只能处理有限维度的信息，而AI系统则可以构建包含数千个变量的高维决策模型。

在动态自适应方面，AI决策引擎能够根据环境变化实时调整决策策略，适应不断变化的外部条件。与静态的传统决策模型不同，现代AI系统通过在线学习和增量更新，能够不断吸收新数据、优化决策模型。

展望未来，AI决策引擎正沿着四大方向演进：多模态感知、因果推理、人机协同和集群智能。多模态感知使AI系统能够像人类一样综合分析文本、图像、语音等多种信息，构建更全面的环境认知；因果推理能力将帮助AI系统从相关性分析升级到因果关系理解，支持更深层次的决策逻辑；人机协同模式将充分发挥人类直觉与AI算力的互补优势，形成“1+1>2”的决策效能；集群智能则通过多个AI系统的协同决策，彰显单体智能无法达到的系统性能力。

6.3　算法协同：联邦学习的价值网络

在数据驱动的智能时代，一个看似矛盾的难题始终困扰着AI技术的深入应用：一方面，AI模型的性能与训练数据的规模和多样性密切相关，“数据饥渴”[1]为制约AI发展的“瓶颈”；另一方面，对数据安全与隐私保护的要求日益严格，《数据安全法》《个人信息保护法》等法规不断加强对数据流通的监管，“数据孤岛”问题越发突出。如何在确保数据安全与隐私保护的前提下，实现跨组织、跨领域的数据价值共享，成为AI时代亟待解决的关键挑战。联邦学习作为一种突破性的协同计算范式，通过“数据不动、模型动”的创新机制，成功解开了这一技术难题，为AI驱动的产业变革提供了全新动力。

联邦学习本质上是一种分布式机器学习技术，其核心理念是让算法到数据身边“学习”，而非将数据集中到算法身边“加工”。在传统机器学习模式下，必须将各方数据汇总到中央服务器进行模型训练，这不仅面临数据传输安全风险，还可能违反数据不出域的合规要求；而联邦学习则革命性地改变了这一范式，各参与方在本地数据上训练模型，只交换模型参数而非原始数据，通过安全聚合算法在中央服务器上合成全局模型，然后将更新后的模型参数返回给各参与方进行下一轮训练，如此反复迭代直至模型收敛。这种“数据留本地、模型共协作”的范式创新，既保障了数据隐私与安全，又实现了模型性能的联合提升，为数据要素的价值释放提供了技术支撑，见图6-5所示。

---

〔1〕“数据饥渴”，是指人工智能模型，尤其是大型模型，对高质量、多样化数据的极度依赖。这种“饥渴”源于模型需要从大量数据中学习规律、提取知识。

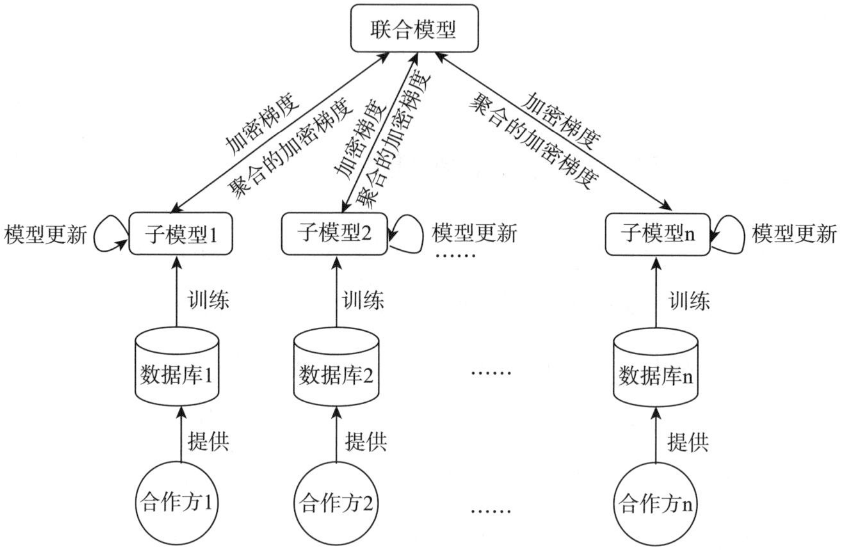

图6-5 联邦学习流程

联邦学习根据参与方的数据特点，形成了三种实用模式：横向联邦学习适用于不同机构拥有相似数据结构的场景，如多家医院共享相似医疗记录；纵向联邦学习则适合不同机构拥有同一批用户不同维度数据的情况，如银行与电商合作分析用户信用；联邦迁移学习则用于解决数据重叠较少的跨领域协作问题。这三种模式在实践中相互补充，为不同行业提供了灵活的数据协作方案。

从应用看，联邦学习已在多个领域展现出变革性价值。在金融领域，微众银行基于FATE平台构建了联合风控模型，金融机构可在不披露客户原始信息的前提下，共享信贷行为特征和风险识别能力。参与机构的欺诈贷款识别率平均提升35%，小微企业贷款审批效率提高42%，充分展示了联邦学习在保护数据隐私同时创造共享价值的独特优势。

医疗领域的“AI+联邦学习”同样取得突破性进展。上海市胸科医院牵头的全国多中心肺癌预测联合研究项目，联合全国17家三甲医院的4.3万份CT影像和临床数据，通过纵向联邦学习技术构建了国内最大规模的肺癌早期筛查模型。该模型在不打破医疗数据合规边界的前提下，实现了92%的诊断准确率，比单中心模型提升了15个百分点，将早期肺癌患者的5年生存率从不到30%提升至70%以上，创造了显著的社会价值，也为解决医疗数据"孤岛"难题提供了可复制的技术方案。

与传统机器学习相比，联邦学习的本质区别在于实现了"计算走向数据"而非"数据走向计算"的范式转变。这一转变在四个方面具有革命性意义：首先，联邦学习解决了数据不可移动的合规问题，使跨机构、跨区域甚至跨国的数据协作成为可能；其次，联邦学习保护了参与方的数据主权和商业秘密，降低了数据合作的门槛和风险；再次，联邦学习扩大了可用于AI训练的数据规模，解决了"数据孤岛"问题，提升了模型性能；最后，联邦学习创造了数据协作的新模式，促进了产业生态的重构与优化。正是基于这些优势，联邦学习正成为连接各行业数据价值的关键桥梁，为AI赋能产业变革提供了全新路径。

联邦学习通过算法协同实现跨域价值创造的成功实践，为AI技术在复杂商业生态中的应用提供了有益借鉴。在全球化与数字化深度融合的今天，任何单一组织都难以独自应对市场的快速变化和消费者的多元需求，协同创新成为必然选择。这一理念在供应链管理领域尤为关键——现代供应链已从简单的物流网络演变为复杂的价值网络，涉及原材料供应商、制造商、分销商、零售商和最终消费者等多方利益相关者。如何在这一复杂网络中实现信息透明、决策协同和资源优化，成为企业管理的核心挑战。

6.4　全要素融合：AI 重塑产业生态

当人工智能从单一技术工具成为全域赋能的基础设施，生产要素的深度融合与系统重构成为新智生产力形成的关键机制。传统产业经济中，土地、劳动力、资本等要素通常以相对独立的形式参与价值创造；而在AI驱动的智能经济时代，数据、算力、算法、场景、人才、资本等新型要素呈现出前所未有的融合态势，共同构建起数智化时代的生产力新范式。这种全要素融合不仅改变了生产组织方式，更重塑了产业价值链和商业生态系统，为经济高质量发展注入源源不断的创新活力。

AI促进生产要素融合的核心在于重构要素间的连接方式与协同模式。在传统产业体系中，生产要素往往按照线性逻辑组织，各环节相对割裂；而AI驱动的生产体系则呈现网络化、生态化特征，各类要素在数据流动中实现动态优化与协同进化。这一变革可从四个维度分析：首先，数据要素成为连接各类生产要素的基础纽带，通过对物理世界的数字化映射和智能分析，实现资源配置的精准化与实时化；其次，算力要素为各类智能应用提供可靠的计算基础，从云端到边缘的算力网络支撑起全域智能的基础架构；再次，算法要素作为智能决策的核心引擎，通过对海量数据的学习与推理，实现从感知到认知再到决策的智能闭环；最后，场景要素为技术创新提供落地空间，通过用户反馈与市场验证，推动技术迭代与应用创新。这四类核心要素的有机结合，构成了AI赋能产业变革的基础动力系统。

以DeepSeek为代表的大模型技术正是实现全要素融合的关键引擎。作为千亿参数级的通用AI基础模型，DeepSeek通过规模化预训练和多任务迁移学习，构建了从通用能力到垂直领域的全栈AI能力体系。这种技术架构本身就是数据、算力、算法三大要素深度融合的产物：在数据层面，DeepSeek通过整合互联网文本、专业知识库和行业数据，形成多模态、跨领域的训练数据池；在算力层面，DeepSeek依托分布式训练与推理框架，实现万亿参数级模型的高效训练与部署；在算法层面，通过MLA多级注意力机制和MTP并行解码技术，大幅提升了模型性能与推理效率。正是这种多要素的协同优化，使DeepSeek能够以1/10的训练成本实现与国际领先模型相当的性能，成为产业智能化升级的核心驱动力。

AI驱动下的产业价值链重构呈现出鲜明的一般规律。首先是价值链的“解构—重组”趋势，传统基于部门分工的线性价值链被拆解为更小粒度的功能模块，并在数据流动中重新组合，形成更灵活、更高效的价值网络。其次是价值创造从“终端产品”向“全周期服务”转变，企业不再局限于提供单一产品，而是基于数据洞察构建覆盖设计、生产、服务全生命周期的解决方案。再次是价值分配从“单点定价”走向“生态分成”，价值不再仅由单一环节控制，而是在平台与参与者之间进行更公平的分配。最后是价值边界的持续拓展，AI技术不断开拓新的价值空间，从优化已有流程到创造全新服务模式。

AI全要素融合对产业组织形态产生了革命性影响。在微观层面，企业组织结构从传统的金字塔层级制走向扁平化网络组织，决策模式从集中式走向人机协同的分布式治理；在中观层面，产业组织从封闭的线性价值链转向开放的生态网络，竞争格局从单一企业竞争转向生态系统竞争；在宏观层面，产业边界日益模糊，跨界融合成为常态，推动原有产业分类体系的重构与更新。特别值得关注的是，AI驱动下出现了三种新型产业组织形态：一是以大模型为中心的技术赋能型生态，如DeepSeek构建的开源创新社区；二是以行业知识为核心的场景融合型平台，如科大讯飞的智慧教育生态；三是以数据协同为基础的跨界融合型联盟，如旷视科技城市智能体网络。这些新型组织形态打破了传统产业边界，形成了更具创新活力和发展韧性的产业新生态。

全要素融合如何创造新的生产力释放机制？这一过程可以概括为“数据驱动感知—算法赋能认知—智能优化决策—数字重塑执行”的闭环系统，通过实时感知、智能分析、科学决策和精准执行，大幅提升全要素生产率。在这一系统中，数据充当连接物理世界与数字空间的桥梁，算力提供可扩展的计算基础，算法实现从数据到洞察的转化，场景则为技术价值实现提供载体。与传统生产力机制相比，AI驱动的全要素融合具有四大特征：一是实时性，通过物联网和边缘计算实现对生产环境的毫秒级感知与响应；二是适应性，通过机器学习实现对变化环境的自动适应与优化；三是协同性，通过统一的数据底座实现跨领域、跨组织的资源协同；四是创造性，通过生成式AI开拓全新的价值空间。

这种新型生产力释放机制催生了多元化的价值创造模式。一是效率提升型价值，通过流程优化、资源调度和成本控制，提高现有业务的运营效率；二是体验增强型价值，通过个性化推荐、智能交互和场景营造，提升用户体验与忠诚度；三是创新赋能型价值，通过智能辅助设计、创意生成和知识挖掘，加速产品与服务创新；四是生态构建型价值，通过平台化运营、数据共享和开放创新，构建多方共赢的产业生态。这些多元价值创造模式的共同点在于，它们不再局限于物质生产领域的价值创造，而是拓展到知识生产、服务提供和生态构建等更广阔的价值空间，推动产业价值链从单一维度向多维网络演进。

本章小结

从数据到智慧的转化是一场价值提纯与创新裂变的系统工程。这一过程包括四个关键环节：通过数据炼化工艺，将杂乱的"数据原油"净化为AI可直接利用的"精油"；借助决策引擎，将抽象信息转化为可操作的决策指令；依托联邦学习等算法协同技术，打破数据孤岛，实现跨组织安全协作；通过全要素融合，重构产业价值链，催生新型组织形态与商业模式。

这一系统性变革是新智生产力形成的核心机制。AI驱动的新智生产力不仅带来量的增长，更实现了质的飞跃，表现为四大转变：从线性增长到指数发展，从物理空间到数字—物理融合空间，从经验决策到数据智能，从封闭创新到开放协同。这种本质性跃迁打破了传统生产要素组合的边界约束，开创了全新的价值创造模式与增长路径。

第 7 章 智胜未来：AI 驱动产业智能化

人工智能正以前所未有的速度与深度重塑全球生产范式，催生一种质的飞跃——“新智生产力”。作为第四次科技革命的核心引擎，AI不仅是生产工具的升级，更是生产体系的系统性变革，正从根本上重塑生产力结构、生产关系形态和价值创造模式。

7.1 新质生产：AI 重塑产业规则

当人类社会进入智能文明的历史拐点，人工智能作为引领新质生产力发展的核心技术引擎，正以前所未有的方式重塑全球生产范式。新质生产力不仅是生产力的量变升级，更代表着一种革命性的质变，它标志着人类生产方式从机械化、自动化走向智能化的历史性跨越。在这一转变过程中，AI不仅是技术工具，更是重构生产关系、创新组织形态、优化资源配置的系统性变革力量。

新质生产力的科学内涵可从三个维度进行解析：本质特征、技术基础与发展逻辑。从本质上看，新质生产力是以科技创新为第一驱动力，通过知识、技术、数据、算法等新要素的高效配置，实现生产系统全要素生产率的质的飞跃。与传统生产力相比，新质生产力不再局限于物质资料生产的效率提升，而是通过认知智能的突破，实现对复杂系统的感知、理解与优化，形成“认知—决策—执行”的智能闭环。从技术基础看，AI特别是以DeepSeek等为代表的大模型技术，通过数据、算法与算力的协同进化，构建起新质生产力的技术支撑体系。从发展逻辑看，新质生产力遵循“技术突破—场景创新—系统重构—价值创造”的演进路径，在这一过程中，AI从单点赋能逐步走向全域渗透，从工具属性升级为基础设施属性，重塑产业发展的底层逻辑（见图7-1）。

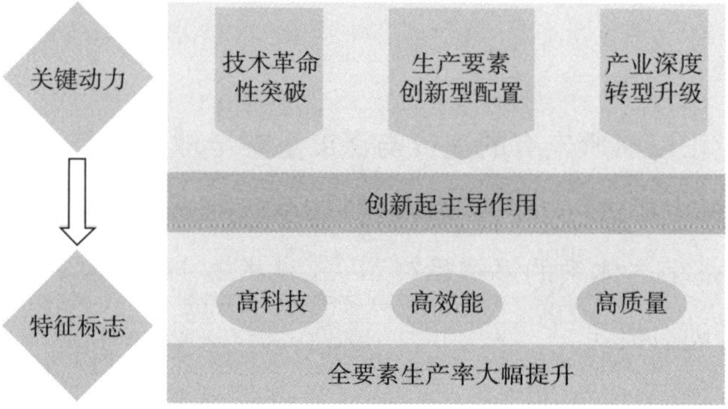

图7-1　新质生产力概念内涵

AI引领新质生产力的理论基础植根于当代生产力理论的创新发展。传统生产力理论主要关注劳动力、生产资料与劳动对象三要素的组合效率，而新质生产力理论则强调知识、技术与数据等新型要素的决定性作用。在新质生产力框架下，AI成为连接各类生产要素的“智能中枢”，其独特价值体现在三个方面：一是作为生产工具，AI显著提升了人类认知能力与决策效率；二是作为生产组织者，AI重构了生产流程与协作模式；三是作为创新驱动力，AI催生了新业态、新模式与新产业。DeepSeek等大模型技术的崛起，使AI从特定场景的专用技术，演变为支撑千行百业的通用型技术基础设施，这一转变构成了新质生产力的技术支柱。

AI如何重构传统生产方式？这场变革表现为从“经验驱动”向“数据智能”的范式转变。传统生产方式依赖人类经验积累和工艺传承，其优化路径主要是通过流程改进和装备升级；而AI驱动的新型生产方式，则依托大规模数据挖掘和模式识别，实现对复杂系统的全局优化。以工业制造为例，传统的“设计—生产—检测”线性流程，正被AI赋能的“数字孪生—仿真验证—智能制造—预测维护”闭环体系取代。

生产关系层面，AI正催生“人机协同”的新型生产关系。传统工业时代的生产关系主要围绕“资本—劳动”展开，数字时代则强调“平台—用户”互动，而AI时代的生产关系核心是“人机协同”的创新共生。在这一框架下，AI不再仅是替代人力的工具，还成为人类的“智能合伙人”，通过互补优势形成“1+1>2”的协同效应。

AI推动生产组织形态从“科层制”到“网络化”再到“智能自组织”演进。传统科层制组织强调集中决策与垂直管控，数字化时代的网络化组织则注重分布式协作，而AI时代的智能自组织则具备动态调整、自主决策与系统优化能力。

新质生产力与传统生产力的本质区别，可从六个维度进行剖析。第一，驱动力不同：传统生产力主要依靠物质资本和能源投入，新质生产力则以技术创新和智能算法为核心驱动。第二，增长逻辑不同：传统生产力遵循边际递减规律，新质生产力则呈现数据网络效应下的收益递增特性。第三，价值创造方式不同：传统生产力专注于物质产品的规模化生产，新质生产力则强调个性化定制与服务增值。第四，资源利用方式不同：传统生产力以消耗物质资源为特征，新质生产力则通过数据复用与算法优化实现资源高效利用。第五，组织形态不同：传统生产力依托科层制组织，新质生产力则催生扁平化、网络化的智能协同体系。第六，增长边界不同：传统生产力面临资源与环境约束，新质生产力通过知识创新与智能优化突破物理增长极限。

这些本质区别决定了新质生产力会对经济增长模式和产业发展路径产生深远影响。新质生产力推动经济增长模式从“要素驱动”到“创新驱动”再到“智能驱动”转型，使经济增长的内生动力从资本积累转向知识创新，再转向智能优化。全要素生产率成为经济增长的主导力量，创新成为高质量发展的核心引擎。在产业发展路径方面，新质生产力催生“传统产业智能化升级+新兴产业创新发展”的双轮驱动格局。一方面，AI赋能传统产业数智化转型，催生新的增长点；另一方面，AI与多领域交叉融合，催生智慧医疗、智能金融、智能交通等新兴产业集群。

7.2 人工智能 +：产业创新的新动能

随着新质生产力理念的确立和不断深化，“人工智能+”行动计划应运而生，成为推动产业智能化转型的国家级战略纲领。该计划不仅是对AI技术创新成果的系统性应用，更是对中国经济高质量发展路径的战略性引领。

从战略背景来看，“人工智能+”行动计划的提出具有深刻的时代内涵和历史必然性。当前，全球技术革命和产业变革正处于历史性交汇期，以DeepSeek、GPT等为代表的大模型技术迅猛发展，AI进入从工具智能迈向认知智能的关键跃迁期。与此同时，我国经济发展进入新常态，传统增长动能逐渐减弱，亟须培育新质生产力，构建现代化产业体系。在这一背景下，中央经济工作会议明确提出实施“人工智能+”行动计划，将其作为加快发展新质生产力、推进产业智能化转型的战略抓手。该计划是对习近平总书记关于“推动互联网，大数据，人工智能同实体经济深度融合，做大做强数字经济”重要指示的具体落实，标志着中国AI发展战略进入了从点状突破迈向系统重构的新阶段。

“人工智能+”行动计划的核心内容可从三个维度进行解析：战略目标、重点任务和保障措施。从战略目标看，该计划旨在构建以AI为引擎的现代化产业体系，实现“传统产业智能化升级+新兴产业培育壮大”双轮驱动，到2025年年底培育10个智能化产业集群、100个AI赋能的工业互联网平台、1000个具有示范引领作用的智能工厂，带动我国AI产业规模突破5万亿元。从重点任务看，该计划聚焦技术创新、场景拓展和生态构建三大方向：在技术创新方面，加快推进大模型等基础技术研发和开源平台建设；在场景拓展方面，重点推进AI在制造、农业、能源、金融、医疗、教育等重点领域的融合应用；在生态构建方面，加快打造“硬件基础设施—软件支撑体系—数据要素市场—应用创新平台”的产业生态链。从保障措施看，该计划注重政策协同、资源整合和风险防范，通过完善财税金融支持、强化人才培养、加强国际合作等手段，为“人工智能+”行动顺利实施提供系统保障（见表7-1）。

表7-1　2025年“两会”重点强调了“人工智能+”行动的继续推动

政策要点	具体内容
新技术新产品新场景大规模应用示范行动	推动商业航天、低空经济等新兴产业安全健康发展
建立未来产业投入增长机制	培育生物制造、量子科技、具身智能、6G等未来产业
持续推进“人工智能+”行动	大力发展智能网联新能源汽车、人工智能手机和电脑、智能机器人等新一代智能终端以及智能制造装备
新型举国体制	充分发挥新型举国体制优势，强化关键核心技术攻关和前沿性、颠覆性技术研发，加快组织实施和超前布局重大科技项目
企业主导产学研融合	发挥科技领军企业龙头作用，加强企业主导的产学研深度融合，从制度上保障企业参与国家科技创新决策、承担重大科技项目
强化金融支持	健全创投基金差异化监管制度，强化政策性金融支持，加快发展创业投资、壮大耐心资本

“人工智能+”行动计划的实施路径体现了“顶层设计与基层探索相结合、技术突破与场景创新相结合、产业升级与生态构建相结合”的系统性思维。其主要实施路径包括：一是以国家战略引领地方行动，构建“国家—省—市”三级联动的实施体系；二是以技术创新带动场景突破，形成技术与应用互促共进的创新闭环；三是以重点行业示范带动全域覆盖，形成梯度推进的落地格局；四是以开放平台促进资源共享，构建政产学研用协同的创新生态。这些实施路径的有机统一，为“人工智能+”行动计划提供了科学的方法论支撑，确保

了其在复杂多变的环境中有效落地。

“人工智能+”行动计划对产业智能化转型具有全方位的战略引领作用。首先，它明确了产业智能化的发展方向，从国家层面构建了AI赋能产业升级的战略框架，为各地区、各行业的智能化转型提供了行动指南。其次，它优化了资源配置机制，通过政策引导、项目带动和平台赋能，推动AI创新要素向产业应用场景集聚，激发市场主体的创新活力。再次，它重塑了产业发展生态，打破了传统产业边界，促进了跨界融合与协同创新，形成以AI为纽带的产业创新生态系统。最后，它变革了产业治理模式，推动从政府主导向多元共治转变，构建起政府引导、企业主体、社会参与的智能化产业治理新机制。

另外，“人工智能+”行动计划与数字经济、实体经济深度融合的机制，可概括为“平台赋能、数据驱动、生态协同”三大核心机制。平台赋能机制是指通过构建开放的AI技术平台，将先进算法、计算能力和数据资源以服务方式向各行业开放，降低技术使用门槛，加速智能化应用普及。数据驱动机制是指通过建立数据要素市场和数据流通机制，激活数据价值，形成“数据—算法—应用—价值”的良性循环。浙江大数据交易中心作为省内数据要素市场化配置改革先行者，通过探索数据确权、定价、交易机制创新，促进数据要素价值实现，为AI产业创新发展注入动力。生态协同机制是指通过构建“政产学研用”多方协同的创新网络，促进跨界融合与协同创新，形成创新要素高效流动的产业生态。

这三大机制的协同运行，产生了显著的融合效果：一是加速了传统产业的数智化转型，提升了全要素生产率；二是催生了新业态新模式，创造了新的经济增长点；三是优化了产业结构，推动了产业向价值链高端跃升；四是提升了经济发展的韧性和可持续性，增强了应对复杂环境的适应能力。数据显示，实施“人工智能+”行动计划的企业，其数字化转型成功率提高40%，研发效率提升35%，运营成本降低25%，新产品上市周期缩短30%，这些数据充分证明了

"人工智能+" 推动数字经济与实体经济融合发展的实效性。

7.3　三位一体：技术、产业与制度的协同进化

在人工智能引领新质生产力的时代背景下，单一维度的创新已无法支撑产业深度变革与持续发展。传统线性创新模式被证明难以应对AI技术迭代迅速、应用场景复杂多变、治理挑战日益凸显的新形势。构建"技术—产业—制度"三位一体的协同创新生态，已成为推动AI产业高质量发展的必由之路。这一创新范式既是对传统创新理论的突破，也是应对AI发展复杂性的系统解决方案，更是激发新质生产力持续增长的内生动力。

"技术—产业—制度" 协同创新的理论框架源于创新系统理论、产业生态学和制度经济学的交叉融合。其核心理念是将技术突破、产业应用与制度创新视为一个有机整体，通过三者之间的互动反馈与协同演进，构建自组织、自适应、自进化的创新生态系统。在这一框架下，技术创新为产业发展提供原动力，产业应用为技术迭代提供场景验证和反馈优化，制度变革则为技术突破和产业发展营造有利环境，保障创新活动的可持续性和社会价值。这三个维度相互支撑、相互促进，形成"技术牵引、产业承接、制度护航" 的良性循环。

从实践机制看，"技术—产业—制度" 协同创新体现为四大关键机制：一是信息反馈机制，通过构建技术研发、产业应用和制度建设之间的信息通道，实现需求信号和创新成果的高效传递；二是资源配置机制，通过优化创新要素在技术研发、产业化和制度建设各环节的流动与组合，提升系统整体效能；三是风险分担机制，通过在技术、产业和制度层面建立风险识别、评估和应对体系，降低创新风险；四是价值创造机制，通过技术价值、经济价值和社会价值的协同放大，实现创新价值的最大化。这四大机制的有机运行，确保了协同创

新生态的活力与韧性。

技术创新是协同创新生态的核心驱动力，但其发展路径已从封闭自主走向开放协同。在AI领域，技术创新不再局限于单点突破，而是通过跨学科融合、开源社区协作和产学研协同，构建起从基础研究到工程实现的完整创新链条。DeepSeek的发展历程正是这一创新模式应用的典型案例〔1〕。作为国产领先的AI大模型，DeepSeek通过整合高校前沿研究成果、开源社区集体智慧和企业场景需求，实现了从算法创新到架构优化的系统突破。其千亿参数模型在训练方法、推理效率和应用拓展等方面的创新，不仅源于其内部研发团队的努力，更得益于与高校实验室的联合攻关、与开源社区的互动共创，以及应用企业的场景反馈。这种开放协同的技术创新模式，极大地提升了创新效率和成果转化速度，为产业发展提供了源源不断的技术动力。

产业发展是协同创新生态的关键承载体，其模式正从单一产业链向网络化生态演进。在AI驱动下，产业边界日益模糊，跨界融合成为常态，催生了“AI+X”的多元产业形态。以杭州AI产业集群为例，通过构建“大模型+机器人+场景革命”三位一体的创新生态，形成了“算法突破—硬件迭代—场景裂变—生态反哺”的自主进化体系。在这一生态系统中，DeepSeek等大模型企业提供底层算法能力，宇树科技等硬件企业负责技术具身化实现，垂直领域应用企业则开拓场景创新，各类主体通过数据流动、技术协作和市场交易形成紧密的生态联系。这种网络化产业生态不仅提高了资源配置效率，更催生了大量创新业态和商业模式，创造了传统产业结构难以实现的经济价值。

制度变革是协同创新生态的关键保障，其方向正从静态管控走向动态治理。面对AI技术的迅猛发展和应用场景的持续拓展，传统的“一刀切”、静态

〔1〕 DeepSeek开源模型代码提交超2万次，应用下载量超越ChatGPT，形成开源与商业市场双向突破。参见姚旭、邱砺：《DeepSeek引发全球人工智能“技术—市场—政治”冲击波产生了何种影响？》，载复旦发展研究院网，https://fddi.fudan.edu.cn/f1/9c/c21253a717212/page.htm，最后访问日期：2025年7月25日。

化的制度安排已难以适应。创新型制度必须具备前瞻性、灵活性和适应性，通过制度创新为技术突破和产业变革提供有力支撑。举例来说，北京市朝阳区作为“两区”建设重点承载区，在AI制度创新方面进行了卓有成效的探索。通过建立“监管沙箱”机制，为AI创新应用提供了制度试验空间；通过数据交易所建设和确权改革，健全了数据要素市场化配置机制；通过构建“负面清单+正面引导”的治理框架，平衡了创新激励与风险防范。这些制度创新举措，为区内587家AI企业的创新发展营造了良好环境，推动朝阳区成为具有全球影响力的AI融合创新枢纽。

在“技术—产业—制度”协同创新体系中，多元主体扮演着不同而又相互关联的角色。政府作为战略引领者和制度构建者，承担着明确创新方向、优化创新环境、协调多方利益和防范系统风险的职责。在AI发展中，政府通过制定国家战略规划、完善法律法规体系、建设创新基础设施和实施财税金融支持政策，为协同创新提供了制度框架和政策保障。例如，国家数据局等有关部门通过“数据要素×”三年行动计划（2024—2026年），构建AI驱动的新型数据基础设施体系，激活数据资产，优化算力配置，培育知识库生态，为AI大模型提供优质“燃料”。

企业作为创新主体和市场开拓者，肩负着技术研发、产品创新和商业模式探索的核心任务。在“三位一体”的创新生态中，企业既是技术创新的实践者，也是产业发展的引领者，更是制度建设的参与者。DeepSeek作为国产大模型的代表企业，不仅进行了算法突破，还搭建了开放创新平台，吸引全球开发者共同探索AI应用场景，同时积极参与AI治理标准制定，展现了企业在协同创新中的多重角色。

科研机构作为知识创造者和人才培养基地，在协同创新体系中承担着基础研究突破和前沿探索的重要使命。高校和研究院所通过建立产学研合作平台，将科研成果转化为产业应用，并为企业创新提供智力支持。例如，中国科学院自动化研究所与旷视科技的合作，将计算机视觉领域的前沿研究成果转化为城市智能体解决方案，推动了AI技术在智慧城市建设中的创新应用。[1]

金融资本作为创新催化剂和风险分担者，为协同创新提供资金支持和风险管理服务。风险投资、产业基金、金融机构等通过多元化投融资工具，为AI技术研发、产业化和制度创新提供资金保障。例如，杭州市构建的"3+N"基金群[2]规模超3000亿，天使投资覆盖80%初创团队，为以宇树科技等为代表的创新企业提供了充足的资金支持，成为推动"技术—产业—制度"协同创新的重要力量[3]。

社会组织和公众作为创新参与者和监督者，通过提供多元化需求信号、参与技术评估和制度建设，确保创新发展的普惠性和可持续性。在AI治理领域，行业协会、标准组织和公益机构等社会力量通过参与标准制定、伦理规范建设和技术评估，为AI技术的负责任发展提供了社会监督机制。

这些多元主体通过正式和非正式制度安排形成紧密互动关系，构建起多层次、多维度的协同创新网络。在这一网络中，信息、资金、技术、人才等创新要素高效流动，各类主体优势互补、风险共担、利益共享，形成了强大的创新合力，为AI产业生态的健康发展提供了坚实基础。

[1] 旷视科技与中国科学院自动化研究所合作，成立"北京智源—旷视智能模型设计与图像感知联合实验室"，发布全球最大物体检测数据集（63万张图像、1000万标注框），推动计算机视觉技术与产业深度融合。参见《首个智源联合实验室落地　旷视发布全球最大物体检测数据集》，载旷视网，https://www.megvii.com/news_detail/id/20，最后访问日期：2025年7月25日。

[2] 杭州构建的"3+N"基金群，由杭州科创基金、杭州创新基金和杭州并购基金3只千亿母基金构成。这些母基金的资金来源包括存量基金、市财政预算资金和市属国有企业自有资金等。科创基金侧重"投早、投小、投科"，是政策性的政府引导基金。创新基金是市场化的国资产业基金，主要投资战略性新兴产业。

[3] 参见《杭州国资做强做优"3+N"杭州产业基金集群》，载新浪财经，https://finance.sina.com.cn/roll/2025-01-08/doc-ineehfmt0454215.shtml。

本章小结

新质生产力以AI为核心动力引擎，标志着生产方式从机械化、自动化迈向智能化的质变，代表生产关系从资本—劳动主导向人机协同转变的革命。它通过知识、技术与数据等新型要素的高效配置，突破传统生产力增长边界，开创创新驱动发展新范式。

“人工智能+”行动计划作为国家战略，通过“平台赋能、数据驱动、生态协同”的创新机制，推动AI与实体经济深度融合，为各行业智能化转型提供指南和保障。同时，“技术—产业—制度”三位一体的协同创新生态，构建了自组织、自适应、自进化的创新网络，为新质生产力持续涌现提供内生动力。

制造业作为国民经济基础，正成为新质生产力释放的主战场。AI如何重塑制造业的生产方式、组织形态和价值创造模式，智能制造如何开创高质量发展新路径，是值得深入探讨的关键问题。

场景篇

第三部分

AI改变世界：未来已来

人工智能从实验室走向现实，已成为新智生产力的核心引擎，正深度重构各行各业的生产方式与价值创造模式。从智能制造到城市大脑，从法律大模型到金融风控，从自动驾驶到医疗诊断，从个性化教育到AIGC创作，AI引领着人类社会实现从工业文明向智能文明的跨越。

第 8 章
智造升级：AI 赋能制造业破局

制造业作为实体经济的基石和国民经济的主体，正成为AI驱动新智生产力释放的核心战场。智能制造不仅是工业数字化的延续，更代表着生产范式的根本重构——从“大规模标准化”到“柔性智能化”，从“经验驱动”到“数据决策”，从“单点优化”到“系统重塑”的革命性转变。

8.1 元宇宙工厂：西门子打造数字孪生制造

在全球制造业迈向智能化转型的浪潮中，西门子数字孪生工厂以其系统性的技术创新和深远的行业影响力，引领着制造范式的革命性变革。作为工业4.0的先行者，西门子通过将数字孪生技术与元宇宙概念融合，构建了物理与数字空间高度统一的“元宇宙制造系统”[1]，开创了“数字先行、物理验证”的智能制造新范式，为全球制造业数字化转型提供了可复制、可推广的系统性解决方案。这一创新不仅体现了AI赋能制造业的深度与广度，更展示了数字技术重构产业价值链的创新路径。

---

〔1〕 西门子全球首座原生数字化工厂位于南京，采用数字孪生技术在工厂建设前进行全流程虚拟仿真，提前发现问题并优化设计，投产后产能提升近2倍，产品上市时间缩短20%，物流效率提升50%，柔性生产能力提升30%。参见《数实融合，西门子如何加速落地“工业元宇宙”》，载锦囊专家网，https://www.jnexpert.com/article/detail?id=14554，最后访问日期：2025年7月25日。

在技术架构的基础上，西门子元宇宙制造系统的运行机制呈现出“感知—映射—决策—执行”的闭环逻辑。在感知层面，系统通过分布式传感网络实时捕获物理空间的各类数据，包括设备运行参数、环境条件、材料状态和人员行为等。这些异构数据经过边缘计算节点的预处理后，被传输到中央数据平台。在映射层面，系统通过高精度建模和实时同步技术，将物理工厂的状态精确映射到数字空间，形成动态更新的虚拟工厂。这一映射过程不仅包括静态几何表达，还涵盖动态行为模拟，确保数字孪生与物理实体保持高度一致。在决策层面，系统基于AI算法和数字孪生模型，对生产计划、工艺参数、资源调度等进行智能分析和优化，形成最优决策方案。在执行层面，系统将优化后的决策通过自动化控制系统反馈到物理空间，实现对实际生产过程的精准控制，从而形成物理空间与数字空间的双向互动循环。

西门子元宇宙制造系统的关键技术创新点在于其将数字孪生与元宇宙技术深度融合，实现了三个方面的突破：首先是实时性的突破，系统通过高速数据通道和并行计算技术，将物理与数字空间的同步延迟控制在0.3秒以内，达到了感知上的“实时映射”效果；其次是交互性的突破，系统融合了手势识别、眼动追踪、触觉反馈等多模态交互技术，使工程师能够直观、自然地与数字孪生模型进行交互；最后是协同性的突破，系统支持多人同时在虚拟环境中协作，突破了地理限制，使分布在全球各地的专家能够在同一个虚拟空间中共同解决问题。这些技术创新使西门子元宇宙制造系统超越了传统数字孪生的范畴，形成了更具沉浸感、交互性和协同性的元宇宙制造环境。[1]

作为全球工业数字化转型的引领者，西门子元宇宙制造系统通过开放生态的构建，正在加速数字孪生技术的产业化应用。西门子Xcelerator开放平台汇聚了全球4000多家合作伙伴，形成了从硬件设备、软件工具到专业服务的完整生态体系。通过该平台，各行业企业可以根据自身需求选择适合的数字孪

〔1〕 西门子工业元宇宙融合AI、数字孪生和软件定义自动化，成为工业数字化转型核心。See https://technologymagazine.com/articles/siemens-companies-doubling-industrial-metaverse-investment.

生解决方案，实现低成本、快速部署。目前，西门子数字孪生技术已在汽车、航空航天、电子、机械、能源等多个制造领域实现规模化应用，成为推动全球制造业数字化转型的重要引擎。特别值得一提的是，近年来西门子还与多家AI技术公司达成战略合作，进一步增强了系统的智能决策能力，展示了AI与数字孪生技术融合的巨大潜力（见图8-1）。

图8-1　制造业中的数字孪生

西门子数字孪生工厂的经验启示可以概括为“技术融合、数据驱动、平台赋能、生态协同”四个关键词。“技术融合”强调将AI、IoT、云计算、AR/VR等新兴技术有机整合，形成面向制造业的系统解决方案；“数据驱动”强调构建从设备到工厂的多层次数据采集与分析体系，使数据成为智能决策的基础；“平台赋能”强调通过开放平台降低技术门槛，推动数字孪生技术的广泛应用；“生态协同”强调构建开放共赢的产业生态，加速创新扩散。这些经验对中国制造业数字化转型具有重要参考价值，启示我们在推动智能制造发展过程中，应当注重系统性思维和协同创新，将技术创新、产业应用和生态构建有机统一。

8.2 微米级智慧眼：宝马 AI 零缺陷质检革命

在制造业智能化转型的浪潮中，质量控制作为产品价值实现的最后防线，其智能化水平直接决定了产品的市场竞争力与品牌价值。宝马集团凭借其在高端制造领域的深厚积累和对数字技术的前瞻布局，开发了全球领先的微米级AI视觉质检系统，实现了从“合格制造”到“零缺陷制造”的革命性跃迁。〔1〕这一系统通过将超高速成像技术、深度学习算法和多传感器融合，构建了毫秒响应、微米精度的智能质检体系，不仅彻底重塑了汽车制造的质量管控流程，更为整个制造业的质量管理范式带来了颠覆性变革，成为AI赋能传统产业创新发展的典范案例。

宝马AI质检系统的技术原理建立在“多传感多模态—边缘实时计算—深度学习识别—闭环自优化”的系统架构之上。在传感层面，系统整合了高速工业相机、红外热成像仪、激光扫描仪、超声波传感器等多种感知设备，构建起全方位、多维度的缺陷检测网络。其中，高速工业相机采用CMOS全局快门技术，能够以每秒3000帧的超高速率捕获生产线上快速移动的零部件图像，实现零模糊、高清晰的图像采集；红外热成像仪可探测材料内部因结构缺陷导致的微小温差，发现肉眼不可见的内部缺陷；激光扫描仪通过三角测量原理建构零部件的高精度3D模型，检测微小的形变和尺寸偏差；超声波传感器则用于探测材料内部的气泡、裂纹等隐藏缺陷。这些多模态传感器协同工作，确保了系统对各类缺陷的全覆盖检测（见图8-2）。

---

〔1〕 宝马自主研发的AI视觉检测系统，结合高清摄像头和深度学习算法，检测准确率高达99.7%，接近100%，显著提升生产效率和质量。参见《宝马、丰田背后的秘密武器！AI视觉如何完美控制质量？》，载腾讯网，https://news.qq.com/rain/a/20240917A059LR00。

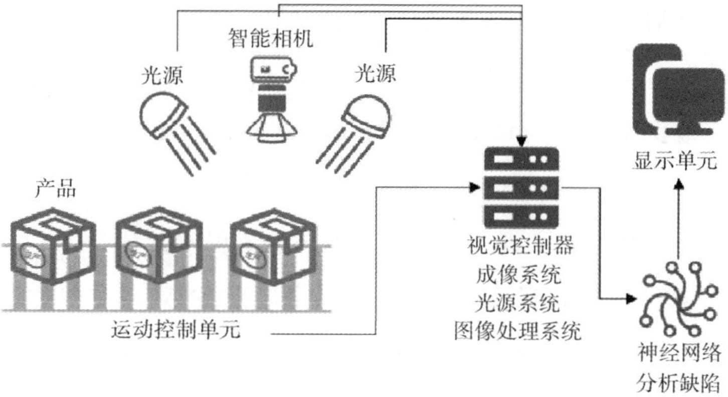

图8–2　工业 AI 质检在制造行业的典型应用模组

在计算架构方面，宝马AI质检系统采用"边缘—云"协同的分布式计算框架。边缘计算单元部署在生产线侧，配备高性能GPU加速卡，负责图像预处理、特征提取和初步缺陷识别，确保毫秒级的实时响应；云端计算中心则负责深度模型训练、全局优化和历史数据分析，支持系统的持续进化。这种分层计算架构既满足了实时检测的低延迟需求，又保证了系统的可扩展性和迭代优化能力。特别值得一提的是，宝马在系统中创新性地引入了"质检专用芯片"[1]，这是一款针对视觉质检场景优化的AI加速器，其计算架构专为高维图像特征提取和缺陷识别设计，计算效率比通用GPU高出3倍，能耗仅为原来的40%，为微米级实时检测提供了强大的算力支持。

宝马AI质检系统的核心算法框架是一套基于深度学习的视觉认知系统，融合了迁移学习、小样本学习和自监督学习等先进技术。系统的基础模型采用改进的YOLOv8架构，通过在网络中增加特征融合模块和注意力机制，增强了对微小缺陷的检测能力；针对表面缺陷检测，系统采用基于Transformer的ViT模型，通过自注意力机制捕获缺陷特征间的长距离依赖关系；针对复杂背

〔1〕 质检专用芯片（Quality Inspection Chip，QIC）在质量控制中扮演着重要角色。它通常应用于电子产品的检测，如芯片返修设备和X射线检测设备中，以确保产品符合质量标准。

景下的缺陷分割，系统采用改进的U-Net++结构，提升了边缘定位精度；针对稀缺缺陷样本的识别问题，系统引入对比学习和元学习技术，实现了对罕见缺陷类型的有效识别。这些算法的有机集成，使系统能够适应各种复杂场景下的质量检测需求，识别精度达到了前所未有的水平。

宝马AI质检系统还实现了从单点检测向全流程质量管控的拓展。系统覆盖了从冲压、焊接、涂装到总装的汽车制造全过程，构建了完整的质量数据闭环。在冲压环节，系统通过检测钢板微小裂纹和变形，预防后续加工中的材料失效；在焊接环节，系统通过红外热成像和超声波检测，评估焊点内部质量，确保结构安全性；在涂装环节，系统通过多光谱成像技术，检测涂层厚度均匀性和表面微小缺陷；在总装环节，系统结合机器视觉和机器人技术，实现了对装配精度和功能参数的全面验证。这种全流程质量管控不仅提高了最终产品质量，更通过早期缺陷检出，大幅降低了质量成本，体现了“预防为主”的先进质量理念。

相比传统人工检测，宝马AI质检系统带来了质的飞跃。传统人工检测存在视觉疲劳、主观差异大、无法长时间保持高注意力等固有缺陷，检出率通常仅为85%～90%，且对微小缺陷的识别能力有限。而AI质检系统凭借其持久稳定的工作状态、微米级的视觉精度和毫秒级的响应速度，将缺陷检出率提升至99.99%，几乎达到了“零漏检”的理想状态。同时，系统的判断标准高度一致，消除了人工检测中的主观差异，使质量评价更加客观可靠。

宝马AI质检系统的成功实践，对中国制造业的质量升级具有重要启示作用。随着中国制造向中高端迈进，质量已成为核心竞争力和品牌价值的关键支撑。AI质检技术为中国制造业实现“从量的增长到质的飞跃”提供了技术路径，也为《中国制造2025》战略中提出的质量强国建设指明了方向。中国汽车制造商如长城汽车、吉利汽车等已开始借鉴宝马经验，结合本土化需求开发AI质检系统，并取得了显著成效。这些实践表明，AI质检技术已成为制造业高质量发展的关键使能技术，也是中国制造向中国智造跃升的重要支撑。

8.3　智能工业互联网：徐工 Xrea 平台的产业再造

在全球制造业智能化变革的大潮中，工业互联网作为连接人、机、物的神经系统，正成为制造企业数字化转型的关键基础设施。与消费互联网不同，工业互联网不仅要解决“连接”问题，更要实现从硬件到软件、从设备到系统、从工厂到产业链的全面智能化协同。徐工集团Xrea平台作为中国工程机械行业领先的智能工业互联网平台，通过将5G、云计算、大数据、AI等前沿技术与传统制造深度融合，构建了覆盖设计、生产、管理、服务全生命周期的数字化生态系统，将50万台工程机械设备纳入智能互联网络，开创了制造业数智化转型的“徐工模式”，为中国制造向中国“智造”跃升提供了有力支撑。〔1〕

Xrea平台的技术架构可概括为“端—边—云—用”四层协同结构。在端侧，平台通过自主研发的工业传感器网络、设备控制单元和IoT通信模块，实现对生产设备和工程机械的全面感知与数据采集。这些端侧设备不仅能够采集温度、压力、液位等基础参数，还能通过加装振动传感器、油液分析仪、红外成像仪等高级传感器，实现对设备健康状态的全面监测。特别是针对恶劣工况下的数据传输问题，Xrea团队开发了基于低功耗窄带物联网（NB-IoT）的工业级通信协议，确保了野外作业环境下数据传输的可靠性和实时性（见图8-3）。

〔1〕 徐工信息Xrea平台覆盖6000多种设备类型，年数据增长1.1PB，采用NB-IoT协议保障野外数据传输，边缘AI实现实时异常检测，云端提供大数据和AI中台支持。

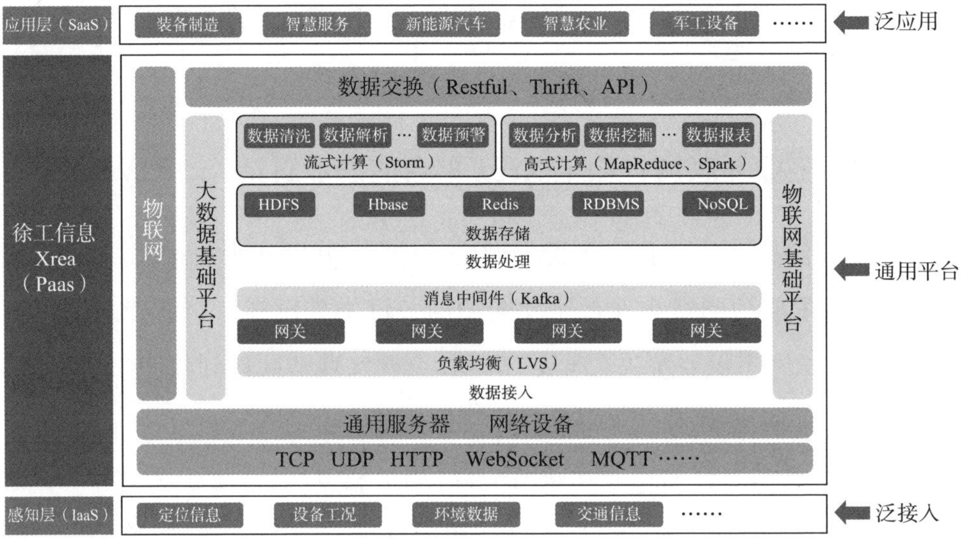

图8-3 徐工信息XREA架构

在边缘层，Xrea平台部署了分布式边缘计算节点，将数据处理和分析能力前移至生产现场和作业现场。这些边缘计算单元集成了AI推理引擎，能够在本地完成设备异常检测、状态评估和简单决策，大幅降低了网络传输压力，提高了系统响应速度。例如，Xrea平台的边缘AI单元能够在不到100毫秒的时间内识别出挖掘机动作异常，并发出预警信号，避免了更严重的设备损伤。这种“云—边协同”的架构设计，既满足了工业场景对实时性的严苛要求，又保留了云端大数据分析的算力优势。

在云端层面，Xrea平台构建了包含数据中台、业务中台和AI中台的“三位一体”架构。数据中台实现了跨源、跨域、跨格式的工业数据统一管理，日均处理超过10TB的工业大数据；业务中台沉淀了设备健康管理、预测性维护、远程诊断等核心业务能力，形成可复用的服务组件；AI中台则整合了机器学习、深度学习、知识图谱等人工智能技术，为各类应用场景提供算法支持。这三大中台协同运作，构成了Xrea平台的智能中枢，支撑着上层各类应用的敏捷开发和迭代优化。

在应用层，Xrea平台打造了面向不同用户群体的应用生态，包括设备监控中心、智能运维系统、远程调试平台、供应链协同平台等。这些应用通过统一的API接口调用底层能力，为制造商、客户、服务商、供应商等不同角色提供差异化服务。特别值得一提的是，Xrea平台引入了低代码开发工具，使业务人员也能参与应用开发，大幅提高了创新速度和业务适配度。截至2025年年初，Xrea平台已孵化超过200个工业应用，服务3000多家企业用户，成为名副其实的工业应用创新孵化器。

Xrea平台的业务模式体现了从“设备制造”向“智能服务”的战略转型。传统的工程机械制造商主要依靠设备销售获取一次性收入，服务环节往往难以量化和变现。而通过Xrea平台，徐工集团构建了“硬件+软件+服务+生态”的全新业务模式。在这一模式下，硬件设备成为承载数字服务的载体，软件平台成为连接各方的纽带，数据成为持续创造价值的核心资产，生态合作成为共同发展的基础。具体而言，Xrea平台的收入来源包括四方面：基础设备连接费、增值服务订阅费、数据分析服务费和生态合作分成。这种多元化的盈利模型不仅提高了客户黏性，也为徐工集团带来了稳定增长的数字化收入，2024年其数字服务收入已占总营收的15%，增速达到35%，远高于设备销售增速。

智能工业互联网最具革命性的价值在于打破了传统制造环境中的数据孤岛，构建了从设备到系统、从企业到产业链的数据共享机制。在传统工程机械制造环境中，研发数据、生产数据、质量数据、服务数据分散在不同系统中，无法形成闭环；上下游企业之间信息不对称，协同效率低下；客户使用数据难以回流到制造端，产品改进缺乏实际应用反馈。而Xrea平台通过构建统一的数据模型和交换标准，成功打通了这些壁垒。平台基于工业互联网标准化组织提出的“数字孪生五层参考架构”，建立了包括物理对象、数据模型、模型实例、服务接口和业务应用在内的完整数字孪生体系，实现了跨领域、跨系统的数据融合与知识共享。

总之，智能工业互联网平台作为连接物理世界与数字世界的桥梁，已成为制造业智能化转型的关键基础设施。徐工集团Xrea平台的成功实践，生动展示了AI如何通过数据融通、智能分析和协同优化，重构传统制造业的生产组织方式和价值创造模式。然而，要进一步释放工业互联网的价值潜能，仍面临着数据标准化、异构系统集成、工业知识表达等一系列挑战。工业大模型作为新一代AI技术在工业领域的集成创新，正在为这些挑战提供系统性解决方案。

8.4 时尚智造：聚衣堂服饰的数字柔性生产

服装制造业作为传统劳动密集型产业，长期面临三大核心挑战：消费需求个性化与大规模标准化生产的矛盾、库存积压与市场响应速度的平衡难题、人工成本上升与产业竞争力的维持压力。在这一背景下，位于浙江省金华浦江的聚衣堂服饰有限公司自2018年启动全面数字化转型战略，通过人工智能、工业物联网和大数据等先进技术，构建了“小批量、多品类、快响应”的柔性生产体系，开创了“以销定产”的服装制造新范式，为传统制造业的智能化升级提供了典型样本。

聚衣堂服饰成立于2010年，是一家专注瑜伽服、“小而美”的供应链品牌，主打瑜伽服、健身服等功能性服饰产品，产品远销东南亚和欧美地区。面对日益个性化的市场需求和激烈的国际竞争，聚衣堂认识到传统制造模式已无法满足未来发展需求。2018年，公司制定了“AI+柔性制造”的战略转型路线，投资4419万元，打造了55,000平方米的智能化生产基地，配置自动裁剪机、智能吊挂系统、智能分拣系统、机器人调度系统等先进设备与技术，通过打造数字化、网络化、智能化的生产体系，实现从原料到成品的全流程优化，彻底重构了传统服装制造模式。这一转型不仅大幅提升了企业自身的市场竞争力，更为整个行业的智能化变革提供了可复制、可推广的实践经验（见图8-4）。

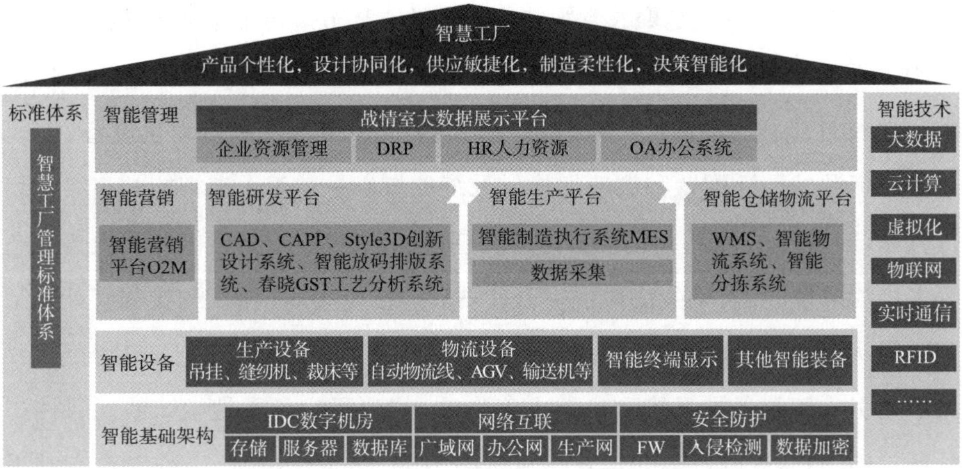

图8-4　聚衣堂智能工厂整体架构

智能设计系统是聚衣堂数字化转型的起点。传统服装设计依赖设计师的经验和主观判断，设计周期长且市场适配度不高。聚衣堂开发的智能设计系统基于人工智能和大数据技术，构建了从市场需求分析到产品设计的智能闭环。系统通过分析全球时尚趋势数据、社交媒体热点、销售历史和用户行为，生成市场趋势预测报告，为设计师提供数据化的决策支持。特别是针对运动功能服饰的特殊需求，系统整合了人体工程学数据库和功能性材料特性库，支持设计师进行参数化设计和功能性优化。创新的Style3D设计软件使设计师能够在数字环境中进行三维设计，并实现虚拟试衣和动态展示，设计效率提升了250%，样品制作环节减少了60%。最具突破性的是“AI设计协同”功能，能够基于设计师的初始概念自动生成多个设计变体，并进行视觉评估和功能性分析，使设计过程从单向创作转变为人机协同创新，大幅提升了设计质量和效率。此外，系统的“数字样衣库”功能已累计超过10,000套数字样衣模型，设计师可以基于历史成功产品快速迭代出新品，将新产品开发周期从平均45天缩短至15天，显著提升了市场响应速度。

柔性生产[1]系统是聚衣堂智能制造的核心环节。传统服装生产线以单一品类大批量生产为主，生产线调整成本高，难以适应多品种小批量的市场需求。聚衣堂开发的柔性生产系统通过先进生产调度算法和自动化设备，实现了生产资源的灵活配置和快速切换。系统的核心是基于人工智能的高级计划排程系统（APS），能够综合考虑订单交期、生产能力、原材料供应和设备状态等多维约束条件，自动生成最优生产计划。与传统排期相比，AI排程将计划制定时间从2天缩短至2小时，同时将设备利用率提升了23%。在生产执行层面，聚衣堂引入智能吊挂系统和机器人工作站，构建了24条柔性生产线。每件产品通过RFID标签携带全部工艺参数，当产品到达工作站时，工作站会自动识别产品信息并切换至相应工艺模式，实现了真正意义上的"一件流"生产。特别是在复杂工序环节，如裁剪和缝制，聚衣堂部署了配备计算机视觉系统的自动裁剪机和智能缝纫工作站，能够精确识别面料特性和工艺需求，自动调整参数，使产品一次性合格率从85%提升至97%。该系统的柔性化程度使聚衣堂能够在同一生产线上同时制作多达15种不同款式的产品，最小经济生产批量从1000件降至50件，为小批量定制提供了可能。

智能物流系统解决了柔性生产中的物料流转难题。在多品种小批量生产环境下，物料的识别、分拣和配送复杂度呈指数级增长，传统人工管理难以保障效率和准确性。聚衣堂构建的智能物流系统基于物联网和人工智能技术，实现了从原料入库到成品出库的全流程智能化管理。在仓储环节，系统采用AGV机器人和自动化立体仓库，结合RFID和计算机视觉技术，实现了原材料的自动识别、定位和存取。创新的"智能配料"功能能够根据生产计划自动计算物料需求，并优化拣选路径和批次组合，将配料效率提升了3倍。在生产线

[1] 柔性生产是一种应对市场变化和定制需求的生产模式。它强调快速适应产品设计更新、制造过程变动以及多品种、小批量生产。本质上，柔性生产是企业整体活动方式的核心，它涵盖了制造过程和经营管理过程，旨在提高制造系统对内外环境变化的响应能力。关键在于利用高度灵活的制造设备，如计算机数控机床，实现高效的生产过程。

物流环节，聚衣堂开发了基于数据分析的物流预测模型，系统会提前预判生产线的物料需求，主动配送所需物料，避免了生产等待。工厂内部通过悬挂物流系统和AGV机器人构建了高效的立体物流网络，在各工序间的平均中转时间从4小时缩短至40分钟。在成品物流环节，系统与企业ERP和客户订单系统实现了无缝集成，能够自动匹配订单与生产批次，实现产品的自动分拣和包装，发货准确率达到99.9%。通过采用智能物流系统，聚衣堂的整体物流成本降低了32%，库存周转率提高了45%，库存资金占用减少了3800万元。

质量管控系统是聚衣堂产品竞争力的保障。服装产品质量涉及面料、裁剪、缝制、整烫等多个环节，传统依靠人工抽检的方式难以保证全流程质量一致性。聚衣堂开发的智能质量管控系统打破了传统质检模式，建立了覆盖全流程、全参与、全方位的质量管理体系。系统核心是基于AI的视觉检测技术，在面料检验、裁剪精度、缝制质量和成品外观等关键环节部署了高清视觉传感器，能够实时捕捉和分析产品质量状态。特别是在面料检测环节，系统能够以每分钟30米的速度自动识别面料瑕疵，识别准确率达到98%，远超人工检测的75%水平。在生产过程中，系统能够实时监测关键工艺参数，如缝线张力、针距均匀度和缝合强度等，一旦参数偏离设定范围，系统会立即报警并暂停生产。创新的“质量溯源”功能记录产品全生命周期的质量数据，一旦发现质量问题，可以快速追溯原因并采取针对性改进措施。通过大数据分析，系统持续优化质量控制参数和检测标准，形成质量管理的自我完善机制。得益于该系统的使用，聚衣堂的产品一次性通过率从83%提升至96%，客户投诉率降低了62%，返工成本减少了约180万元/年。

聚衣堂智能制造转型的成功不仅体现在技术创新和效率提升，更重要的是创造了可持续的商业价值。通过数字化转型，聚衣堂的市场响应速度大幅提升，从接单到交付的周期缩短65%，使企业能够捕捉快速变化的市场机会；生产成本显著降低，综合制造成本比转型前减少28%，提升了产品竞争力；服务能力全面增强，能够同时处理多达800个SKU的定制需求，满足高端客户的个性化要求。这些变化使聚衣堂在国际市场竞争中脱颖而出，企业年营收从2018年的3.5亿元增长至2023年的8.2亿元，年均增长率达到17.5%，远高于行业平均水平。智能制造不仅使聚衣堂在商业上腾飞，也为中国服装产业向中高端迈进提供了可复制的发展路径。

本章小结

从西门子数字孪生工厂到宝马AI质检系统，从徐工Xrea平台到聚衣堂柔性生产，展现了AI重塑制造业的共同逻辑：数据驱动替代经验驱动，智能决策取代机械控制，数字孪生连接虚实空间，柔性制造应对个性化需求，实现从“制造”到“智造”的跃迁。

这场智能革命体现了新智生产力的本质特征：首先，形成了从研发设计到售后服务的全链条系统解决方案；其次，重构了价值创造模式，企业从产品提供者转变为“硬件+软件+服务”的综合解决方案提供者；再次，催生了从科层制向数字化网络组织的新型组织形态，实现资源动态优化配置；最后，促进了产业生态协同创新，形成技术、产业与制度协同演进的创新体系。

第 9 章 智慧农业：AI 驱动的粮食生产革命

农业作为基础产业，面临资源效率低、劳动力短缺与气候变化三大挑战。传统农业依赖经验和密集人力，缺乏精准管理，资源消耗大，产品质量与产量波动明显。这些问题在我国农业现代化与乡村振兴中尤为突出。AI、大数据和物联网技术正推动农业从“经验农业”向“精准农业”再到“智慧农业”转变，提供系统化解决方案，创造农业领域新智生产力。

9.1 伏羲农场：空天地一体的智慧农业生态系统

作为我国智慧农业发展进程中的里程碑式探索，“伏羲农场”项目通过系统集成人工智能、大数据、物联网等前沿技术，正在重塑传统农业生产范式。农业作为人类文明的根基，长期面临资源要素利用效率低下、劳动力资源持续流失、气候变化带来不确定性增加等三重挑战。传统农耕模式主要依赖农户经验和直观判断，难以应对复杂多变的自然条件；精细化管理受限于感知手段和决策工具的缺乏，导致“大水漫灌、粗放管理”现象普遍。在这一背景下，由中国科学院智能农业机械装备工程实验室牵头，联合地方政府与农业科技企业共同推进的“伏羲农场”项目，通过构建农业感知、分析、决策、执行的智能化闭环，开创了从“经验农业”到“精准农业”再到“智慧农业”的进化路径。

在农业农村部《全国智慧农业行动计划（2024—2028年）》框架指导下，“伏羲农场”被列为重点支持项目，其建设目标直指农业生产效率提升与产业模式变革。国家数据局将其纳入“数据要素×”典型案例，标志着农业数据资源化进程进入新阶段。这种政策导向与技术创新双轮驱动的发展模式，使项目在短短两年内完成了从实验室概念到田间实践的跨越式发展。截至2025年4月，项目已在雄安新区、北京通州、湖北十堰等8个省市建立核心示范基地，累计示范面积超过3.2万亩，作物平均增产15%，资源利用效率提升30%以上，建成了一批可复制、可推广的智慧农业标准化实施样板。

传统农业面临的劳动力短缺、资源利用率低等问题催生了技术变革需求。2024年启动的“伏羲计划”依托中国科学院在智能装备领域的积累，率先在雄安新区建立首个500亩试验田，通过数字孪生技术实现农业生产全过程可视化管控。这种将军事领域OODA（观察—定向—决策—行动）循环理论引入农业管理的创新，为项目后续扩展奠定了方法论基础。

“伏羲农场”构建起空天地一体化监测网络，打破了传统农业环境和作物状态监测手段有限的局限。在“空”的维度，项目部署了高分辨率卫星遥感和无人机航拍系统，实现宏观到中观的农田状态监测；在“地”的维度，基地布设了密集的物联网节点，构建微观感知网络。在湖北十堰示范基地，600亩试验田布设的物联网节点每公顷超过50个，形成数据采集的“神经末梢”。系统部署土壤养分伽马能谱分析仪、多光谱无人机等342类传感设备，实现分钟级数据更新，可实时监测14项土壤指标和9项微气候参数。数据处理中心采用边缘计算架构，将数据延迟控制在200毫秒内，确保决策时效性。这种全方位、多层次的感知体系，使农田从“哑巴”变成了能够“表达”自身状态的智能体，为精准管理奠定了数据基础（见图9-1）。

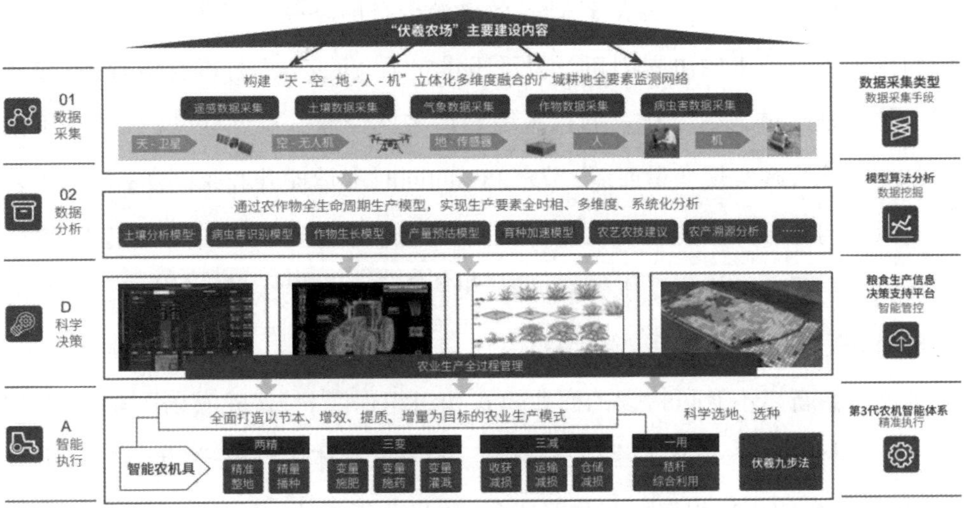

图9-1　"伏羲农场"技术体系的结构

如果说空天地一体化的感知网络是"伏羲农场"的神经系统，那么智能决策引擎则是其大脑中枢。传统农业决策主要依赖经验判断，往往难以应对复杂多变的农业生产环境。依托深度学习框架开发的农业专家系统，整合了作物生长模型、病虫害预测模型等78个专业算法，构建了真正意义上的"农业大脑"。这些算法通过知识图谱技术有机连接，形成完整的农业知识网络。在北京于家务示范基地的数字化大棚内，AI系统通过分析历史数据与实时传感信息，成功将番茄转色期预测误差缩小至12小时以内，远优于传统预测方法的3～5天误差。在病虫害防控方面，系统开发了基于卷积神经网络的早期识别算法，能够在肉眼可见症状出现前7～10天预警潜在病害风险。在十堰基地的小麦赤霉病防控中，系统提前42天预测到病害暴发风险区域，通过精准施药将损失控制在3%以内，而周边常规防控区域的损失率高达15%。

决策指令通过5G网络直达无人农机，形成"云—边—端"协同作业体系。项目团队研发的第三代智能农机装备具有三大突破：新能源动力系统使作业成本降低40%，多模态感知技术实现厘米级定位精度，模块化设计支持12种农具快速切换。在内蒙古示范基地，无人收割机与遥感无人机编队作业，日作业效率达到传统模式的3.2倍。这种高效率源于智能路径规划算法、精准定位系统和自主避障技术的协同创新。项目还建立了"九步法"标准化流程，从整地到仓储实现全链条数字化。通过土壤墒情传感器与气象站联动，湖北安阳镇的冬小麦试验区实现变量灌溉，节水38%的同时产量提升22%。数字孪生平台可模拟不同施肥方案的经济效益，帮助农户将决策效率提升5倍以上。系统还为普通农户开发了简化操作界面，即使没有专业知识的农民，也能通过直观的手机App接收并执行智能决策建议。

技术创新离不开可持续的商业模式和组织保障。"伏羲农场"构建了"政府引导+科研支撑+企业运营+农户参与"的四位一体运营模式，形成了多方共建、价值共享的创新生态。在政府层面，项目获得了从国家到地方的多级政策支持；在科研层面，中国科学院智能农业机械装备工程实验室发挥了关键的技术支撑作用；在企业层面，北京运河惠农公司构建的产业联盟，已吸引47家上下游企业加入，开发出智能灌溉控制器等12类市场化产品；在农户层面，项目创新性地设计了收益分成机制，在重庆长寿区，使农户人均年收入增加1.2万元。这种多方协同的生态模式，突破了传统农业创新"科研—示范—推广"链条过长、脱节的局限，创造了技术创新和商业价值快速转化的新机制。

通过两年的实践积累，"伏羲农场"项目探索形成了一套可复制、可推广的智慧农业建设标准和方法论，为全国不同地区发展智慧农业提供了系统化指南。在效益层面，项目实现了经济、社会和生态效益的多维提升。通过智能装备集群作业，北京示范基地的玉米播种效率达到每小时45亩，是人工操作的27倍；在雄安试验区，基于土壤CT扫描的变量施肥技术使氮肥利用率提高至68%，远超行业45%的平均水平；水肥一体化系统通过机器学习优化灌溉策略，在保证产量的前提下将水资源消耗降低35%。这些技术创新不仅带来了单产增加和成本降低的直接经济效益，更通过减少化肥、农药使用和水资源消耗，创造了显著的环境价值。

"伏羲农场"构建的智慧农业体系，不仅验证了信息技术与生物技术深度融合的可行性，更探索出农业现代化的中国路径。这种以数据为纽带、智能装备为载体的新型生产模式，正在催生农业领域新智生产力。随着项目二期建设的推进，其示范效应将加速辐射至全国主要农区，为保障粮食安全、实现乡村振兴提供持久动能。未来需要持续完善技术标准体系，培育新型职业农民，推动智慧农业从“样板间”走向“商品房”的规模化应用。

9.2　北大荒：大规模农场数字化管理

北大荒集团作为我国耕地规模最大、现代化程度最高的国家重要商品粮基地，承载着保障国家粮食安全的重要使命。然而，随着农业发展进入新阶段，传统的粗放型管理模式已难以满足高质量发展的要求。土地资源分散、农业生产环节众多、信息传递不畅等问题，制约了农业生产效率的提升和资源利用率的优化。面对这些挑战，北大荒集团从2017年开始全面推进智慧农业建设，构建了覆盖天地空、贯通产加销的数字农业管理体系，开创了大规模农场数字化管理的新模式。

北大荒集团拥有约4600万亩耕地，相当于一个中等省份的耕地面积，管理的复杂性和挑战性可想而知。传统管理方式下，农场管理者难以实时掌握各地块的生产状况，农业资源配置效率低下，农事活动安排缺乏科学依据。为解决这些问题，北大荒集团开始系统性地推进数字化转型，以“1+3”智慧农业发展模式为核心，融合物联网、大数据、云计算、人工智能等技术，实现农业生产管理的数字化、智能化和精细化。“1”代表数字化底座，“3”代表数字管理、数字农服、智慧农场三大核心业务，形成了完整的农业数字化生态圈。

2021年，北大荒集团成立专门的信息技术公司——北大荒信息有限公司，依托“智慧农场技术与系统全国重点实验室”，系统推进数字农业建设。经过多年的技术积累和实践应用，北大荒已建成30个数字农场试点和14个智慧农业示范基地，形成覆盖天地空的感知网络和数据治理体系，构建了从资源管理到生产执行再到服务交付的全链条数字农业平台。

北大荒数字农业管理系统的核心是构建全链条数据闭环。在数据采集层面，北大荒部署了物联网传感器、无人机、遥感卫星、气象站等多源感知设备，形成“天、空、地、机、人”五维度数据采集网络。这些设备实时监测土壤湿度、温度、pH值、光照、降雨量等关键农业环境参数，建立了实时、全面、立体的数据感知系统。在数据整合方面，北大荒打破了传统农业部门间的信息壁垒，建立统一的数据标准和共享机制，实现数据采集、存储、管理、计算、应用全生命周期闭环管理，为智能决策提供了坚实的数据基础。

在这一数据底座上，北大荒开发了数字农业综合管理平台，涵盖耕地资源管理、种植管理、农机管理、畜牧管理、土地承包管理、农业保险等10多个业务系统，实现对35.4万块地、4491万亩耕地、56万种植户和72万台农机具的数字化管理。这一平台最具特色的创新是资源资产数字化与精准画像。北大荒研发的“智壤COOMAP”系统，为每块耕地、每台农机、每个种植户建立数字“身份证”，记录其详细属性和动态变化，形成精准画像，实现了农业资源的精细化管理。

在智能决策方面，北大荒建立了基于大数据和AI算法的决策支持系统。该系统通过分析历史生产数据、环境监测数据和市场信息，生成作物生长模型、病虫害预警、变量施肥、精准灌溉等决策处方，指导农业生产全过程。这一系统最具价值的应用是将农艺知识和数据科学深度融合，通过机器学习算法不断优化决策模型，提高了决策的科学性和适应性。例如，在新华分公司青山管理区高标准旱田示范基地，系统通过10多台物联网设备实时监测降雨、光照、温湿度、土壤PH等参数，精准指导玉米中耕追肥，避免了肥料浪费，提高了资源利用效率。

在农业生产执行层面，北大荒大力推进智能农机装备和物联网设备的应用，实现精准施肥、变量灌溉、智能植保等操作。截至2024年，北大荒农机自动驾驶设备配置率已达到40%，农业机械化水平高达99.7%，成为全国农业生产智能化水平最高的地区之一。在查哈阳农场水稻万亩水田灌溉示范区，智慧灌排系统的应用减少了灌排口数量，降低了人工成本，提高了灌排效率，形成了显著的经济和生态效益。嫩北农场数字农业指挥中心则通过120套物联网终端监测土壤湿度、温度、养分等参数，结合大数据分析为种植户提供精准施肥建议，使农资使用量减少15%的同时，产量提升了8%。

北大荒智慧农业建设的另一突出创新是数字农服平台。“北大荒农服App”集成土地承包、农贷助手、农业补贴、农机调度等功能，提供“一站式”数字服务，方便农户线上办理合同签订、贷款申请等业务。这一平台特别注重普惠金融创新，通过线上农业贷款、补贴发放和成本效益分析功能，降低了农户融资门槛，提升了资金使用效率，促进了农业生产积极性。截至2025年年初，平台累计服务用户超过59万，线上贷款超过207亿元，实现了农业金融服务的数字化转型（见图9-2）。

图9-2　北大荒农服App部分界面

北大荒数字农业管理系统的建设不仅是技术的集成应用，更是管理理念的创新突破。系统将传统的农业管理单元（地块、人员、设备等）数字化，实现了农业资源的精准画像和透明管理，改变了以往粗放的管理模式。同时，系统打通了农业生产的全链条数据流，消除了不同环节间的信息不对称，形成了从田间到餐桌的全过程可视化管理。更为重要的是，数字化管理促进了农业生产组织方式的变革，将分散的小农户组织成规模化、集约化的生产单元，提高了现代农业的组织化程度。

9.3 农光互补：浦江葡萄 AI 智慧农业示范基地

农业作为人类文明的基础产业，长期面临三大核心挑战：资源消耗与环境压力、生产效率与农村劳动力短缺、产品质量与市场竞争力。传统农业生产方式以经验为主导，缺乏精准管理和科学决策；生产过程依赖大量水、肥、农药等资源投入，环境负担重；农产品质量和产量波动大，标准化和稳定性不足。这些问题在我国农业农村现代化和乡村振兴战略实施过程中尤为突出。

在这一背景下，浙江省金华市浦江县于2022年启动了葡萄产业高质量发展创新示范项目——AI农业横山葡萄试验基地，通过人工智能、物联网、大数据等技术与农光互补新模式深度融合，构建了“智能化、数字化、生态化”的现代农业新范式，开创了从“经验农业”到“精准农业”再到“智慧农业”的发展新路径，为中国乡村振兴和农业现代化提供了典型样本。

浦江县位于浙江省中部，是著名的“中国巨峰·葡萄之乡”，葡萄种植历史悠久，产业基础深厚。面对新时期农业发展的机遇与挑战，浦江县决定突破传统发展模式，在黄宅镇横山村投资7000万元，打造集AI农业、数字技术、农光互补于一体的智慧农业示范基地。在温室大棚顶部和园区道路顶部铺设光伏组件，发电装机容量达2.47MWp。示范基地以智慧葡萄种植为核心，辅以草莓和羊肚菌套种，实现了“农光互补、立体种养、四季生产”的综合高效农业模式，成为中国智慧农业与清洁能源深度融合的创新典范。

环境精准调控系统是浦江葡萄基地的基础设施。传统大棚农业环境控制粗放，难以创造和维持作物最佳生长环境。浦江葡萄基地开发的环境调控系统基于人工智能和物联网技术，构建了从环境感知到智能调控的闭环管理体系。系统在温室内部署了数百个高精度传感器，实时监测温度、湿度、光照、CO_2浓度等关键环境参数，数据采集频率达到每分钟一次，精度远超传统监测方式。系统核心是基于深度学习的“葡萄生长环境模型”，该模型通过分析海量历史数据，构建了葡萄不同生长阶段的最优环境参数谱系，并能根据实时气象条件和作物状态自动调整控制策略。特别创新的是“预测性环境调控”功能，系统会结合气象预报数据提前24～48小时预判环境变化，主动调整温室参数，有效应对极端天气影响。在实际应用中，该系统将温室内环境波动幅度控制在±1℃和±5%相对湿度范围内，远优于传统大棚的±5℃和±15%水平，为葡萄全年稳定生长创造了理想条件。得益于精准的环境调控，浦江葡萄基地实现了葡萄周年生产，较传统种植模式产季延长了3个月，每亩年产量提升了40%，达到7500千克。

水肥智能管理系统解决了农业生产中的资源利用效率问题。传统农业灌溉和施肥存在“大水漫灌”和“粗放施肥”现象，导致资源浪费和环境污染。浦江葡萄基地构建的水肥智能管理系统基于物联网和人工智能技术，实现了水、肥资源的精准投入与高效利用。系统部署了土壤墒情传感器、茎流计和叶绿素测定仪等精密设备，实时监测土壤水分、养分含量和作物生理状态。创新的“根域环境监测”技术在植株根部不同深度设置探测器，构建三维根域环境模型，精确掌握水分和养分在土壤中的分布动态。系统核心是基于机器学习的“作物需水需肥模型”，能够根据葡萄不同生长阶段的生理需求、土壤状况和气象条件，自动生成最优灌溉施肥方案。特别是“微滴灌技术”结合“变频精准供给系统”，实现了水肥的按需、按量、按位精准投放，灌溉均匀度达95%以上。系统还开发了“智能配方生成器”，能根据土壤检测和植株分析结果，自动计算最佳肥料配方和施用时机，实现养分平衡供应。通过水肥智能管理系统的应用，浦江葡萄基地的灌溉用水量较传统方式减少了45%，化肥使用量降低了38%，水肥利用效率提高了65%，每亩节约种植成本约1200元，同时显著降低了面源污染风险（见图9-3）。

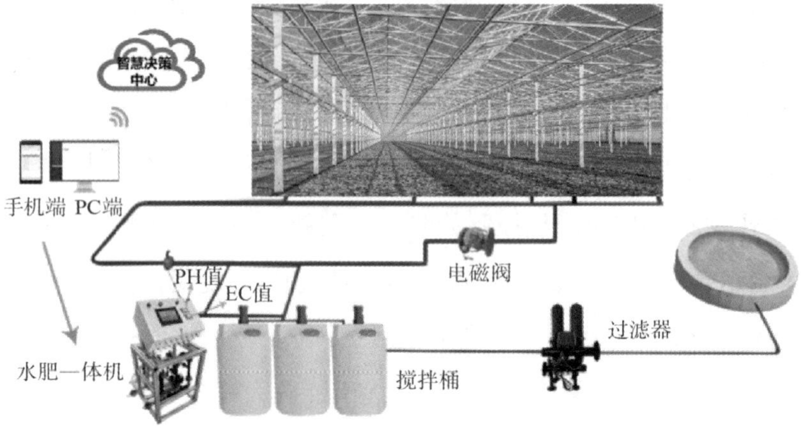

图9-3　水肥一体化系统

农事智能管控系统是浦江葡萄基地的精细化管理平台。传统农业生产中的修剪、疏果、病虫害防治等关键农事活动多依赖经验判断，缺乏科学依据和精准指导。浦江葡萄基地开发的农事智能管控系统通过数字技术全面革新农事管理流程，提升管理精度和效率。系统核心是基于人工智能的“精准农事决策引擎”，集成了生长模型、病虫害预警模型和产量质量预测模型，为各项农事活动提供数据支持。在修剪环节，系统通过高清图像分析技术识别葡萄藤生长状态和结果枝分布，自动生成最优修剪方案，包括修剪位置、强度和时机的精确建议。在疏果环节，系统分析果穗大小、密度和分布，结合植株营养状况，精确计算最佳果穗保留数量，确保葡萄品质与产量的平衡。特别创新的是“病虫害早期预警系统”，该系统结合微气象监测、害虫诱捕器和叶片图像分析，能够提前7～10天预测病虫害发生风险，准确率达85%以上。系统生成的防治建议不仅包括时间和药剂选择，还精确到施药量和关键防治部位，实现了“靶向防治”。基地还配备了AI导航的自动喷雾机器人，能根据系统指令执行精准施药任务，减少药剂飘移和浪费。通过农事智能管控系统的应用，浦江葡萄基地的农药使用量减少了42%，病虫害损失率从传统种植的15%降至4%，人工成本降低了30%，每亩节约农事支出约1800元。

浦江葡萄AI智慧农业示范基地的实践价值在多个维度得到了验证。在生产效率方面，通过智慧农业技术的全面应用，浦江葡萄基地的劳动生产率较传统种植提高了300%，每亩用工量从传统的60～70人降至20人左右。特别是在劳动力成本持续上涨的背景下，智能化设备和系统的应用大幅降低了对人工的依赖，解决了“谁来种地”的现实问题。基地还创新性地开发了“远程农业管理系统”，技术人员通过手机App就能完成对基地环境、设备和作物的监控和管理，实现了“一人多岗”的高效运营模式。这些变革使浦江葡萄基地在劳动力短缺的趋势下仍保持高效生产，为农业现代化提供了可行路径。

本章小结

智慧农业正以全链条重构能力深刻改变粮食生产方式与资源利用模式，推动农业范式从“经验农业”迈向“数据农业”再到“智能农业”的历史性跃升。在生产方式层面，AI技术将农业决策从“人工经验”转向“数据驱动”，实现从离散观察到全域感知，从粗放管理到精准干预，显著提升生产效率与可持续性。在生产关系层面，AI重构了“人—地—物—环”互动机制，打破了传统农业中生产要素配置的限制，形成数据驱动、资源集约的网络化组织形态。

智慧农业的意义超越种植养殖本身，农业作为人类生存的基础产业，其智能化水平直接关系到粮食安全、资源可持续利用和乡村振兴战略。通过农业全程数字化管理与医疗精细化服务的双向赋能，AI正在构建更安全高效的“食物—健康”体系，展现新智生产力跨领域整合创新的巨大潜能。

第 10 章 智慧司法：AI 赋能法律服务智能化

法律领域作为知识密集型、专业门槛高的传统行业，正经历着AI驱动的深刻变革。智慧司法不仅是技术的简单应用，更代表着法律服务生产方式与交付模式的根本重构，展现了新智生产力在专业领域释放的巨大潜能。各种AI的创新尝试不仅提升了法律服务的效率与质量，更实现了法律正义的可及性与普惠性，展现了AI的深刻变革力量。

10.1 智能诉讼：杭州法院“小智 3.0”的司法创新

在中国智慧司法建设的浪潮中，杭州上城区人民法院基金小镇法庭部署的“小智3.0”智能审判系统，正以其突破性的技术创新与审判范式变革，引领司法领域的数智化变革。自2021年9月投入应用以来，“小智3.0”系统已累计处理金融纠纷案件超3000件，服务当事人逾5000人次，在提升司法效率、优化资源配置与促进司法公正方面成效显著，成为AI赋能司法领域的标志性成果。

“小智3.0”系统的技术架构建立在三重逻辑推理引擎之上，通过融合“数据驱动+规则注入+强化学习”的混合方法，构建了从证据分析到法律适用再到裁判生成的完整智能链路。其核心架构由审判逻辑图谱构建、半监督学习框架和动态知识蒸馏三大模块组成。在审判逻辑图谱构建方面，系统基于1.2

亿份历史法律文书，利用GNN图神经网络提取法官审判思维路径，形成了包含证据链分析、法律条款引用、裁判尺度把握等128个维度的审判逻辑模型。这一模型不仅能够模拟资深法官的思维过程，更通过对海量案例的学习，形成了标准化、系统化的审判推理框架，为案件裁判提供逻辑支撑。

在半监督学习框架方面，“小智3.0”系统采用改进的BERT-wwm预训练模型，将人工标注数据量降低至传统方法的17%，大幅减轻了数据准备工作量。系统通过对抗生成网络（GAN）扩充训练数据，在93万份金融借款纠纷案例集上实现了91.2%的争议焦点识别准确率。这种高效的机器学习方法使系统能够快速从文本材料中提取关键信息，准确识别案件核心争议点，为异步审理提供技术基础。

动态知识蒸馏模块则是系统的法律专业知识保障。“小智3.0”建立了包含《民法典》等436部法律法规的知识图谱，通过注意力机制实现条款与案情的动态匹配。这一技术在类案推送任务中表现突出，Top-3匹配准确率达94.7%，确保了系统推理结果的法律适用准确性。通过知识蒸馏技术，系统将法律专家知识融入大模型参数空间，使AI辅助决策既保持了技术先进性，又符合法律专业规范（见图10-1）[1]。

图10-1　“小智3.0”主持庭审的“十案联审”现场

〔1〕 参见洪恒飞、张雨藏：《AI助理上岗 辅助法官30分钟完成十案联审》，载《科技日报》2021年10月8日，A1版.

“小智3.0”系统最具革命性的创新在于其“时空解耦”的异步审理模式。传统诉讼模式要求当事人与法官在特定时间、特定地点同步参与庭审，受时间和空间双重约束，既增加了当事人诉讼成本，也导致了司法资源利用效率低下。异步审理模式通过技术手段打破这一限制，实现“随时立案、随时审理、随时判决”的灵活审判机制，使司法服务“不打烊”。

异步审理技术的核心是智能会话管理系统。基于DialoGPT改进的多轮对话引擎，支持72小时内的离散化庭审交互，通过状态跟踪模型保持对话连贯性。这意味着当事人可以在3天内的任意时间点参与审理活动，系统会自动记录和整合各时间点的交互内容，确保审理过程的完整性和逻辑性。这种时间上的灵活性极大地提升了当事人参与诉讼的便利度，尤其对于工作繁忙的企业法务或远程诉讼参与者具有显著价值。

证据链自验证系统是异步审理的另一技术支柱。系统利用计算机视觉技术解析电子证据，如银行流水、合同扫描件等，结合OCR与NLP技术实现关键信息自动提取。测试显示，系统可在3分钟内完成对200页证据材料的结构化处理，形成证据要点摘要和证据间逻辑关系图谱。这种自动化的证据处理能力极大地提升了证据审查效率，减轻了法官工作负担，同时保证了证据认定的客观性和准确性。

为确保异步审理的安全性，“小智3.0”还内置了风险预警系统。系统设计了423个风险监测指标，实时分析当事人陈述，当检测到虚假诉讼嫌疑时自动触发二级审核流程。这一机制在试点期间成功识别了37起异常案件，有效防范了虚假诉讼风险，保障了司法公正。风险预警系统的设计理念体现了AI司法应用的“人机协同”原则——在发现风险信号后，系统不会自行决策，而是将案件标记为“需人工复核”，由法官进行专业判断，实现技术赋能与司法专业性的平衡。

文书生成系统是“小智3.0”的另一创新亮点。系统采用“模板引导+语义填充”的双通道生成策略，包含27类金融纠纷文书模板，通过条件随机场

（CRF）实现条款自动装配。基于GPT-3架构微调的法律文本生成模型，在保持格式规范的前提下实现案情描述的自然语言生成。智能校验模块通过法律逻辑约束解码技术，确保文书内容与《民事诉讼法》等程序法高度契合，将格式错误率控制在0.3%以内。

实测数据显示，文书生成时间从平均3小时缩短至18分钟，法官修改工作量减少78%。这种高效的文书生成能力不仅提升了法官工作效率，更保证了裁判文书的规范性和专业性，使法官能够将精力集中在案件实体判断上，而非烦琐的文书撰写工作上。与此同时，系统生成的标准化文书也提升了裁判结果的可解释性和可接受度，使当事人能够通过清晰的文书理解裁判理由，增强了司法公信力。

“小智3.0”系统在司法实践中取得了显著成效。2025年最新运营数据显示，在效率提升维度，法官日均结案量从2.3件提升至8.5件，增幅达270%；单个审判庭每日可处理案件批次从3批增至9批，法庭使用效率提升200%；平均案件审理周期从45天压缩至12天，其中异步审理案件平均耗时仅7天。这些数据充分证明了AI技术对司法效率的显著提升作用，使有限的司法资源能够服务更多当事人，缓解了“案多人少”造成的司法压力。

“小智3.0”系统的创新实践体现了AI在司法领域的深远影响。从生产力角度看，系统重塑了司法审判的生产方式——从传统的“同步、线性、人工密集”模式转向“异步、并行、智能辅助”模式，实现了司法资源配置效率的质的飞跃。这种生产方式变革不仅提升了司法效率，更优化了司法资源配置，使有限的司法资源能够服务更多社会需求，体现了新智生产力的本质特征：通过技术创新实现资源利用方式的根本变革。

10.2　类案检索：最高法“法信”平台的法律智慧大脑

作为国家级法律知识服务与案例大数据融合平台，最高人民法院“法信”

平台通过知识图谱与人工智能技术的深度整合，构建了覆盖法律检索、类案推送、智能问答等全场景的司法智能服务体系，为法官办案提供了强大的知识支持。自2016年正式上线以来，"法信"平台已在全国32个省级行政区3500余家法院部署应用，服务超过15万法官用户，月均处理法律检索请求超600万次，成为我国智慧法院建设的核心基础设施，也是AI驱动法律知识服务的典范案例。〔1〕

"法信"平台的技术架构建立在"法律知识图谱+深度学习"的双轮驱动基础上，构建了包含17万法律分类条目、32万知识关联节点的"法信大纲"体系。这一架构由数据整合层、智能处理层和服务输出层三大层级组成，形成了从原始法律数据到智能知识服务的完整链路。数据整合层汇聚了裁判文书网1.2亿份文书、436部法律法规及25万条标准问答对，构建总量达1.2亿篇、980亿字的全量法律资源库，每两小时更新最新立法与司法文件，确保了知识库的全面性和时效性。这种大规模的法律知识汇聚，为AI模型提供了丰富的训练素材，也为知识图谱构建奠定了坚实的数据基础。

智能处理层是"法信"平台的核心技术引擎。平台集成国双科技研发的LD（裁判剖析）与SP（同案智推）双引擎，其中LD引擎支持100余个审判维度自由组合分析，SP引擎通过自然语言处理实现400毫秒级类案匹配。这两大引擎通过深度学习算法对海量法律文本进行结构化处理，实现了从非结构化文本到结构化知识的转化。与传统关键词匹配不同，"法信"平台采用语义理解技术，能够识别法律概念间的内在联系，即使表述不同但法律含义相近的内容也能准确关联，极大地提升了检索的精准度和召回率。

服务输出层采用微服务架构，提供类案推送、法条超链、检索报告生成等七大核心功能，支持与法院电子卷宗系统深度对接。这种模块化的设计使

〔1〕 最高人民法院"法信"平台官方介绍及上海市律师协会说明，该平台已在全国3500余家法院部署，服务15万名法官，月均处理600万次法律检索请求。参见《法信2.0智推系统》，载法信网，https://www.faxin.cn/html/about/fxzt/Fxzt.aspx，最后访问日期：2025年7月25日。

“法信”平台能够灵活适应不同法院的业务需求，实现与现有司法系统的无缝衔接。同时，平台还提供开放API接口，支持第三方应用开发，形成了开放、共享的法律知识服务生态。这种服务化、开放化的架构设计，使“法信”平台不仅是一个检索工具，更是一个连接法律知识与法律实践的智能纽带。

“法信”平台的核心技术优势在于其庞大而精细的法律知识图谱。该知识图谱包含实体维度、关系维度和时空维度三大维度，形成了多维度、立体化的法律知识网络。在实体维度，平台标注了1.2亿个法律实体，涵盖当事人、证据类型、法律条款等128类要素。这些实体是知识图谱的基础节点，通过自然语言处理技术从海量法律文本中提取。系统采用命名实体识别（NER）技术，结合法律领域特定的词汇库和语法规则，识别法律文本中的关键实体。为提高实体识别准确率，系统还引入了深度学习模型，通过对大量人工标注样本的学习，优化了实体识别算法，在法律案件实体识别中达到了93.6%的准确率。

为确保推送结果的权威性和适用性，系统还采用了分级过滤策略，按“指导案例→典型参考案例→本院类案”的三级优先级排序。这种排序机制确保了推送结果既符合最高人民法院的裁判标准，又贴合本地司法实践，平衡了法律统一适用与地方司法特点。同时，系统还设置了偏差预警功能，自动标注类案与本案在赔偿金额、证据采纳等关键要素的差异度，帮助法官准确把握案件的相似点和差异点，避免机械适用类案结论。

类案推送的最后一环是报告生成，系统能够一键生成包含案情比对、法律观点、裁判规则的结构化检索报告。这一功能将零散的类案信息整合为系统化的知识产品，方便法官高效吸收和应用类案智慧。检索报告采用多级标签结构，清晰展示案件要素、法律适用和裁判依据，既提供了直观的案例参考，又保留了法官的自主判断空间。

除类案推送外，“法信”平台还构建了多元化的法律知识服务矩阵。智能问答系统支持自然语言与专业术语混合查询，25万条标准问答对覆盖1414个案由罪名，答案引用权威来源并标注法律效力等级。这一系统通过深度学习模型理解法官提问意图，并从知识库中精准匹配最相关的答案，为法官提供即时的专业指导。与传统FAQ不同，“法信”平台的智能问答能够处理非结构化查询，理解法律语境中的模糊表达和专业术语，回答准确率达到87.3%，远超传统检索系统（见图10–2）。

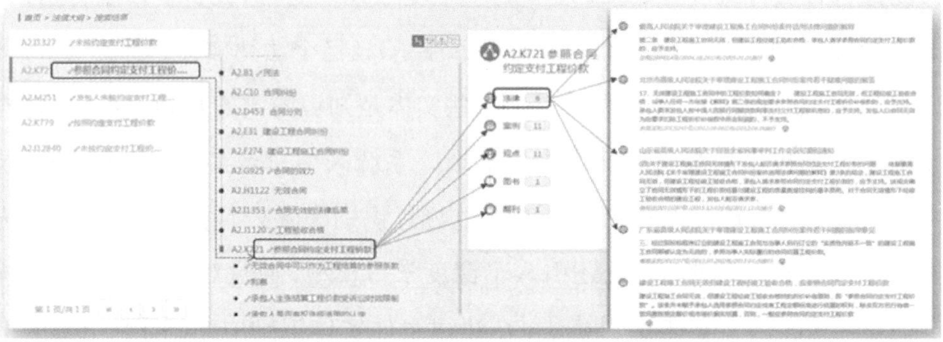

图10–2 “一站式”法律专业知识解决方案的功能

从单个法官的工作体验来看，“法信”平台彻底改变了传统的办案模式。上海某中级人民法院调研显示，法官用于事务性工作的时间占比从65%降至28%，为深入思考和研判复杂案件释放了大量时间和精力。一位使用该系统的资深法官表示：“过去我们要翻阅大量卷宗和法规才能找到类似案例，现在‘法信’一键推送，不仅找得快，而且找得准，让我们能够将更多精力投入案件的实质性判断中。”这种工作方式的转变，使法官从“资料查找者”转变为“价值判断者”，更好地发挥了司法专业价值。

“法信”平台的影响范围已经超越了法院系统，逐步向社会公众延伸。互联网端注册用户突破100万，为民众提供免费法律咨询320万次，成为公众获取权威法律知识的重要渠道。同时，平台开放的API接口已支持127项实证研究，产出SCI/SSCI论文43篇，推动了法学研究范式从经验归纳向数据驱动的转变。这种开放共享的理念，使“法信”平台不仅是司法系统的内部工具，更成为连接司法机关、法学研究和社会公众的知识桥梁，促进了法律知识的社会化流通和应用。

“法信”平台的创新实践体现了AI在法律知识服务领域的深远影响。从生产力角度看，该平台重塑了法律知识的生产方式——从传统的“信息检索”转向“知识服务”，从“人工经验积累”转向“数据智能提炼”，实现了法律知识组织和应用方式的质的飞跃。这种生产方式变革不仅提升了知识获取效率，更优化了知识结构，使分散、碎片化的法律信息转化为系统化、结构化的知识资产，体现了新智生产力的本质特征：通过技术创新实现知识生产方式的根本变革。

10.3　法律推理引擎：ChatLaw 的 AI 法律新架构

在人工智能驱动的法律服务变革浪潮中，北京大学法宝团队研发的ChatLaw系统代表了专业领域大模型的前沿探索，通过深度融合法律专业知识与前沿AI技术，构建起一套覆盖法律咨询、文书生成、类案推送等全场景的智能服务体系。该系统自2023年7月发布以来，已在32个省级行政区形成规模化应用，累计处理法律咨询请求超2500万次，在基层法院试点中将调解成功率提升至82%，成为法律科技领域的标杆性创新。ChatLaw的成功实践不仅体现了专业领域大模型的技术突破，更展示了AI在法律服务领域的变革潜力，为构建更加高效、普惠、专业的法律服务新模式提供了可复制的样本。

ChatLaw系统的核心技术优势在于其独特的混合模型架构体系。系统采用“双核驱动+知识增强”的三层架构设计，形成了从基础理解到专业推理的完整能力链路。在基础模型层，系统基于Ziya-LLaMA-13B与Anima-33B构建了双模型体系，两个模型各司其职、优势互补[1]：Ziya-LLaMA-13B专注中

〔1〕 参见《ChatLaw：基于LLaMA微调的法律大模型》，载CSDN Blog网，https://blog.csdn.net/dzysunshine/article/details/ 135934772，最后访问日期：2025年7月25日。

文语义理解，在《民法典》条款解析任务中F1值达91.4%，能够准确理解复杂的法律表述和案情描述；Anima-33B则强化逻辑推理能力，在司法考试选择题测试中正确率较GPT-4提升12%，展现出卓越的法律逻辑分析能力。这种双模型协作的设计解决了单一大模型难以同时兼顾语义理解和专业推理的局限，为系统的整体性能提供了坚实基础（见图10-3）。

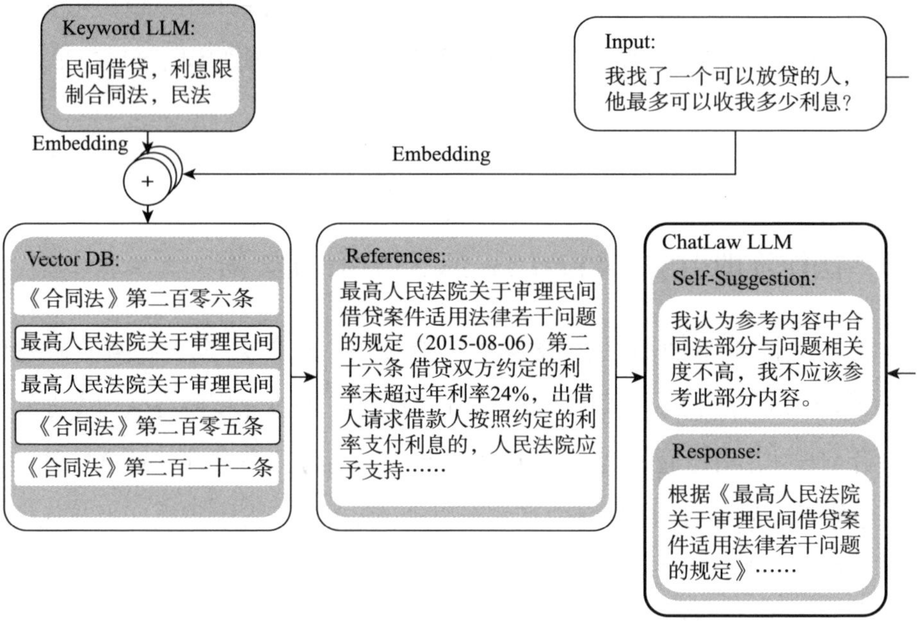

图10-3　ChatLaw 架构

知识增强层是ChatLaw系统的核心竞争力所在。系统集成了93万份判决文书训练的Text2Vec模型，通过改进的Sentence-BERT算法实现法条匹配准确率94.7%，较传统Elasticsearch方案提升37%。这一层的关键创新在于实现了“检索增强生成”（RAG）技术的深度优化，系统不是简单地进行知识检索，而是构建了一套复杂的知识融合与推理机制，使ChatLaw在处理专业法律问题时既保持了大模型的灵活性，又具备了传统法律检索系统的准确性和可溯源性。

交互调度层是ChatLaw面向实际应用场景的智能接口。系统自主研发的调度模型支持多模态输入处理，可同时解析文本、图像、音频等6种格式证据材料，在劳动争议案件中实现要素提取完整度98.3%。这一层的设计理念是“场景驱动、智能调度”，针对不同类型的法律问题，系统会自动选择最合适的处理流程，这种灵活的调度机制使ChatLaw能够高效应对从简单到复杂的各类法律场景，实现技术与应用的深度融合。

ChatLaw系统的另一关键优势在于其庞大而精细的训练数据体系。系统构建了2.3亿法律文本单元的基础语料库，涵盖裁判文书、法律法规、学术论文等18类数据源，并实现每日增量更新超3万条。与通用大模型不同，ChatLaw的训练数据不仅注重规模，更强调质量和结构化程度。系统采用多级过滤与标注流程，对语料进行去重、纠错和质量评级，确保训练数据的专业性和权威性。同时，通过对抗生成网络（GAN）技术扩充200万条法律咨询对话，结合人工标注构建包含128个案由的司法考试题库，为模型提供了丰富的专业训练素材。

特别值得一提的是ChatLaw的知识图谱构建。系统建立了包含430万实体节点的法律关系网络，涵盖动态关联法条、案例、学说观点等要素，支持三跳推理检索。这一知识图谱不是静态的数据库，而是具有动态更新和推理能力的知识体系。通过联邦学习技术聚合全国法院数据，系统每月更新模型参数，确保对新型案件的处理能力。这种持续学习机制使ChatLaw具备了“活的法律知识”，能够紧跟法律实践的最新发展，避免了知识老化问题。

文书智能生成体系是ChatLaw的另一核心功能。系统采用“模板引导+生成增强”双通道策略：结构化模板库覆盖民事、刑事、商事等23类文书模板，支持186个要素自动填充；生成式增强基于GPT−3架构微调的法律文本模型，在劳动仲裁申请书生成任务中，条款完备性达到执业律师水平的96%；智能校验通过法律逻辑约束解码技术，将格式错误率控制在0.3%以下，引用条文准确率达98.7%。这种“结构化+生成式”的混合文书生成方法，既保证了法律文书的规范性和专业性，又赋予了文本足够的灵活性和自然度，解决了传统模板系统生硬和纯生成模型不规范的双重难题。

ChatLaw在司法实践中取得了显著成效。效率提升方面，北京某基层法院试点显示，金融借款纠纷批量处理效率提升18倍，日均结案量从4.2件增至16.6件；上海某中院应用后，裁判文书撰写时间从平均5.2小时缩短至1.1小时，法官事务性工作时长占比从67%降至29%；杭州互联网法院数据显示，使用系统后在线调解成功率提升至82%，单案调解时间压缩至40分钟。这些数据充分证明了ChatLaw对司法效率的显著提升作用。

质量保障方面，系统构建了三重校验体系：类案一致性校验自动比对最高人民法院指导案例裁判要点，差异度超过15%触发人工复核；逻辑自洽检测利用可解释AI技术生成决策路径图，标注32个关键推理节点；动态预警当赔偿金额预测值偏离历史均值 $\pm 2\sigma$ 时，自动推送3个相似度最高的参照案例。这一多层次的质量保障机制，确保了系统输出结果的准确性和可靠性，为AI辅助司法决策提供了安全保障。

ChatLaw的创新实践体现了AI在法律服务领域的深远影响。从生产力角度看，系统重塑了法律知识生产和服务交付的全流程：在知识生产环节，AI技术实现了从海量数据到结构化知识的高效转化，打破了法律知识获取的时间和空间限制；在服务交付环节，智能咨询和文书生成大幅提升了法律服务的效率和可及性，使有限的法律服务资源能够惠及更广泛的人群。这种生产方式的变革，使法律服务从传统的“人力密集、经验导向、线性处理”模式转向“技术赋能、数据驱动、并行协作”的新范式，体现了新智生产力的本质特征：通过技术创新实现生产力质的飞跃。

10.4 智能顾问：通义法睿的专业智能服务体系

法律服务领域正经历着由AI驱动的深刻变革，阿里云通义法睿作为国内领先的法律智能体系统，正以“技术赋能、服务普惠”为核心理念，重构传统法律服务的生产方式与交付模式。作为阿里云通义系列八大行业模型中的法律专精产品，通义法睿通过融合多模态大模型技术与法律专业知识体系，构建了覆盖法律咨询、文书生成、知识检索等全场景的智能服务生态。自2023年11月正式发布以来，通义法睿已服务超过50万名法律工作者，累计生成法律文书120万份，在基层法院试点中将案件处理效率提升40%以上，成为AI赋能法律服务领域的典型代表。

通义法睿的技术架构建立在三大核心支柱之上：一是超大规模法律知识图谱，二是多模态法律文本理解引擎，三是法律推理与决策模型。

系统内置的法律知识图谱包含430万实体节点和2100万关系边，动态更新频率达到每日3.2万次，涵盖法律法规、司法案例、学术论文等18类法律数据源。知识图谱构建采用混合式抽取方法，结合规则模板匹配和深度学习模型，在《民法典》等核心法规的条款关联准确率达到99.1%。通过知识蒸馏技术，系统将图谱信息注入大模型参数空间，使法律条文引用准确率从初始的78%提升至93%，有效地解决了通用AI在法律专业领域的“幻觉”问题。

多模态文本理解引擎是通义法睿的第二大技术支柱。系统集成OCR（光学字符识别）和NLP（自然语言处理）双引擎，支持PDF、Word、图片等多格式法律文本解析。测试数据显示，其合同审查模块可在3分钟内完成对200页文档的结构化处理，关键条款识别准确率98.4%，风险点标注完整度95.2%。通过法律实体识别技术，系统自动构建案件要素图谱，在劳动争议案件中实现当事人关系、争议焦点等12类要素的自动标注。这种多模态处理能力对于法律文书这类高度结构化且格式多样的文本尤为关键，显著提升了法律工作的数字化处理效率。

第三大技术支柱是法律推理与决策模型。通义法睿通过引入法律逻辑推理模块（Legal Reasoning Module），构建了从证据分析到法律适用再到结论生成的完整推理链路。在民事纠纷场景中，系统的三段论推理准确率达到92.7%，较基础大模型提升31个百分点。通过法律逻辑约束的生成控制技术，系统将法律条文符合率提升至97.8%，确保生成内容的专业性与合规性。这一推理模型使通义法睿不仅能提供知识查询服务，更能模拟法律专业人士的思维过程，完成深度法律分析任务。

基于上述技术架构，通义法睿构建了四大核心功能模块，形成完整的法律服务体系。

首先是智能法律对话系统，采用对话状态跟踪与法律知识检索的联合训练框架，在复杂咨询场景中的多轮对话准确率高达89.7%。其对话引擎包含法律咨询、类案推送、案情分析、司法推理四种模式，通过不同技术路径满足各类法律对话需求。杭州某律所使用数据显示，该系统将单次咨询时间从45分钟压缩至8分钟，客户满意度提升至94%。这种高效精准的法律对话能力使通义法睿成为专业律师的智能助手和普通公众的法律顾问，大幅降低了优质法律服务的获取门槛。

第二大功能模块是自动化文书生成体系。基于模板引导的文本生成技术，系统支持23类法律文书的智能生成，包括民事诉状、合同文本、法律意见书等。在借贷纠纷诉状生成任务中，通过序列到序列模型与法律条款检索的协同机制，文书要素完整度达到96.8%，格式规范率达到99.3%。测试表明，系统生成劳动仲裁申请书的专业度评分达到执业3年律师水平的91%。某基层法院应用后，简易程序案件文书制作时间从3小时缩短至18分钟，显著提升了司法效率。文书自动化生成不仅减轻了法律从业者的文本工作负担，更使大量标准化法律服务“触手可及”（见图10-4）。

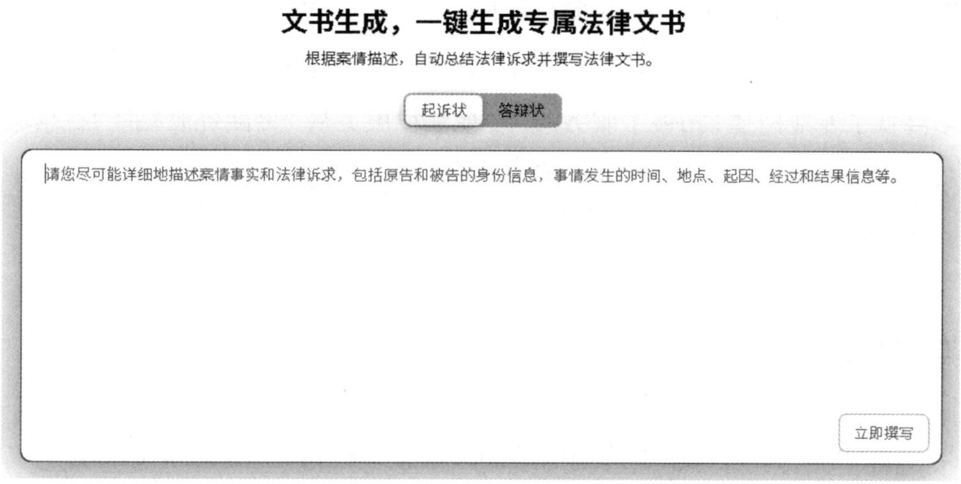

图10-4　通义法睿自动化文书生成界面

智能证据分析系统是通义法睿的第三大功能模块。系统集成计算机视觉与自然语言处理技术，可自动解析监控视频、财务凭证等非结构化数据。在商标侵权案件中，其图像比对模块通过深度学习模型实现商品外观相似度计算，准确率98.7%；在金融犯罪侦查中，资金流水分析模块通过时间序列模型检测异常交易模式，异常发现概率较传统方法提升42%。这种多模态证据分析能力极大地提升了复杂案件的证据处理效率，助力法官和律师在海量证据中迅速找到关键信息。

通义法睿的第四大功能模块是法律风险预警系统。系统通过持续监测法律法规更新、案例动态和企业行为模式，实现对风险的前瞻性识别。在企业合规领域，系统可分析合同文本、邮件往来等数据，识别潜在合规风险点，准确率达91.5%。某制造企业应用该系统后，合规风险事件年减少58%，避免了数千万元的潜在损失。这种主动预警能力将法律服务从事后救济转向事前预防，体现了AI在商业价值保障中的深度应用。

通义法睿在法律服务领域的创新实践表明，AI不仅提升了传统服务的效率和质量，更创造了新的服务模式和价值空间。从生产力角度看，通义法睿重构了法律知识生产和服务交付的全流程：在知识生产环节，AI技术将分散的法律专业知识系统化、结构化，实现知识的高效组织与更新；在服务交付环节，AI降低了专业门槛，拓展了服务边界，使法律服务从“稀缺资源”向“普惠服务”转变。这种生产方式的革新使法律服务的可及性、专业性和便捷性同步提升，体现了AI的变革性力量。

本章小结

从“小智3.0”异步审理到“法信”平台知识图谱，从ChatLaw专业推理到通义法睿服务体系，AI已将法律服务从单点工具升级为全域赋能伙伴。这场变革核心在于生产方式从“人工经验主导”转向“人机协作智能”，交付模式从“稀缺专业资源”转向“普惠服务”。

智慧司法完美诠释了新智生产力特征：首先，通过知识图谱和大模型实现法律知识的结构化与系统化，打破传统经验壁垒；其次，将法律服务流程从线性封闭转变为并行开放的网络协作，显著提升效率；再次，降低专业门槛与成本，使优质法律服务走向普通大众；最后，创造异步审理、智能预警等创新应用，培育全新服务形态。

第 11 章 金融智投：智能理财时代的到来

金融业作为现代经济的核心枢纽，正经历着人工智能驱动的深刻变革。从传统的人工判断走向算法决策，从经验主导转向数据驱动，AI技术正重构金融服务的生产方式、交付模式与价值边界，培育出新智生产力的金融新形态，为构建更高效、更普惠、更智能的金融新生态开辟了可行路径。

11.1 金融大脑：平安 GammaLab 的万亿参数智能

在全球金融科技竞争日趋白热化的背景下，中国平安集团于2023年年末推出了亚洲首个万亿参数金融大模型——GammaLab金融大脑，标志着金融服务正式进入认知智能时代。这一突破性成果不仅代表着中国在金融科技领域的创新能力迈上新台阶，更开创了“AI即服务”的金融新生态，推动金融服务从产品导向向认知智能跃迁。GammaLab金融大脑以其前沿的技术架构、庞大的参数规模和深厚的金融智慧，正重塑金融服务的边界，为行业智能化转型提供了全新范式。[1]

GammaLab金融大脑的核心竞争力源于其独特的技术架构——“三层融

〔1〕 平安集团2023年年报及技术发布中披露，GammaLab是其核心AI技术平台，拥有超过1.2万亿参数，整合海量金融数据与知识图谱，推动智能客服、智能投顾、智能风控等应用落地，提升效率与客户体验。

合、四维协同”的混合智能体系。在底层架构上，平安基于深度强化学习框架构建了包含基础层、专业层和应用层的三层模型体系。基础层是一个拥有1.2万亿参数的通用大模型，通过超过15万亿token的海量文本训练，赋予系统强大的自然语言理解与推理能力；专业层是一组面向金融领域的垂直大模型群，包括投资分析、风险评估、客户服务等10个专业模型，每个模型均经过数千万份金融专业文档和上亿条业务数据的精细调优；应用层则是基于场景定制的智能应用体系，涵盖智能投顾、个性化营销、智能风控等50多个典型金融场景。这种层级化架构设计使金融大脑既保持了通用智能的广度，又具备了专业领域的深度，形成了“通用理解+专业推理+场景应用”的能力闭环。

在关键技术上，GammaLab金融大脑实现了四大突破，奠定了其在金融AI领域的领先地位。首先是超大规模知识融合技术，系统整合了超过100万份金融法规文件、3000万篇研究报告、5亿条市场交易记录和30年的历史金融数据，构建了全球最大的金融知识图谱，涵盖8000万金融实体与10亿关系边，使模型具备了极强的金融专业知识理解能力。其次是金融多模态感知技术，通过整合文本、图像、语音、结构化数据等多源信息，实现了对金融报表、交易行为、市场情绪等多维度的综合感知与理解。再次是金融因果推理技术，基于广义时序因果图和贝叶斯网络，系统能够从混沌的金融数据中识别出关键因果关系，支持风险传导分析与投资策略优化。最后是动态风险防控技术，通过实时市场监测与异常检测算法，构建了覆盖事前预警、事中干预、事后追溯的全周期风险管理闭环。

在客户服务领域，GammaLab开发的加马智能语音解决方案汇聚了平安集团30年的金融业务积累和呼叫中心智能化升级经验，创新地将“产品”与“业务”相结合，主推智能客服、智能催收、智能营销三大解决方案，赋能远程银行智能化升级。系统支持七种语言，覆盖超过2000种金融业务场景，准确率达到97%。与传统客服系统不同，“智能客服大脑”具备“情感识别”能力，能够感知客户情绪并相应调整交流策略，创造更为人性化的服务体验。系统还配备了“预测性服务”功能，能够基于客户历史行为和当前交互预测可能的需求，主动提供相关服务信息。在平安集团的实际应用中，该系统已处理超过80%的客户查询，将响应时间缩短至5秒内，客户满意度提升了23%，同时将服务成本降低了约40%（见图11-1）。

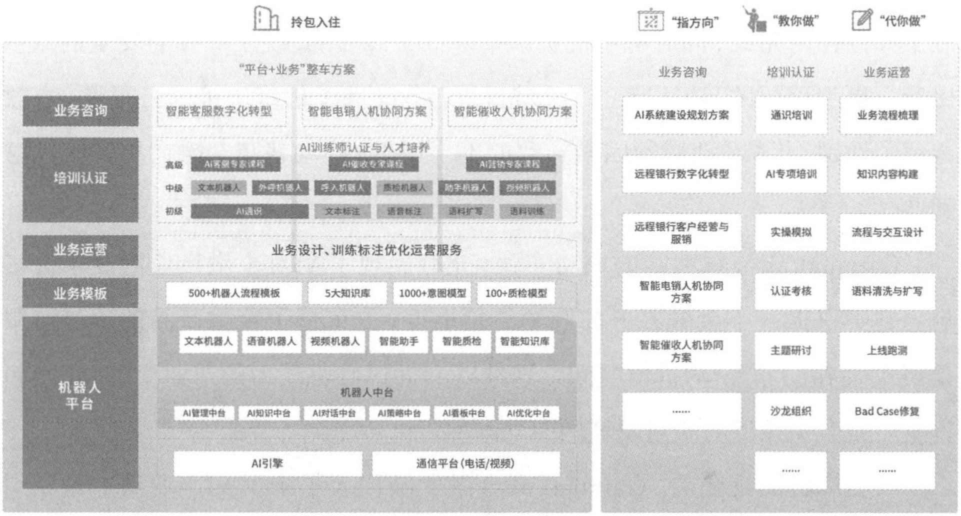

图11-1　加马智能语音解决方案

在财富管理领域，GammaLab开发的“千人千面”智能投顾系统打破了传统投顾服务的局限。系统通过深度学习算法分析客户的财务状况、风险偏好、投资历史和生命周期需求，建构精准的客户画像，提供个性化的资产配置建议。与传统投顾相比，这种AI驱动的服务模式具有三大优势：一是精准度更高，系统能够综合考量超过1000个客户特征变量，远超人类顾问的认知范围；二是响应更快，系统能在市场波动时实时调整投资组合，而非传统季度或年度调整；三是成本更低，AI投顾的服务成本仅为传统投顾的约10%，大幅拓展了普惠金融的边界。数据显示，使用该系统的客户资产年化收益率平均高出市场基准2.7个百分点，客户满意度达到94%。

在信贷风控领域，GammaLab金融大脑构建了“全维度智能风控体系”，彻底革新了传统的信贷评估模式。系统整合了结构化数据（如信用历史、收入状况）与非结构化数据（如社交媒体行为、消费模式），通过多模态深度学习技术，构建了360度的借款人风险画像。尤其引人注目的是其“动态风险演化模型”，能够实时追踪借款人的财务健康度变化，提前识别潜在违约风险。在某省级农村信用社的试点应用中，该系统将贷款审批时间从原来的平均7天缩短至30分钟内完成，同时将不良贷款率降低了32%，实现了效率与安全的双重提升。更为重要的是，系统的“反歧视算法”确保了信贷决策的公平性，有效避免了性别、年龄、地域等因素导致的不当偏见，推动普惠金融向更广泛人群延伸。

GammaLab金融大脑的成功实践，充分展现了AI对金融产业的变革性影响。它不仅提升了金融服务的效率与精准度，更重塑了金融产品的形态与服务模式，创造了全新的价值空间。这种以AI为核心驱动力的产业变革，正是新智生产力引领经济高质量发展的生动写照。

从更广泛的视角看，GammaLab金融大脑代表了中国AI产业从追赶到引领的战略跃迁。通过深厚的场景积累、持续的技术创新与前瞻的战略布局，中国金融科技企业正在全球AI竞争中占据有利位置，为数字经济发展注入新动能。特别是在金融这一传统强势领域，中国AI技术的创新应用，既服务于本土市场需求，也为全球金融科技发展提供了“中国方案”。

11.2 智能风控：微众银行的全流程风控体系

金融行业的本质是风险管理，而风控能力是金融机构的核心竞争力。传统风控体系受限于人工操作、线性模型和静态规则，面对海量用户与复杂多变的市场环境，难以实现精准决策和快速响应。2017年，作为国内首家互联网银行，微众银行推出了基于人工智能的智能风控系统，构建了从风险识别、风险量化到风险管理的全流程智能化风控体系，成为金融科技领域的标杆案例。

微众银行智能风控系统以AI技术为核心引擎，通过多维度、多层次的数据链接与分析，彻底重构了传统风控架构。该系统基于“云原生+分布式+微服务”架构设计，采用云计算、大数据和人工智能三大技术支柱，实现了风控决策的智能化和自动化。在架构设计上，系统形成了由数据层、算法层、应用层和决策层构成的四层立体结构，各层级协同运作，共同构成一个自学习、自适应的风控生态系统。

在数据层面，微众银行打破了传统金融机构的数据孤岛，构建起包含结构化与非结构化数据的多维信息网络。系统整合了用户基础信息、交易行为数据、社交网络关系、地理位置轨迹等超过3000个特征维度的信息，同时通过与公安、工商、税务等政府部门和第三方数据机构的合作，建立了覆盖超过8亿用户的立体画像库。相较传统银行主要依赖信贷历史的单一维度，微众系统实现了“点—线—面”的全维度数据洞察，特别是对于没有传统征信记录的长尾用户，通过其消费习惯、社交关系、行为轨迹等替代性数据，构建起“信用替代指标体系”，为普惠金融提供了技术支撑。

算法层是系统的核心驱动力，微众银行通过自主研发与开源融合的方式，构建了包含机器学习、深度学习和知识图谱的多元算法矩阵。从技术演进路径看，系统经历了从传统统计模型到复杂机器学习算法，再到基于大模型的风控智能体的三阶段跃迁。在早期，系统主要采用随机森林、梯度提升决策树（GBDT）等经典机器学习算法；随着技术积累，微众银行引入了深度学习技术，开发了基于LSTM（长短期记忆网络）的时序分析模型，能够捕捉用户行为的时间维度特征；2023年，随着大模型技术突破，微众银行将千亿参数量级的预训练模型迁移应用到金融场景，开发出能够理解金融专业知识、解读财务报表和分析市场风险的“金融大脑”。[1]

---

〔1〕 微众银行公开资料及行业分析报告证实其智能风控体系采用LSTM时序分析、图神经网络等先进技术，实现全天候风险监控和动态风控。See https://www.digfingroup.com/webank-clustar/.

应用层将算法能力转化为具体业务功能，微众银行围绕信贷全流程构建了贷前、贷中、贷后一体化的风控应用矩阵。在贷前阶段，系统通过反欺诈引擎、额度评估模型和定价策略三大组件实现风险预警和资源优化配置。反欺诈引擎集成了设备指纹识别、行为轨迹分析和社交网络挖掘等技术，能够在毫秒级时间内识别出团伙欺诈、身份冒用等高风险行为。系统采用了图神经网络算法，通过分析交易网络中的异常关联模式，准确识别“羊毛党”和“套现团伙”，欺诈识别准确率达到94.7%，较传统规则引擎提升了15个百分点。定价策略模型则根据用户风险特征和市场变化，实时调整利率和期限，实现风险与收益的精细化平衡。〔1〕

在贷中环节，系统构建了实时监控与智能预警机制，通过对用户行为的持续分析，实现风险的早期识别和干预。系统每日处理超过1亿条交易数据，对超过200万活跃贷款用户进行7 × 24小时的实时监控。与传统银行按月、按季度进行风险评估不同，微众银行实现了全天候、分钟级的风险监测，一旦发现用户还款能力或意愿出现异常变化，系统会自动触发预警机制，并根据风险等级采取差异化干预措施。例如，借助腾讯在C端的信息优势，消费贷款产品“微粒贷”的风控模式为：将社交大数据与央行征信等传统银行信用数据结合，运用社交圈、行为特征、交易网络、基本社会特征、人行征信5个维度对客户综合评级，运用大量的指标构建多重模型以快速识别客户的信用风险。小微企业贷款主体较自然人更复杂，涉及渠道、征信、企业与法人代表关系等问题，“微业贷”目前仍主要依赖税务信息（包括纳税人基本信息、财务报表、纳税信息和申报缴税信息、税务违法违章信息等）进行风控，未来“社交大数据”的潜力挖掘有利于进一步提升微众银行小微金融服务的风控水平（见图11-2）。

〔1〕 微众银行技术公开资料及行业报道指出其采用图神经网络识别交易网络异常，显著提升欺诈检测能力。See https://www.mckinsey.com/industries/financial-services/our-insights/making-financial-services-available-to-the-masses-through-ai.

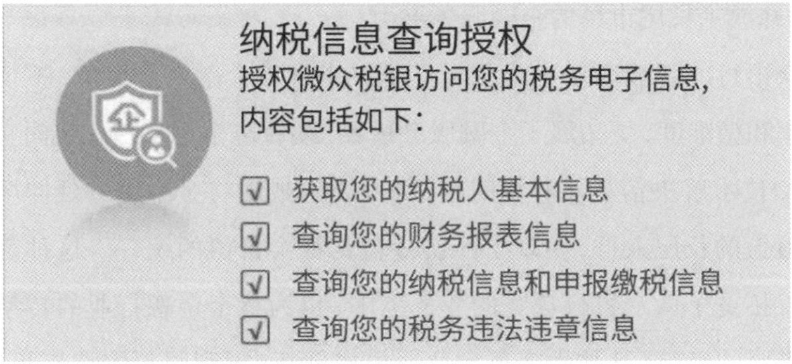

图11-2　微众银行"微业贷"的风控数据采集来源

决策层是系统的指挥中枢，微众银行通过决策智能化和风控政策自动化，实现了风险管理的闭环优化。系统采用"人机协同"的决策模式，对于常规风险决策，由AI系统自动执行；对于复杂或异常情况，系统会筛选关键信息辅助人工决策。同时，决策层还负责持续监控模型性能，通过A/B测试和反馈循环不断优化算法参数，确保风控体系的持续进化。得益于这一设计，微众银行的风控决策速度从传统银行的数天缩短至秒级响应，审批效率提升了200倍，人均服务客户数从传统银行的数百人扩展到上万人。

微众银行的智能风控实践也展现了AI赋能金融监管的新范式。系统与监管部门建立了数据共享和风险协同机制，实现了从"事后监管"到"事前预防、事中控制"的转变。系统通过实时监控大额交易、异常资金流动和跨区域转账等行为，构建了金融风险预警网络，助力监管部门提前识别系统性风险。这种"科技监管"模式不仅提高了监管效率，也降低了金融机构的合规成本，形成了监管与发展的良性循环。

从产业变革视角看，微众银行风控系统重构了金融风控的生产关系和生产工具。传统风控高度依赖人工经验和刻板规则，信息处理能力有限，难以适应数字时代的复杂风险环境。AI赋能风控实现了三大生产要素的重塑：一是将分散孤立的数据转化为结构化的风险知识，提升了数据要素价值；二是突破人工识别能力限制，扩展了风控边界和效率；三是通过算法创新降低了信用评估成本，释放了长尾市场的金融服务潜力。

微众银行的智能风控实践展现了AI技术推动金融产业变革，不仅提升了风控效率和精准度，更拓展了金融服务边界，使普惠金融从理念走向实践。通过利用AI技术解决信息不对称问题，微众银行成功将金融服务延伸至传统金融难以覆盖的长尾人群，实现了经济效益与社会价值的统一。这种普惠金融模式不仅拓宽了微众银行自身的业务范围，也为整个金融行业的转型升级提供了可借鉴的经验，从技术变革到商业模式创新，再到服务体验革新，描绘出一幅AI赋能金融服务的全景图。

11.3 普惠金融：蚂蚁金服用 AI 降低信贷门槛

金融服务的不平等分配长期以来一直是全球性挑战，传统金融体系难以有效覆盖小微企业、农村地区和低收入人群等长尾市场。在中国，近2亿小微经营者和数亿长尾用户因缺乏有效的信用记录和抵押物，长期处于金融服务的“真空地带”。蚂蚁金服通过将AI技术嵌入普惠金融基础设施，重构了金融服务的可得性、便捷性与可负担性，开创了技术驱动普惠金融的中国方案。

蚂蚁金服的普惠金融技术体系建立在“310模式”（3分钟申请、1秒钟放款、0人工干预）的创新基础上，通过AI技术重构了传统信贷流程中的信用评估、风险控制和运营管理三大核心环节。[1]在技术架构上，蚂蚁构建了“分布式计算+多元数据+智能算法”的三位一体普惠金融平台。分布式计算框架支持每秒处理亿级交易请求，满足海量小额信贷的高并发需求；多元数据生态整合支付、消费、社交、信用等维度信息，形成立体化用户画像；智能算法体系则通过机器学习和深度学习技术，实现从风险评估到贷后管理的全流程智

〔1〕 通过AI技术重塑信贷流程，极大提升信贷效率和普惠金融能力。See https://www.alibabacloud.com/blog/ant-financial-applies-ai-in-financial-sector_595687.

能化。这一技术体系使蚂蚁金服突破了传统金融机构面向长尾市场的三大瓶颈：获客成本高、风控手段弱、运营效率低，开创了普惠金融的规模化发展新路径。

蚂蚁金服普惠金融模式的核心优势在于其AI驱动的信用评估系统“芝麻信用”。与传统信用评估依赖历史信贷记录和财务报表不同，芝麻信用通过整合支付行为、履约能力、社交关系、身份特质和消费偏好五大维度数据，构建了覆盖8亿用户的多维信用评价体系。[1]其技术创新主要体现在三个方面：一是通过图神经网络（GNN）建立社交关系与信用风险的关联模型，有效解决了长尾用户“信用数据稀疏”的问题；二是通过序列深度学习技术分析用户行为时序特征，捕捉信用风险的动态变化；三是通过多模态融合算法整合结构化与非结构化数据，形成全景式信用画像。研究表明，芝麻信用模型的风险区分度（KS值）比传统信用评分高出约40%，特别是在信用白户（无传统信贷历史的用户）评估上表现突出，为普惠金融拓展奠定了坚实基础。

蚂蚁金服在小微企业金融服务领域的突破尤为显著。传统金融机构服务小微企业面临三大难题：信息不对称（难以获取小微企业真实经营状况）、运营成本高（小额分散的贷款难以规模效益）和风险定价难（缺乏精准的风险评估工具）。蚂蚁通过“网商银行”平台创新性地开发了“310”小微企业信贷模式，将AI技术嵌入获客、审批、放款、管理全流程。在获客环节，系统通过分析企业在电商平台的交易数据、评价数据和物流数据，自动识别潜在优质客户；在审批环节，“蚂蚁魔镜”风控引擎通过分析企业的经营流水、上下游关系和行业特征，实现无须财务报表的信用评估；在贷后管理环节，系统通过实时监控交易行为变化，建立动态风险预警机制，实现精准化贷后管理。截至2024年，网商银行已累计服务超过4000万小微经营者，平均贷款金额约3.5万元，不良率控制在1%以下，创造了小额分散贷款规模化经营的新模式

---

〔1〕 芝麻信用及蚂蚁金服技术文献披露其多维信用模型，显著提升信用评估准确性，特别是信用白户。See https://kr-asia.com/how-ai-and-vast-data-support-ant-groups-financial-empire.

(见图11-3)。[1]

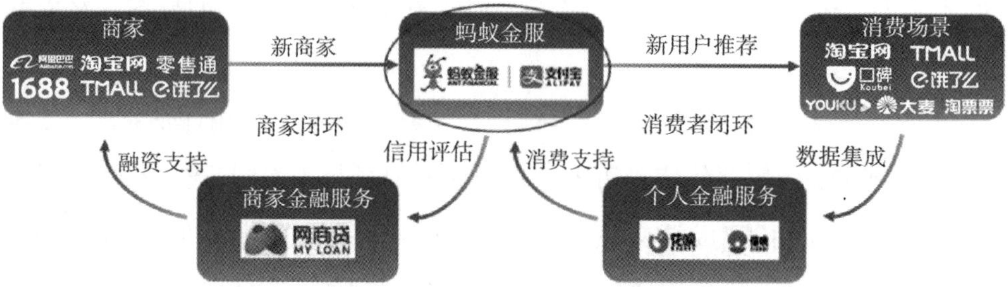

图11-3　蚂蚁金服：为中小商家和消费者提供普惠金融服务

蚂蚁金服的另一创新在于通过AI技术突破了农村金融服务的地域限制。传统农村金融面临“三农”属性带来的特殊挑战：季节性强、地域分散、风险特殊。蚂蚁通过“千县万村”计划，构建了农村普惠金融的数字化路径。在数据采集层面，蚂蚁开发了专门针对农村场景的替代数据采集体系，整合农产品销售记录、农资购买信息、土地经营状况等多源数据；在风险评估层面，蚂蚁建立了“农村微观+宏观”的双层风控模型，微观层分析农户个体信用特征，宏观层则考量区域农业生产条件、市场行情和天气灾害等外部因素；在服务触达层面，蚂蚁通过“村淘”等乡村数字化平台，构建了覆盖2000多个县域的服务网络。一个典型案例是浙江临安的农户吴先生，传统银行因其缺乏固定收入证明和抵押物而拒绝其贷款申请，但蚂蚁金服通过分析其在淘宝销售山核桃的交易记录、顾客评价和季节性经营特点，成功提供了3万元的信用贷款，支持其扩大生产规模。截至2024年，蚂蚁农村金融服务已覆盖2.3亿农村用户，累计发放贷款超过3000亿元，为乡村振兴提供了有力的金融支持。

蚂蚁金服还通过“花呗”和“借呗”两大消费金融产品，将普惠金融理念延伸至个人消费领域。传统消费信贷主要服务高收入群体，大量蓝领工人、

[1] 蚂蚁金服及网商银行公开资料显示其利用电商大数据和AI技术实现小微贷规模化和低风险运营。See https://www.pymnts.com/loans/2025/ant-internationals-bettr-launches-small-business-financing-solution-in-brazil./.

自由职业者和年轻人因缺乏稳定收入证明而被排除在外。蚂蚁金服通过构建“全场景+全行为”的用户画像体系，实现了对这些长尾人群的精准风险评估。系统通过分析用户的消费习惯、支付行为、信用履约等多维数据，构建了包含10万余个特征变量的风险预测模型，能够在无传统信用记录的情况下准确评估用户信用水平。在授信策略上，蚂蚁金服采用“小额先行、循序渐进”的动态信用管理机制，初始授信额度通常较小（几百元至几千元），随着用户良好还款记录的积累逐步提升额度，有效控制了首贷风险。在用户体验上，蚂蚁金服通过“一键借款、自动还款、透明费率”的设计理念，大幅简化了操作流程，使金融小白也能轻松使用。截至2024年，花呗和借呗累计服务用户超过5亿，其中70%为传统金融机构难以覆盖的长尾人群，平均借款金额约1500元，为提升居民消费能力和提高生活质量提供了有力支持。

蚂蚁金服普惠金融模式的社会价值已得到广泛认可。根据世界银行研究报告，蚂蚁模式使中国普惠金融指数提升了约0.3个百分点，对推动金融包容性发展作出了显著贡献。随着用户金融需求的不断升级，普惠金融的内涵也从基础信贷服务向财富管理领域延伸。传统财富管理服务主要面向高净值客户，大众投资者因专业知识不足和资金门槛限制，难以获得优质的投资顾问服务。蚂蚁金服通过AI技术正在重新定义普惠财富管理，使专业投资建议和产品筛选能力触手可及。

本章小结

平安GammaLab金融大脑、微众银行智能风控和蚂蚁金服普惠金融等创新实践，展现了金融领域新智生产力的核心特征：非简单提升效率，而是根本重构金融服务的生产方式、组织形态和价值创造模式。

在生产方式层面，AI技术将金融服务从“人工判断+线性流程+

经验决策”转变为“算法分析+并行处理+数据驱动”，实现从静态规则到动态学习、从被动响应到主动预测的质变，提升了决策准确性与效率。

在价值创造层面，AI技术突破信息不对称与风险识别瓶颈，延展金融服务边界，使普惠金融从理念走向实践，创造社会价值与商业价值的双赢。

第 12 章
智慧出行：AI 重构城市交通版图

交通作为连接人与城市、商业与生活的关键基础设施，正经历着人工智能驱动的深刻变革。智慧交通不仅是对传统交通工具和系统的升级改造，更代表着移动方式与空间利用的根本性重构，展现了新智生产力在出行领域的强大变革力量，创造全新的服务模式与用户价值，为构建高效、绿色、普惠的智慧出行生态开辟了实践路径。

12.1 Apollo 自动驾驶：百度让 AI 上路

2017年4月，当百度创始人李彦宏在北京宣布Apollo计划正式启动时，中国自动驾驶产业还处于理念验证阶段，距离真正的商业化应用仍有遥远距离。而短短数年后，随着Apollo项目的持续推进，自动驾驶已从实验室走向城市街道，从技术梦想转变为日常出行选择。

百度Apollo自动驾驶平台建立在“开放平台+全栈技术+闭环生态”的创新架构上，通过系统性地解决自动驾驶从感知到决策、从计算到执行的全链条难题，构建了领先的自动驾驶技术体系。在感知层面，Apollo整合了高精地图、多模态传感器融合和环境语义理解三大核心技术，实现了全天候、多场景的环境感知能力。特别是其自主研发的AV4D（自动驾驶四维感知系统）能够同时处理激光雷达、毫米波雷达、摄像头和超声波等多源数据，通过深度神经网络实现厘米级的障碍物检测和分类，毫秒级的动态目标追踪。〔1〕在决策层面，Apollo开创性地引入了认知智能决策框架，将传统的规则模型与深度强化学习相结合，构建了更接近人类驾驶员思维的决策系统。尤为创新的是其“路况—意图—行为”三级决策架构，系统能够理解复杂交通场景下各参与者的意图与互动关系，实现更为安全高效的驾驶决策。在控制层面，Apollo通过模型预测控制（MPC）算法与深度学习相结合，开发了适应各类车型的精准控制系统，即使在复杂路况下也能获得平顺驾驶体验。

Apollo平台的技术进化经历了从1.0到8.0的持续迭代，每个版本都代表着自动驾驶核心技术的突破与成熟。2017年发布的Apollo 1.0实现了封闭场景的自动驾驶基础能力；2018年的Apollo 3.0首次支持城市道路自主导航；2020年的Apollo 5.0实现了复杂城市道路的全场景覆盖；2022年推出的Apollo 7.0引入了端到端的深度神经网络架构，将感知与决策深度融合，大幅提升了系统在极端天气和复杂路况下的鲁棒性；到Apollo 8.0（2024年）则基于大模型技术构建了“认知驾驶”框架，能够理解交通场景的语义与意图，带来更人性化、更安全的自动驾驶体验。从最初的简单功能到如今的全面商业化落地，Apollo平台每18个月完成一次重大升级，体现了百度在自动驾驶领域的持续创新与技术积累。

Apollo平台的核心竞争力在于其“全栈自研+开放生态”的独特发展策略。与国际巨头采取的封闭研发模式不同，百度Apollo从一开始就秉持开放共赢理念，将自动驾驶技术架构为开放平台，赋能整个产业链发展。截至2024年年底，Apollo开放平台已吸引全球超过250家合作伙伴，累计开发者超过10万人，形成了涵盖芯片、传感器、整车厂、出行服务的完整产业生态。这种开

〔1〕 多源传感器融合与深度神经网络技术使Apollo具备全天候、多场景环境感知能力，保障自动驾驶车辆的安全与稳定。参见《百度Apollo 纯视觉自动驾驶传感器介绍》，载艾邦智造网，https://www.smartautoclub.com/p/10002，最后访问日期：2025年7月25日。

放策略不仅加速了技术迭代，更有效降低了自动驾驶的商业化门槛，推动整个产业从技术实验走向规模应用。同时，百度也在核心技术领域坚持自主研发，特别是在自动驾驶计算平台、感知算法和决策系统等关键环节保持技术主导权，构建了兼具开放性和竞争力的技术生态。据统计，Apollo平台已拥有3000余项自动驾驶专利，覆盖环境感知、高精地图、规划决策等全部核心领域，技术储备位居全球前列。

Robotaxi（自动驾驶出租车）既是Apollo商业化的核心业务之一，也是自动驾驶技术最具颠覆性的应用场景。百度通过“萝卜快跑”品牌在全国多个城市开展Robotaxi常态化运营，构建了从技术研发、车辆部署到商业运营的完整闭环。截至2024年年底，百度Robotaxi已在北京、上海、广州、深圳等10多个城市获得商业化运营牌照，累计服务乘客超过300万人次，安全行驶里程超过5000万公里，成为全球规模最大的自动驾驶出行服务之一。[1]在技术层面，最新一代Apollo Robotaxi采用了“5激光雷达+12摄像头+5毫米波雷达”的冗余感知方案，配合自研的Apollo RT自动驾驶计算平台，实现了99.9%以上的服务可靠性和极低的人工接管率。在商业模式上，百度创新性地采用“技术平台+运营服务”的双轮驱动模式，既向整车厂提供自动驾驶技术授权，又通过自建出行平台直接服务终端用户，构建了多元化的商业变现渠道。

在北京亦庄的Robotaxi示范区，Apollo自动驾驶技术的成熟度与商业价值得到了充分验证。这一区域面积60平方公里，包含商业区、居民区和工业园区等多样化场景，日均客流量超过2万人次。Apollo在此区域实现了“全无人”运营，车辆可以自主完成接单、载客、充电等全流程操作，人工远程干预率低于千分之一。用户通过百度地图或Apollo GO应用即可一键召车，全程体验类

---

〔1〕 萝卜快跑自2021年起市场化运营，覆盖北京、上海、广州、深圳等多城，日均单车成本约308元，收入416元，盈利能力显著，2024年武汉实现收支平衡。参见《Robotaxi商业化拐点已至？百度萝卜快跑今年欲在武汉实现收支平衡》，载21经济网，https://www.21jingji.com/article/20240517/herald/0cfc70f44f83ff535b07421bd7743ba0.html.

似传统网约车但更加安全高效的出行服务。据用户反馈数据显示，相比传统出租车，Robotaxi在准点率、行驶平顺性和服务一致性方面均表现更佳，用户满意度高达96%。更为重要的是，随着规模效应显现，Robotaxi的单客成本已从最初的每公里15元降至目前的约3.5元，接近传统出租车水平，验证了自动驾驶出行服务的经济可行性。

在商用车领域，Apollo通过Robobus、无人清扫车等产品形态，推动自动驾驶技术在特定场景的规模应用。以广州黄埔区的Apollo Robobus项目为例，这是中国首个常态化运营的自动驾驶公交线路，覆盖8个站点、全长约10公里，日均服务超过1000人次。与Robotaxi相比，Robobus更强调运行效率与成本控制，通过固定线路减少了技术复杂度，实现了更快的商业落地。在寒冷的长春市，Apollo还与一汽合作开发了适应极端天气的自动驾驶公交系统，能够在零下30摄氏度的环境中稳定运行，证明了自动驾驶技术的环境适应性。这些商用车项目不仅验证了自动驾驶技术在公共交通领域的应用价值，更为城市智能交通系统建设提供了实践样本，展现了AI技术对传统公共服务的变革潜力。

除了直接的出行服务，Apollo还通过智能交通解决方案，将自动驾驶技术与城市管理深度融合，创造更广泛的社会价值。在重庆两江新区，Apollo与当地政府合作建设了"ACE交通引擎"（Apollo，Cloud，Edge）智能交通系统，通过车路协同技术对区域内200多个路口实现智能化改造。系统通过路侧感知设备采集实时交通流数据，结合Apollo自动驾驶的感知决策算法，实现交通信号的动态优化与协同控制。项目上线后，区域内高峰期通行效率提升约30%，交通事故率下降约25%，每年减少碳排放约2万吨，创造了显著的经济和环境效益。这一案例展示了自动驾驶技术从单车智能向城市级智能的拓展潜力，为未来城市交通治理提供了新思路。

自2017年启动以来，Apollo计划已从技术验证走向商业落地，从概念探索发展为产业引领。它不仅代表了中国企业在全球自动驾驶领域的创新成就，更展现了AI对传统交通产业的变革力量。通过重构驾驶决策模式、优化交通资源配置、创造新型出行体验，Apollo将AI技术转化为实实在在的生产力提升和用户价值创造，推动交通领域从机械化向智能化跃迁。

12.2　城市神经网络：美团即时配送的算力驱动

在现代城市生活中，一份外卖、一袋生鲜、一件快递，都承载着人们对“即时满足”的期待。这种看似简单的日常需求，背后却是极其复杂的调度难题——每天数千万订单、百万骑手、数百万商户之间的动态匹配，构成了世界上最庞大的即时物流难题之一。美团通过构建城市神经算力网络，将AI技术注入即时物流体系，实现了从单点优化到全域协同的革命性跃升，创造了一个覆盖中国2800多个城市、日均调度超过3500万单的“超级大脑”（见图12-1）。[1]

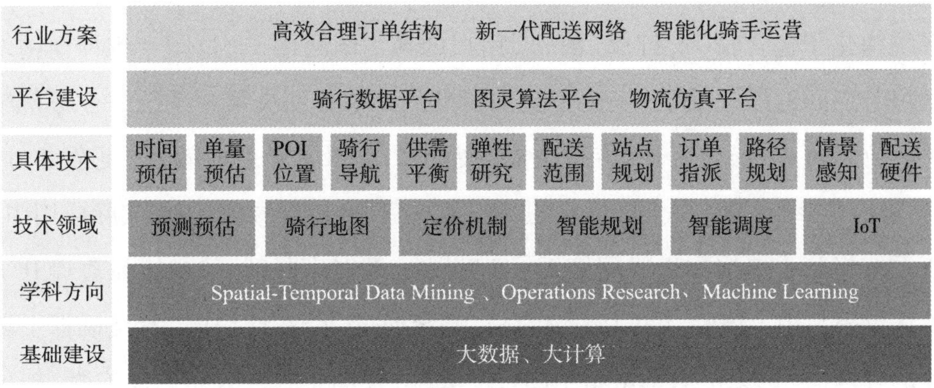

图12-1　美团“超脑”配送系统底层架构

〔1〕 参见《美团即时配送系统亮相：AI+IoT人机协同　每小时执行29亿次算法》，载罗戈网，https://log2.logclub.com/articleInfo/MzUzMQ==，最后访问日期：2025年7月25日。

美团城市神经算力网络的核心理念源于对人类神经系统的模拟，将城市即时物流网络打造为具有“感知—认知—决策—执行”能力的智能体系。在技术架构上，该网络由感知层、计算层和执行层三部分构成，形成了从数据采集到智能决策、再到运力调度的闭环系统。感知层通过骑手App、商户端和用户端采集实时位置、订单信息、道路状况等多维数据，构建城市物流的数字孪生；计算层融合了时空预测、组合优化和强化学习等核心算法，实现订单分发、路径规划和运力调度的智能决策；执行层则通过智能推荐、任务分配和实时引导，将算法决策转化为骑手的具体行动指令，实现物理世界的精准响应。这种多层级架构使美团能够在复杂多变的城市环境中，实现订单从生成到完成的全流程智能化管理，大幅提升物流效率与服务质量。

在订单分发环节，美团开发了基于图神经网络的“骑手—订单”智能匹配系统，彻底革新了传统的物流调度模式。传统外卖配送主要依靠简单的距离计算和人工经验，难以应对城市复杂环境中的多变因素。而美团的智能匹配系统构建了包含骑手、订单、商户、用户的异构图网络，通过图卷积神经网络学习节点间的深层关联，实现了更加精准的订单分发决策。系统综合考量骑手的位置轨迹、历史表现、专业技能、疲劳度，以及订单的时效性、复杂度、用户预期等多维因素，在全局优化的基础上找到最佳匹配方案。在实际应用中，该系统将骑手单均配送时间缩短了5.7分钟，超时率降低了34%，显著提升了配送效率与用户体验。更为关键的是，系统通过“公平性约束”算法确保了调度的合理性，避免了对特定骑手的过度分配，使骑手收入分布更加均衡，构建了更加健康可持续的即时物流生态。

在路径规划领域，美团开创性地开发了“知时达”时空预测引擎，解决了城市即时物流中的时间预测难题。传统导航系统主要关注最短路径，而忽视了时间维度的精准预测。“知时达”引擎通过融合历史轨迹数据、实时路况和时间特征，构建了覆盖全国城市道路网络的时空预测模型，能够预测骑手在特定时段、特定路段的行进时间，精度达到分钟级。系统还基于深度学习技术构建了骑手行为模型，能够学习不同骑手的行进习惯与技能特点，提供个性化的路径优化建议。在复杂场景（如小区、商场内部）难以依靠电子地图导航的情况下，系统创新性地引入了基于骑手轨迹的“经验地图”，通过挖掘历史配送数据，生成细粒度的行进路线，帮助新手骑手快速掌握配送技巧。这一系统在全国超过200个城市的应用表明，精准的时间预测和个性化的路径规划使骑手配送效率提升了约20%，每天可节省骑手时间超过30万小时，相当于增加了约15,000名骑手的生产力。

在运力调度层面，美团通过“蜂巢”智能调度系统解决了即时物流的供需平衡难题。城市即时物流面临明显的潮汐效应，工作日的午高峰、晚高峰以及雨雪天气都会造成订单激增而运力紧张。“蜂巢”系统运用时间序列预测和多智能体强化学习技术，构建了覆盖城市各区域、各时段的需求预测模型，能够提前预判未来2小时内各区域的订单量与配送压力。在极端天气与大促活动等特殊场景下，系统还会启动“智能预热”机制，提前调集运力并优化匹配策略，确保服务质量稳定。数据显示，智能调度系统的应用使美团在高峰期的订单履约率提升了15个百分点，超时率降低约35%，有效解决了即时物流的“最后一公里”挑战。值得一提的是，系统中的“智能调度策略”并非一成不变，而是通过在线强化学习持续优化，能够自动适应不同城市、不同季节的独特需求特征，形成“因城施策、因时制宜”的调度策略库。[1]

从外卖配送到城市神经网络，美团的技术进化展现了AI对传统服务业的深刻变革。通过将人工智能技术注入即时物流体系，美团不仅重塑了城市物流的运行方式，更创造了全新的服务模式与价值空间，推动本地生活服务从劳

〔1〕“蜂巢”系统动态调配运力，解决即时物流供需平衡难题，保障配送服务质量。参见曾响铃：《用科技织就即时配送“智慧网”，美团是如何做到的？》，载维科网，https://iot.ofweek.com/2021-04/ART-132216-8500-30495257.html，最后访问日期：2025年7月25日。

动密集型向技术驱动型转变。在这一过程中，AI技术不再是简单的工具，而是成为重构产业形态、创造市场价值的核心驱动力，体现了新智生产力对经济社会发展的深远影响。

12.3 智能出行：高德地图实现 AI 精准出行

在城市交通系统日益复杂的今天，导航应用已从简单的路径指引工具发展为城市出行的智能决策者。然而，传统导航系统长期存在三大核心挑战：路线推荐的标准化与用户个体需求的矛盾、静态算法难以适应高度动态的交通环境、大规模出行决策与城市交通资源优化的失衡。传统导航多以最短距离或最短时间为单一目标，忽视了驾驶习惯、偏好路段、熟悉程度等个人因素；固定的路径规划难以应对突发拥堵、临时管制、天气变化等动态事件；而各自为政的导航决策则可能导致交通资源分配不均，甚至造成新的拥堵点。在这一背景下，高德地图于2019年推出了基于AI引擎的个性化导航系统，通过深度学习和大数据分析，构建了“感知—理解—决策—优化”的智能导航闭环，开创了从“标准化路径规划”到“个性化出行体验”的范式转变，为智慧交通注入了人工智能驱动的新活力。

高德地图AI引擎的核心理念是“理解用户，洞察交通，智能决策”。不同于传统基于最短路径算法的导航系统，高德AI引擎从用户出行行为和偏好出发，结合实时交通状况和历史数据模式，为每位用户提供量身定制的出行解决方案。系统通过构建包含用户特征、车辆属性、道路特性、交通状况、天气环境等多维度信息的综合模型，实现了对复杂出行场景的精准理解与预测。高德AI引擎自2019年上线以来持续迭代，截至2024年，日均服务用户超过1.5亿，覆盖全国660多个城市，每天处理超过50亿次路径规划请求和180亿条交通状态数据，成为中国规模最大、精度最高的智能出行决策平台，为重构城市交通效率提供了强大的智能引擎（见图12-2）。

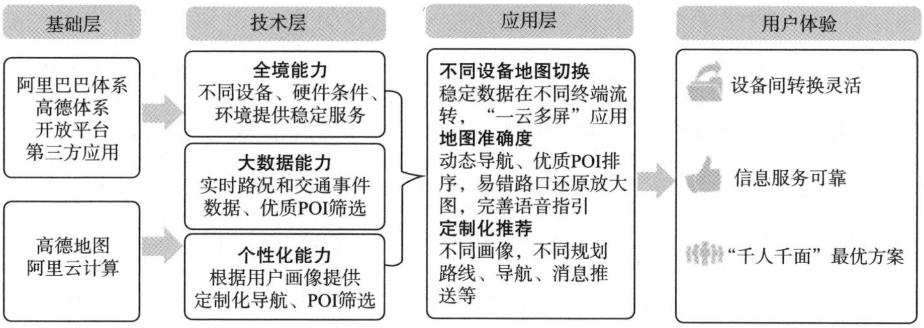

图12-2　高德地图AI引擎架构

多源数据融合引擎是高德AI系统的基础设施。传统导航多依赖静态地图数据和有限的交通信息源，难以全面反映复杂多变的交通环境。高德开发的多源数据融合引擎整合了浮动车数据、用户反馈、路侧传感器、交通监控、气象信息和城市规划数据等多种异构数据源，构建了动态、立体、高精度的交通感知网络。系统每天处理来自全国9000多万活跃用户的位置信息，280万公里道路的实时路况，以及超过1500万条用户实时上报的事件信息。特别创新的是高德开发的“众包+机器学习”的数据处理模式，通过用户主动上报和被动轨迹分析相结合，实现了交通事件的快速发现和验证。系统能够在平均10秒内感知新发生的交通事件，准确率达到93%，远超传统人工监控的30～60分钟延迟。数据融合引擎还开发了针对数据质量的自动评估机制，能够识别并过滤异常数据，确保系统决策的可靠性。〔1〕

路况预测引擎是高德AI系统的时间维度扩展。传统导航主要基于当前路况做出决策，缺乏对未来交通状态的预见能力。高德开发的路况预测引擎基于时空序列模型和图神经网络，能够预测未来15分钟到4小时的交通状况变化。系统综合分析历史交通模式、当前路况趋势、天气影响、节假日特征和大

〔1〕 高德地图通过技术创新，提升导航精度和安全预警能力，助力智能驾驶和车路协同。参见《高德地图联合蔚来发布全域车道级导航，以AI构建全场景导航体验》，载新浪财经，https://finance.sina.com.cn/jjxw/2024-12-23/doc-ineancvm2483820.shtml。

型活动信息，构建动态交通流预测模型。特别是针对城市交通的周期性特征，系统开发了“多尺度时间模型”，同时考虑日内波动、周内规律和季节性变化，大幅提升了预测准确度。系统还具备对交通拥堵传播效应的模拟能力，能够预测一处拥堵如何影响周边路网，为全局最优路径提供依据。在北京、上海等特大城市的评测中，高德路况预测引擎15分钟内的预测准确率达到89%，1小时内达到83%，显著优于传统统计模型的65%～70%水平，为出行决策提供了宝贵的前瞻性信息。

场景识别引擎是高德AI系统的情境感知中枢。出行决策高度依赖于具体的情境因素，如出行目的、时间窗口、天气状况和情感需求等。高德开发的场景识别引擎基于自然语言处理和多模态机器学习技术，能够理解复杂的出行场景并从中提取关键决策因素。系统通过分析用户的搜索历史、常用目的地、日历事件和应用间交互，推断当前的出行目的和场景类型，如上下班通勤、商务出行、休闲旅游或紧急情况等。针对不同场景，系统会调整决策权重，如通勤场景注重稳定性和可预测性，旅游场景则可能优先考虑路线景观和体验。特别创新的是“情感因子”的引入，系统会考虑道路的驾驶愉悦度，如是否拥挤、是否有复杂交叉口、是否有良好视野等因素，为休闲出行提供更舒适的路线选择。在实际应用中，场景识别准确率达到87%，使导航推荐与用户实际需求的匹配度显著提升。

路径规划引擎是高德AI系统的决策核心。传统路径规划多基于Dijkstra或A*等经典算法，难以处理多目标优化和动态调整需求。高德开发的路径规划引擎基于强化学习和多智能体协同技术，构建了自适应的路径优化框架。系统将导航问题建模为序列决策过程，综合考虑时间效率、路程距离、道路类型、拥堵风险、驾驶难度和用户偏好等多维度因素，生成个性化的最优路径。与传统导航不同，系统不只推荐单一方案，而是提供3～5条备选路线，并配以各自的优势说明，如“最快路线”“最顺畅路线”“最熟悉路线”等，赋予用户更多决策自主权。特别创新的是“自适应重规划”功能，系统会持续监控行驶路线的实时状况，当检测到原定路线出现显著变化（如突发拥堵或事故）时，主动提供优化建议，确保全程最优。在北京五环内的复杂路网测试中，高德AI路径规划平均节省行程时间10.6%，减少路程中不必要停车次数23.3%，显著提升了出行效率。

高德地图AI引擎的实践价值在多个场景得到了验证。在大城市通勤场景中，系统构建了“智能通勤助手”功能，为固定出行需求提供全方位优化。助手会学习用户的通勤时间窗口和路线偏好，主动提供出发时间建议，如“今天早高峰拥堵加剧，建议提前15分钟出发”。系统还会基于历史数据识别用户的备选路线，在主路拥堵时智能切换到用户熟悉的替代路线，而非简单推荐可能陌生的最短路径。特别创新的是“习惯保护”功能，系统会尊重用户的路线习惯，只有当替代路线显著优于习惯路线时（通常是节省20%以上时间）才会推荐改变。在北京和上海的实测中，智能通勤助手平均为用户节省18.6分钟的通勤时间，减少31.2%的通勤压力，展现了AI对固定出行模式优化的显著价值。

本章小结

> 智慧交通正以系统性重构能力深刻改变人类的移动方式与空间利用模式。从百度Apollo自动驾驶到美团城市神经算力网络，从高德地图个性化导航到智能交通系统，这场变革不仅是技术迭代，更是生产范式的根本重塑。
>
> 在生产方式层面，AI推动交通运行从“机械自动化”跃升至“智能自主化”，实现从单点感知到系统认知，从被动响应到主动预测的转变，大幅提升了交通系统效率与安全性。在生产关系层面，AI重构了“人—车—路—云”协作机制，形成数据共享、算力协同的网络化

组织形态。

作为社会“物流动脉”，交通智能化直接影响人员流动、物资配送和资源调配效率，对经济社会整体运行具有基础性影响。智慧交通与农业等领域形成的跨界智能协同，正在构建更高效、绿色、普惠的社会生产体系，引领传统产业迈向智能时代的系统性变革。

第 13 章 数字政务：AI 助力智慧城市治理

智慧城市作为AI驱动的新智生产力在公共领域的集中展现，正在重构政府与公民之间的互动方式，开创数字治理的新范式。从物理空间到社会治理，从政务服务到公民权益，AI技术正以前所未有的深度和广度渗透城市治理的各个维度，催生治理能力和服务质量的质变。

13.1 城市大脑：旷视科技的全域感知网络

在数字化转型浪潮席卷全球的今天，城市作为人类活动的核心载体，正经历着前所未有的智能化革命。以旷视科技为代表的人工智能企业，通过构建全域感知网络与智能决策系统，正在重新定义城市治理的方式与效能。旷视城市大脑不仅解构了传统城市管理的痛点，更以其强大的感知能力、认知能力与决策能力，为城市治理注入了全新的智慧动能。[1]

旷视科技的城市大脑以“端边云”协同计算架构为技术基底，构建了一个覆盖物理空间、信息空间与社会空间的全域感知网络。在物理层面，旷视部署了包括高清摄像头、多模态传感器、环境监测设备在内的上万个感知终端，实

〔1〕 旷视官方介绍其城市大脑平台，强调端边云协同架构、多模态融合技术及边缘智能计算等，支持大规模实时视频分析，提升城市治理智能化水平。参见旷视网，https://www.megvii.com/industries/Smart_City。

现对城市物理空间的全方位覆盖。这些设备采用新一代超高清成像技术与边缘AI芯片，能够在恶劣环境下保持稳定运行，并实现前端智能处理，大幅降低数据传输压力。据统计，截至2025年年初，旷视在全国300多个城市部署的感知终端日均采集数据量超过5PB，处理图像超10亿帧，构建起城市的"数字神经"系统。

与传统感知系统不同，旷视的城市大脑在感知层引入了多模态融合技术，打破了单一数据源的局限。通过整合视觉、声学、热成像、激光雷达等多源数据，结合DeepStream实时视频分析平台，旷视实现了对城市事件的全天候、全场景感知。例如，在公共安全领域，系统能够同时分析视频图像、声音异常与热成像数据，对可疑行为进行多维判断，将误报率降低至传统系统的1/10。这种多模态感知架构不仅提升了感知精度，更大幅拓展了应用场景，使城市大脑能够应对从晴朗白天到雨雪夜晚的各种复杂环境。

在边缘层面，旷视部署了分布式智能计算网络，通过"云边端"协同机制，实现计算资源的动态调度与优化配置。其核心产品——River边缘计算平台，采用异构计算架构，能够在低功耗环境下支持50+路高清视频流的实时分析。通过边缘智能处理，系统将95%的原始数据在前端完成初步分析与过滤，只将关键信息上传至云端，既保障了实时性，又大幅降低了带宽消耗与存储成本。这种分布式计算架构不仅解决了传统中心化系统的性能瓶颈，更使城市大脑具备了极强的扩展能力与容错能力，能够支撑百万级乃至千万级城市人口规模的智能化管理需求。

旷视城市大脑的核心竞争力在于其领先的视觉AI技术。作为计算机视觉领域的先行者，旷视自2011年成立以来，一直专注于视觉AI的创新研发。其自主研发的Brain++深度学习框架，在目标检测、行为识别、人脸识别等领域取得了突破性进展。尤其是在密集人群分析技术上，旷视研发的CrowdSight算法能够在超过98%的准确率下，实时分析人群密度、流向与异常行为，为城市安全管理提供了强有力的技术支撑。2024年，旷视发布了第五代视觉AI引擎，引入了自适应注意力机制与知识蒸馏技术，在保持高精度的同时，将推理效率提升了3倍，使终端设备的智能化水平迈上新台阶。

在交通管理领域，旷视城市大脑通过构建全域交通感知网络，实现了从单点优化到网络协同的质变。系统通过对车流量、行人密度、路况状态实时感知与分析，构建了城市交通的数字孪生模型，能够预测交通流变化并实时优化信号配时策略。在北京、上海等特大城市的实践表明，旷视的智能交通方案能够使交通拥堵时间平均减少28%，通行效率提升35%。尤其值得一提的是，旷视研发的“交通流量预测引擎”，通过融合历史数据、实时感知与外部因素（如天气、活动、节假日等），能够提前30分钟预测交通高峰的发生与变化，为主动式交通管理提供了可能。在2024年杭州亚运会期间，旷视的智能交通系统成功应对了日均2000万人次的出行压力，将重点区域的平均通行时间缩短了42%，展现了AI驱动的交通治理新范式，见图13−1所示。

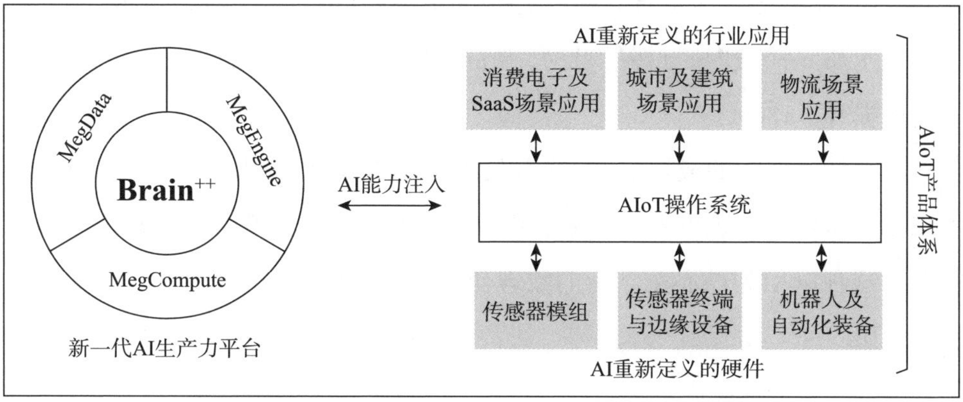

图13−1　旷视科技 AIoT 软硬一体化解决方案

在公共安全领域，旷视城市大脑构建了“预防、感知、响应、处置”的全流程智能防控体系。系统通过对海量视频数据的实时分析，能够自动识别打架斗殴、人员聚集、异常徘徊等90多种风险行为，并根据场景语义理解实现精准告警。与传统安防系统相比，旷视的解决方案将防控理念从“事后追查”转变为“事前预防”，大幅提升了安全管理的主动性与前瞻性。数据显示，在旷视方案落地的区域，公共安全事件平均响应时间缩短了65%，案件破获率提升了40%。特别是在大型活动安保中，旷视开发的群体行为分析系统能够在复杂环境下实时评估人群密度与流动状态，提前识别踩踏风险，为安保指挥提供精准决策支持。在2024年春节期间，该系统成功应用于全国20多个重点城市的人流管控，有效预防了多起潜在安全风险。

环境治理是城市管理的另一关键领域，旷视城市大脑通过构建环境感知网络，实现了对城市生态环境的智能监测与治理。系统整合了视觉感知、物联网传感与卫星遥感数据，构建了覆盖水、气、固废的全要素环境监测体系。在大气污染治理方面，旷视研发的“智能环保云图”通过分析工业排放、车辆尾气、扬尘等多源污染数据，能够精准追溯污染源并预测污染扩散路径，为精准治污提供科学依据。在某北方城市的应用实践中，该系统帮助环保部门将重污染天气应急响应提前了24小时，减小了污染对市民健康的影响。在水环境治理方面，旷视的智能水质监测系统能够通过视觉分析与多参数传感，实时检测河道水质异常、违法排污等行为，并自动生成取证报告，使水环境违法行为查处率提升了180%。

旷视城市大脑的成功实践，充分展现了AI对城市治理的变革性影响。它不仅革新了城市管理的技术方式，更深刻重构了城市治理的组织架构与运行机制。这种以AI为核心驱动力的治理变革，正是新智生产力引领产业变革的生动写照。

13.2 AI 公务员：深圳政务智能体试验

在全球数字政务发展的前沿，深圳市率先开展的“AI公务员”探索正引领着政府数字化转型的新方向。2025年，深圳已构建起覆盖70个部门的政务智能体系统，实现对政务事项的智能化重构，日处理量达12万件，响应速度提升300%。这一创新实践不仅颠覆了传统政务服务模式，更开创了“感知—决策—执行”闭环治理的全新范式，成为AI赋能公共服务的标杆案例。[1]深圳“AI公务员”的崛起，既是技术创新与场景落地的完美结合，也是数字中国建设的生动缩影，展现了AI如何重塑政府治理体系和服务模式。

深圳“AI公务员”的技术架构建立在“大模型驱动+知识增强+多级协同”的创新框架之上。在底层，系统以DeepSeek-R1等先进大模型为基础引擎，赋予系统强大的自然语言理解、知识推理和多模态处理能力；在中层，通过构建涵盖政策法规、业务规范、历史案例的政务知识图谱，对通用大模型进行领域增强，提升其对政务专业知识的理解深度；在应用层，基于政务场景需求，开发了包括文档智能处理、业务自动审批、诉求智能响应、决策辅助分析等多元功能模块。特别值得一提的是，深圳“AI公务员”采用了多级智能体协同架构，由通用智能体、部门专业智能体和岗位智能体组成三级协作网络，既保证了知识共享与能力协同，又实现了业务分工与专业深耕，有效平衡了通用性与专业性的关系。

在运行机制上，深圳“AI公务员”遵循“感知—理解—决策—执行—学习”的闭环逻辑。在感知层面，系统通过多渠道数据采集，包括结构化的政务数据、非结构化的政策文本、公众诉求和业务流程信息，形成对政务环境的全面感知；在理解层面，系统运用自然语言处理、知识图谱和因果推理技术，对政务信息进行深度语义理解和关联分析，提取关键信息和潜在规律；在决策层面，系统结合政策规范、历史案例和最新数据，为具体事项提供处理建议和决策支持；在执行层面，系统根据授权范围自动完成文档生成、表单填报、流程推进等任务，或将决策建议提交人工确认后执行；在学习层面，系统持续从人工反馈和实践结果中学习优化，不断提升自身能力和适应性。这种闭环机制使“AI公务员”不再仅是简单的执行工具，而是成为能动学习、持续进化的智能助手。

深圳“AI公务员”对政务服务效率的提升体现在多个方面。在文档处理环节，系统能够自动识别、分类和提取各类政务文件中的关键信息，处理

〔1〕 AI公务员通过智能文档处理、业务审批、诉求响应等功能，极大提升政务服务效率与质量。参见《干得快、错得少、还懂得多……深圳70名“AI公务员”已上岗！》，载华龙网，https://www.cqnews.net/1/detail/1341355134335950848/web/content_1341355134335950848.html，最后访问日期：2025年7月25日。

速度是人工的50倍，准确率达95%以上；在业务审批环节，系统通过智能审查和自动比对，将原本需要数小时的审核工作缩短至数分钟，大幅加速了审批流程；在公众诉求响应环节，系统能够7×24小时不间断服务，从收到诉求到生成初步回复的平均响应时间不超过30秒，比人工处理快10倍以上；在协同办公环节，系统通过智能任务分发和进度跟踪，减少了80%的部门间沟通成本，显著提升了跨部门协作效率。据统计，自"AI公务员"全面部署以来，深圳市政务服务的整体效率提升了65%，服务满意度提高了18个百分点（见图13-2）。

图13-2 "AI公务员"业务场景

在业务流程优化方面，"AI公务员"带来了从"碎片化处理"到"智能化重构"的范式转变。传统政务流程往往是基于部门职能和行政习惯设计的，存在环节冗余、逻辑割裂、用户体验差等问题。“AI公务员”通过对海量业务数据的分析和挖掘，帮助识别流程瓶颈和优化机会，推动了业务流程的系统性重构。例如，在企业注册领域，系统通过分析历史申请数据和审批过程，发现了多个可合并环节和可并行处理的步骤，据此重新设计的“智能注册流程”将审批环节从12个减少到5个，办理时间从原来的5个工作日缩短至最快4小时，极大提升了营商环境的便利度。类似的流程优化在建筑许可、社保办理、税务申报等多个领域推广实施，实现了政务服务从“以部门为中心”向“以用户为中心”的转变，构建了更加高效、便捷、人性化的政务服务体系。

在决策支持能力方面，“AI公务员”展现了从“数据分析”到“智能决策”的路径升级。通过整合多源数据、应用高级分析模型和构建模拟仿真系统，大幅提升了政府决策的科学化水平。在城市规划领域，系统基于历史数据、现状调研和发展趋势分析，构建了城市发展数字孪生模型，可模拟不同规划方案的实施效果和长期影响，为城市空间布局、公共设施配置提供科学依据；在应急管理领域，系统通过分析历史灾害数据和实时监测信息，构建了风险预警和应急响应模型，能够预测潜在风险并生成最优应对方案，提高了应急处置的及时性和有效性；在经济调控领域，系统基于多维经济指标和市场信号分析，构建了经济运行态势感知模型，可及时发现异常波动和结构性问题，为宏观调控决策提供支持。这些智能决策应用使政府决策从经验驱动转向数据驱动，从被动响应转向主动预判，显著提升了治理能力和治理水平。

深圳“AI公务员”的成功实践为政务智能化转型提供了可复制、可推广的经验。首先是坚持以人为本的设计理念，将技术创新与实际需求紧密结合，确保AI应用真正解决实际问题；其次是构建清晰的“人机协作”框架，合理确定AI系统与人工的职责边界，发挥各自优势；再次是注重数据生态建设，通过数据标准化、共享机制和质量管理，为AI应用提供高质量数据支撑；最后是建立完善的评估与迭代机制，通过持续监测、效果评估和用户反馈，不断优化系统性能和服务体验。这些经验不仅适用于深圳，也为全国其他地区的政务智能化转型提供了重要参考。

13.3 数字公民：新加坡与爱沙尼亚智慧经验

在全球数字政府建设的浪潮中，数字公民理念正成为重塑政府与公民关系的关键驱动力。作为政务数字化的最高阶段，数字公民不仅代表着技术应用的深度，更体现了治理理念的革新。新加坡与爱沙尼亚作为全球数字政府建设的先行者，通过各具特色的数字公民项目，为世界提供了宝贵经验。

新加坡的“智慧国家”战略与爱沙尼亚的“e-Estonia”计划虽然起点各异，但都将数字公民置于政务创新的核心。新加坡自2014年正式启动“智慧国家”计划，着眼于将这个城市国家打造成全球首个“智慧国家”。与传统智慧城市关注基础设施建设不同，新加坡将“以人为本”作为核心理念，通过“一体化服务、高效便捷、无缝体验”的设计思路，重塑政府与公民的互动方式。爱沙尼亚则立足于其独特的历史与国情，自1997年开始系统性推进数字化转型，逐步构建起全球最为完备的数字公民体系。作为一个仅有130万人口的小国，爱沙尼亚通过数字化突破了地理限制，创造了“无边界”的电子公民理念，将国家治理带入全新阶段（见图13-3）。

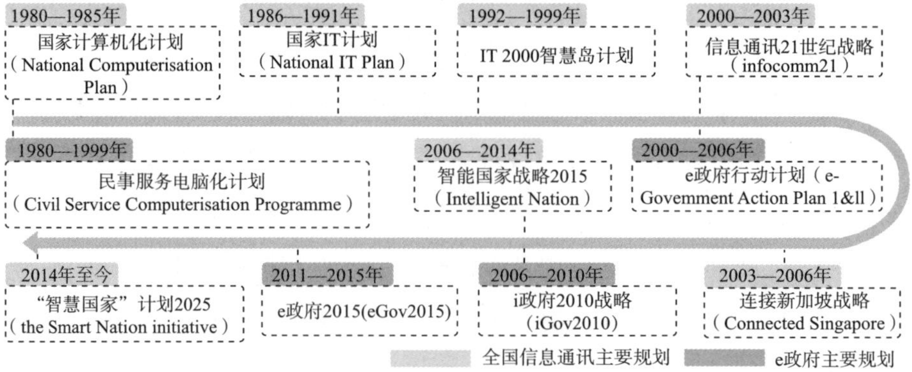

图13-3 新加坡智慧城市发展历程

在技术架构上，新加坡与爱沙尼亚呈现出集中式与去中心化的典型差异。新加坡采用了以国家数字身份(NDI)为核心的集中式架构，构建了覆盖政府、企业、公民的全维度数字服务体系。NDI基于多重生物识别技术，集成了面部识别、指纹验证等多重身份确权机制，为公民提供“一个身份、全域通用”的便捷体验。与之相对，爱沙尼亚采用了基于X-Road的分布式数据交换架构，构建了去中心化的数字公民生态。X-Road作为全球首个国家级数据交换层，通过加密通道与数字签名实现了跨系统、跨机构的安全数据交换，使公民数据在保持分散存储的同时实现无缝共享。这种技术路径差异反映了两国在数据主权、隐私保护与服务便捷性之间的不同权衡。

AI技术在两国数字公民体系中扮演着越来越关键的角色，正从辅助工具升级为核心引擎。新加坡于2023年推出的“AI for Citizens”计划，通过大模型技术重构了政务服务体验。其核心应用“Ask Jamie”已进化为基于多轮对话能力的全能型政务智能助手，能够理解复杂语境、识别公民意图并提供个性化服务。该系统接入了超过90个政府部门的业务场景，日均处理问询超过20万次，满意度达92%。更为关键的是，新加坡将AI应用与预测性服务相结合，构建了“主动式政务”新模式。例如，其“Moments of Life”应用能够根据公民生命周期关键节点(如生育、入学、购房、养老)预测服务需求，主动推送相关政策信息与办事指南，将政府服务从“被动响应”转变为“主动供给”。

爱沙尼亚则通过“AI Governance Framework”构建了全生命周期的智能政务体系。在数据分析层面，爱沙尼亚开发了基于联邦学习的“Privacy-Preserving Analytics Platform”，实现了在保护隐私的前提下对跨部门数据进行联合分析。在服务交付层面，爱沙尼亚推出了“Proactive Service Engine”，通过整合税务、福利、教育等领域数据，自动识别公民资格与需求，实现了“无需申请”的服务模式。例如，在儿童出生后，系统自动分析家庭状况，主动发放育儿补贴，无需父母提交任何申请材料。在决策支持层面，爱沙尼亚开发了“Policy Testing Lab”，通过大规模数据仿真与情景模拟，评估政策实施的潜在影响，为循证决策提供科学依据。

在数据治理方面，新加坡与爱沙尼亚分别提供了中央集权与分布自治的经典样本。新加坡采用了“中央统筹、分级授权”的数据治理模式，由Smart Nation Digital Government Office（SNDGO）负责统一规划与管理。新加坡于2022年开始实施“Trusted Data Framework”，通过数据分类分级、权限精细管控、用途追踪审计等机制，构建了兼顾开放共享与安全保障的数据治理体系。爱沙尼亚则坚持“一次收集、分散存储、安全共享”的原则，政府机构不允许重复收集已存在的公民数据，公民对个人数据的使用拥有完全知情权与控制权。通过X-Road平台，公民可以实时查看哪些机构访问了自己的数据、用于何种目的，并可对不当访问提出质疑，形成了基于技术保障的数据主权体系。

两国数字公民建设的成效令人瞩目，具体案例充分展现了数字化转型的深刻影响。在新加坡，“Moments of Life”应用已覆盖公民全生命周期的关键场景，服务满意度达94%，行政效率提升53%。其中育儿服务板块整合了出生登记、疫苗接种、学前教育补贴等多项功能，使新手父母办理相关手续的时间从原来的多次往返缩短至30分钟内线上完成。在企业服务方面，新加坡的“GoBusiness”平台通过AI智能引导，将企业办理许可证的流程从原来的14个部门分别申请简化为“一站式”体验，平均办理时间缩短75%，为经济发展注入新动能。

爱沙尼亚的数字公民建设则实现了更为全面的制度性突破。其电子税务系统使公民平均填报时间从传统方式的几小时缩短至5分钟，每年为国家节省工作时间约82万小时，相当于增加了500个全职工作岗位的生产力。在医疗领域，爱沙尼亚的“e-Health”系统实现了全国99%医疗数据的数字化，通过电子处方、电子病历、远程会诊等服务，使医疗资源利用率提升47%。特别是在新冠疫情期间，爱沙尼亚依托已有的数字基础设施，迅速开发了“HOIA”接触追踪应用与疫苗数字证书，为疫情防控提供了有力支撑。根据欧盟委员会评估，爱沙尼亚数字政府每年为公民节省约844年的工作时间，相当于GDP增长约2%。

AI正在重塑数字公民体系的能力边界与发展路径。通过多模态感知、认知智能、预测分析等技术，AI不仅提升了公共服务的智能化水平，更深刻变革了政府与公民的互动范式。从被动响应到主动服务，从标准化流程到个性化体验，从封闭系统到开放生态，AI赋能的数字公民建设正成为新智生产力释放的重要载体，也是智慧城市建设的核心支撑。

本章小结

从旷视科技的城市大脑到深圳AI公务员，再到新加坡与爱沙尼亚的数字公民，这些创新实践代表了政府治理的范式变革——从被动响应到主动预测，从部门割裂到系统协同，从标准化流程到个性化服务。这种变革体现了新智生产力的本质：通过AI对原有系统的全方位重构，创造全新的效能和价值增长模式。

AI变革不仅限于工业制造，更扩展至城市治理与公共服务。深圳“AI公务员”的政务创新和爱沙尼亚“零接触行政”展示了数据要素与算法能力如何转化为治理效能；旷视全域感知网络则打破物理与数字边界，构建“人—物—城”协同的新型治理生态。

随着智慧城市建设深入，其触角延伸至专业领域。司法系统作为社会公正的支柱，成为AI应用新前沿。智能辅助办案、法律知识图谱等创新正重构法律服务流程，提升司法效率与公正性。智慧城市展现了AI变革的广度，智慧司法则展示了其深度。

第 14 章 智慧医疗：AI 开启健康新视界

在新智生产力全面重塑产业格局的时代，医疗健康领域正经历着前所未有的变革。作为关乎民生福祉的基础性事业，医疗行业长期面临资源分布不均、诊疗效率低下和服务体验不佳等痛点，传统医疗模式已难以满足“健康中国”战略的宏伟目标。人工智能技术凭借其强大的数据处理能力、精准的模式识别和系统化的知识推理，正成为推动医疗产业质变的核心驱动力。

14.1 “大医”模型：商汤科技攻克医疗难题

在人工智能重塑全球产业格局的浪潮中，医疗健康领域无疑是最具变革潜力的战场之一。面对中国庞大且不平衡的医疗需求，以及日益复杂的疾病谱系，传统医疗模式已难以满足“健康中国”战略的宏伟目标的要求。商汤科技的“大医”模型作为中国首个千亿参数级医疗专业大模型，不仅在技术架构上实现创新突破，更通过对中国医疗场景的深度适配，开创了AI赋能医疗健康的新范式。其超大规模知识整合能力和精准医学推理机制，为解决医疗资源不均衡、诊疗效率低下等行业痛点提供了系统化解决方案，成为推动医疗产业质变的新智生产力。

从技术架构看，“大医”模型采用了“通用底座+专业知识+场景优化”的创新结构。其基础层基于Transformer架构打造的1250亿参数预训练模型，通过对3.5万亿字符中文文本和1500亿英文词元的训练，构建起强大的语言理解框架。在此基础上，商汤团队进行了关键创新——引入生物医学专业知识库，包含120万份医学文献、85万份诊疗记录、26万张医疗影像和配套报告，以及结构化整合的《中国药典》《疾病和相关健康问题的国际统计分类》（ICD-11）等权威医学资源。更为独特的是，“大医”模型突破性采用了“医学本体论”（Medical Ontology）知识表示方法，将复杂的医学概念关系网络化表达，实现了从症状到疾病、从药物到反应的多维度关联推理。〔1〕

模型训练方法上，商汤科技打破常规的端到端训练范式，创新性采用“分层强化学习+多智能体训练”策略。商汤团队基于中国临床实践特点，开发出医学任务层级系统（Medical Task Layers，MTL），将复杂医疗决策拆解为病史采集、体征判断、检查推荐、诊断分析、治疗方案等子任务。在训练过程中，每个子任务智能体通过强化学习不断优化决策路径，同时多智能体之间形成正反馈循环，模拟临床专家团队协作诊疗的过程。这一方法使模型在处理中国特色的医患沟通场景和复杂疾病推理时，展现出更符合中国临床实践的思维逻辑。最引人瞩目的是“大医”模型集成了来自中医药文献的知识库，成为全球首个能够进行中西医结合推理的大模型，这对推动中医药现代化、标准化具有里程碑意义。

在医疗知识图谱构建方面，“大医”模型实现了从被动学习到主动构建的重大突破。传统医疗AI系统多依赖预先定义的知识图谱，而“大医”模型能够通过对医学文献的语义理解，自主提取实体关系，动态扩展知识网络。截至2024年，模型已构建包含26万概念节点、835万关系边的中文医学知识图谱，覆盖疾病—症状、药物—适应症、检查—疾病等核心医学关联。这一自生长

〔1〕“大医”基于千亿参数规模大语言模型“商量”，涵盖医学教材、指南、临床路径、药品库、疾病库、4000万份真实病历等。参见《大医产品介绍》，载商汤网，https://www.sensetime.com/cn/product-detail?categoryId=51134395&gioNav=1，最后访问日期：2025年7月25日。

知识系统使“大医”模型能够解释罕见疾病规律、预测药物不良反应，甚至识别学术文献中尚未明确定义的新型关联，为中国医疗AI实现从“追赶”到“引领”奠定了基础。

医疗数据的高效整合是“大医”模型的另一核心优势。针对医疗数据碎片化、异构性强的行业痛点，商汤团队开发了“医疗数据统一表示框架”（Medical Unified Representation Framework，MURF）。该框架通过低资源适配技术，能够将不同来源、不同格式的医疗数据统一映射到高维语义空间，实现跨机构、跨系统的数据互操作。这一突破使“大医”模型能够在保障数据安全与隐私的前提下，汇聚分散在各医疗机构的临床智慧。在北京、上海等地的医联体试点项目中，基于该框架构建的区域医疗大数据平台，已实现跨10家医院、覆盖250万名患者的诊疗数据安全共享与AI辅助分析，为分级诊疗和精准医疗提供了数据基础（见图14-1）。

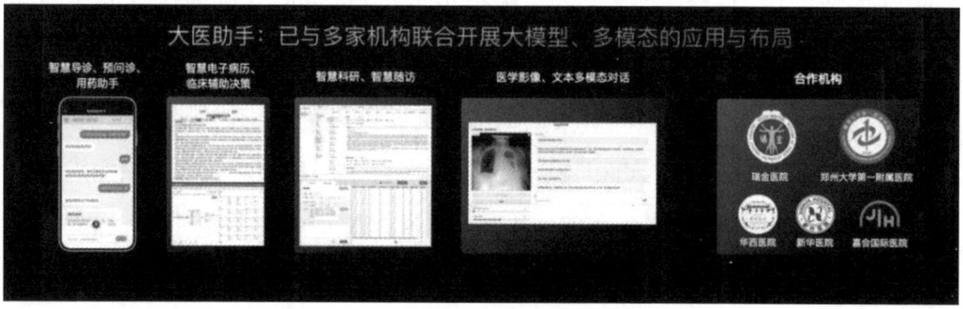

图14-1　商汤大模型在医疗领域的应用

“大医”模型的临床应用落地，标志着医疗AI从“单点突破”迈向“系统赋能”的质变。在辅助诊断领域，模型已在全国超过300家医院部署，覆盖内科、外科、儿科等18个专科。其中，在基层社区医院的应用尤为显著——山西、甘肃等欠发达地区的200多家基层医疗机构通过接入“大医”云服务，常见病诊断准确率提升32%，不明原因发热等复杂症状的诊断效能提升45%，有效缓解了优质医疗资源分布不均的行业痛点。在北京协和医院的合作案例中，“大医”模型辅助分诊系统将急诊患者平均等待时间缩短28分钟，急危重症识别准确率提升15%，显著改善就医体验。

在临床决策支持方面，“大医”模型突破了传统AI系统的功能边界。其不仅能提供静态的诊疗建议，更能实时跟踪患者病情变化，动态调整治疗方案。在中日友好医院的合作项目中，针对慢性阻塞性肺疾病管理，模型通过整合患者日常监测数据和环境因素，提前3～5天预警急性加重风险，减少了约22%的非计划再入院率。在复旦大学附属肿瘤医院的肿瘤多学科会诊系统中，“大医”模型能够自动整合患者病史、基因检测、影像学资料，并基于最新临床指南和研究文献，为复杂肿瘤患者生成个体化治疗方案推荐，辅助方案制定效率提升40%，医生对AI建议的采纳率达到78%。

“大医”模型深刻展现了AI技术对传统产业的变革力量。它不仅是一个技术产品，更是重塑医疗生产体系的系统工程，通过将数据转化为知识、知识转化为决策、决策转化为健康价值，实现了医疗资源配置效率的根本性提升。这一过程体现了AI驱动下医疗产业从量变到质变的辩证发展，为“健康中国”战略提供了强大的技术支撑。

14.2　像素诊断：联影医疗 uAI 的影像智能突破

医学影像是现代医疗诊断的“眼睛”，承载着疾病早期发现和精准定位的重要使命。到2025年年底，全球医学影像市场规模将超过500亿美元，其中AI医疗影像的复合年增长率（CAGR）超过30%。然而，传统医学影像面临着三大挑战：影像科医师短缺与工作负荷过重、复杂病变识别的主观性与一致性难题、海量医学影像数据的处理“瓶颈”。

在这一背景下，联影医疗于2018年推出了uAI智能医学影像平台，通过深度学习技术赋能医学影像全流程，重构了从图像获取、处理到诊断分析的完整诊断链路，实现了“像素级”的精准诊断，为中国智慧医疗开辟了新的技术范式和应用路径。2024年发布医疗垂直领域基座模型“uAI影智大模型”，支持跨模态（影像+文本）联合训练，显著降低单病种AI开发成本（见图14-2）。

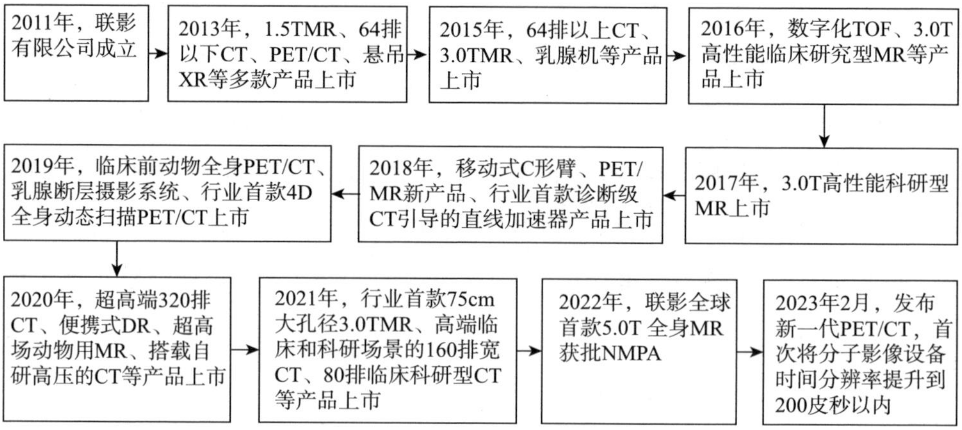

图14-2　联影医疗重要发展历程

这一平台的核心价值在于构建了“硬件感知—算法处理—临床应用”的全栈式智能影像解决方案。不同于市场上大多数仅提供算法或软件的AI医疗产品，该平台基于核心团队在高端医学影像设备研发制造领域的多年深厚积累，实现了从设备端到云端的一体化设计。[1]这种设计理念使AI能力不仅嵌入诊断环节，更延伸至影像设备的数据采集、重建优化、扫描参数调整等前端流程，形成了从“获取更好的原始数据”到“提供更精准的诊断结果”的正向反馈循环，打破了传统医学影像“各自为政”的技术壁垒。

uAI的技术突破首先体现在图像识别的精度上。传统医学影像AI主要采用基于规则和浅层神经网络的方法，对细微病变和复杂表现的识别能力有限。通过创新性地将计算机视觉领域的前沿技术迁移到医学影像场景，团队开发了具有里程碑意义的“亚像素级”检测算法。该算法能够识别传统肉眼难以辨别的早期病变，在肺结节、乳腺钙化点等微小病灶检测中，实现了0.3mm的

〔1〕 联影医疗uAI平台实现“硬件感知—算法处理—临床应用”全栈智能影像解决方案，亚像素级检测算法实现0.3mm病变识别，肺结节检测敏感度96.7%，假阳性率0.5个/例。参见《搭建三维重建核心功能！联影智能肺结节人工智能辅助诊断软件获批》，载联影智能网，https://www.uii-ai.com/article/116.html，最后访问日期：2025年7月25日。

识别精度，远超人眼极限和传统算法水平。在肺结节检测任务中，系统敏感度达到96.7%，假阳性率低至0.5个/例，优于绝大多数放射科医师的诊断水平。这种突破性进展使许多疾病的早期筛查成为可能，从根本上重塑了医学影像的临床价值。

多模态融合是平台的第二大技术突破。医学影像检查通常涉及多种成像技术（CT、MRI、超声等），不同模态的图像反映了人体组织的不同物理特性。传统诊断主要依赖放射科医师的经验将这些信息进行“心理融合”，而联影uAI开发了自适应多模态融合算法，能够自动对齐并整合来自不同设备的图像数据，从中提取互补信息。以脑卒中诊断为例，系统能够同时分析CT血管造影、MRI弥散加权成像和灌注成像数据，在缺血性病变早期（发病后2小时内）实现了91.5%的检出率，比单一模态提高了15个百分点，为急性脑卒中的“黄金4小时”救治赢得了宝贵时间。[1]这种多模态融合能力不仅提升了诊断准确率，也为精准医疗提供了技术基础。

时序分析是平台的第三大技术突破。慢性疾病和肿瘤治疗的随访管理需要对连续多次检查的影像进行精确比对，评估病情变化和治疗效果。传统方法主要依靠放射科医师手动测量和主观比较，效率低下且一致性不佳。联影开发了基于深度学习的自动配准和时序分析算法，能够精确对齐不同时间点的扫描图像，自动计算病灶体积变化率、密度变化趋势等定量指标。在肺癌随访管理中，系统将结节体积测量偏差控制在 ± 5%以内，时间效率提升了300%，为肿瘤精准分期和疗效评估提供了可靠工具。这种时序分析能力使医学影像从“静态诊断”向“动态管理”转变，极大地增强了慢性疾病管理的深度和广度。

知识图谱的构建同样至关重要。医学影像诊断不仅需要识别图像中的异

---

〔1〕 联影智能脑卒中AI系统已在湖北枝江市6个乡镇落地，辅助诊断准确率高，提升救治效率。参见《脑卒中人工智能解决方案：全流程覆盖、跨时空联诊，“一站式”刷新脑卒中工作流》，载联影智能网，https://www.uii-ai.com/article/95.html，最后访问日期：2025年7月25日。

常特征，还需将这些特征与复杂的医学知识体系关联起来，形成完整的诊断逻辑。联影构建了包含超过20万疾病实体和100万关系的医学知识图谱，将影像学特征与病理生理机制、临床表现和治疗方案等知识连接起来。在此基础上，系统能够提供基于证据的诊断解释和临床建议，使AI不再是“黑盒决策”，而成为医生的“透明助手”。以肝癌诊断为例，系统不仅能识别肝脏病灶，还能根据影像特征、临床信息和生化指标，结合LI-RADS分级标准，给出结构化的诊断报告和处理建议，准确率达到93.8%，为临床决策提供了全面支持。

在基础研究之外，uAI平台通过临床场景的深度融合，重构了医学影像的工作流程和诊断模式。目前平台已开发超过160个AI算法模型，覆盖全身12个系统的常见疾病，形成了从筛查到诊断、从监测到预后评估的闭环应用体系。在临床实践中，uAI平台展现出三大典型应用模式：辅助检测、智能诊断与定量分析、精准治疗支持。

uAI平台的临床价值通过大量实践得到了验证。在上海市胸科医院开展的一项涉及10,000例胸部CT筛查的研究中，uAI辅助诊断系统将早期肺癌（Ⅰ期）的检出率提高了23%，诊断一致性从Kappa系数0.71提升至0.89，为肺癌早诊早治提供了有力工具。在复旦大学附属中山医院的肝癌早期筛查项目中，uAI的多模态融合算法将早期肝癌（Barcelona分期0–A期）的检出率提高了17.5%，误诊率降低了12.3%，为高危人群的精准筛查提供了新方案。在北京天坛医院的急性卒中诊疗中，uAI的脑血管分析系统将诊断报告出具时间从30分钟缩短至5分钟，使更多患者能够在黄金治疗窗口期内获得溶栓或取栓治疗，为脑卒中的绿色通道提供了关键技术支持。

从产业变革的视角看，uAI代表了中国医疗设备产业从“跟跑”到“并跑”再到部分领域“领跑”的转型升级。传统上，高端医学影像设备市场长期被GE、西门子、飞利浦等国际巨头垄断，中国企业主要集中在中低端产品领域。联影通过技术创新和产业链整合，成功打破了这一格局，成为全球少数能够提供全系列高端医学影像设备的企业之一。其自主研发的PET–MR设备和高端

CT设备已达到国际领先水平，uAI平台的推出则标志着联影从硬件制造向“智能诊断解决方案提供商”的战略升级，体现了中国医疗装备产业向价值链高端攀升的发展趋势。

uAI平台的成功还体现了“产学研医”协同创新的中国特色发展路径。联影建立了开放的合作生态系统，与上海交大、同济大学等高校建立联合研究中心，与上海市胸科医院、北京协和医院等临床医疗机构开展深度合作，构建了“技术突破—临床验证—产品迭代”的创新闭环。此外，其还建立了“医工结合”的人才培养机制，组建了包括医学影像专家、人工智能科学家和工程师在内的跨学科团队，促进了医学与工程学科的深度融合。这种协同创新模式不仅加速了技术成果转化，也为中国医疗AI产业的持续发展提供了组织保障。

14.3　AI 医疗生态圈：平安好医生的智能医联体模式

放眼全国，医疗卫生体系长期面临严峻的结构性挑战：优质医疗资源集中在大城市和三甲医院，基层医疗能力不足，患者集中涌向高层级医院，导致“看病难、看病贵”问题普遍存在。虽然国家自2015年推动分级诊疗制度建设，但传统医联体模式在信息互通、资源协同和服务延伸等方面依然存在诸多“瓶颈”。面对这一背景，平安好医生于2018年推出了智能医联体平台，通过人工智能、大数据和云计算技术，重构了区域医疗协同模式，为破解医疗资源不均衡难题提供了全新解决方案。[1]

平安好医生智能医联体平台突破了传统医联体的地域和组织限制，构建了一种基于数据互联和算法驱动的新型协同机制。其核心理念是将分散在不同医疗机构的数据、专家资源和服务能力通过AI技术有机整合，形成跨区域、多层级的医疗服务网络，实现“优质资源下沉、常见病上收、慢病连续管理”的分级诊疗目标。平台自2018年上线以来，已在全国23个省份的120多个城市部署，

〔1〕 平安好医生系统已上线多专科医生智能体，支持线上问诊和精准诊疗。

连接了超过250,00家医疗机构，其中包括1200多家三级医院和16,000多家基层医疗机构，覆盖5亿人口，成为全国规模最大的智能医联体解决方案之一（见图14–3）。[1]

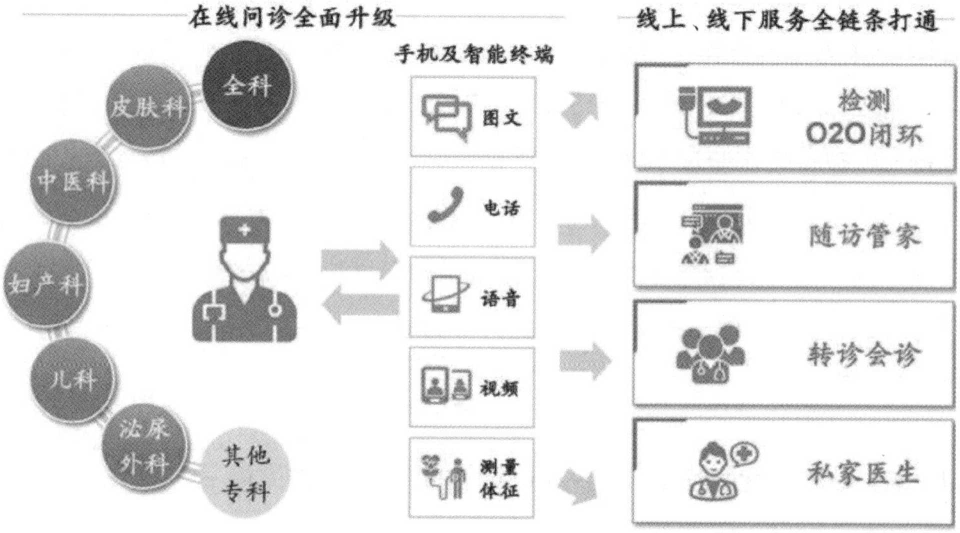

图14–3　平安好医生线上线下全链条打通

数据互通是智能医联体平台的基础。平安好医生通过构建区域医疗大数据中心，解决了传统医疗系统“数据孤岛”问题。该中心采用分布式存储和联邦计算架构，在保障数据安全和隐私保护的前提下，实现了不同级别医疗机构之间的数据互通。平台支持电子病历、检查检验结果、医学影像、处方用药等全类型医疗数据的标准化集成与共享。特别值得一提的是，平台针对中国医疗数据碎片化、标准不统一的现状，开发了智能医疗数据处理引擎，能够对非结构化的病历文本、医学图像和临床记录进行自动结构化处理，提取关键信息并映射到统一的医学术语体系。系统采用自主研发的医学知识图谱技术，能够理解中文医学术语的语义关联，实现跨机构、跨地区的医疗数据无缝融合。

〔1〕 平安好医生智能医联体通过数据互通、智能分诊、远程协作和健康管理，实现分级诊疗和医疗资源下沉。

截至2024年，平台已累计处理超过8亿份电子病历和3亿份检查检验报告，构建了覆盖4.3亿人口的健康档案库，为AI算法提供了高质量的训练数据。

智能分诊是平台的前端入口，也是资源优化配置的关键环节。平安好医生开发的智能分诊引擎基于深度学习和自然语言处理技术，能够理解患者描述的症状，结合个人健康档案、流行病学信息和医疗资源分布情况，为患者推荐最合适的就医路径。系统采用多轮对话机制，通过结构化问诊收集患者信息，准确识别症状严重程度和紧急度，将患者精准分流至对应级别的医疗机构。对于急危重症，系统会立即推荐距离最近的高级医院；对于常见病和慢性病，则优先推荐社区医院或基层医疗机构；对于复杂疑难病例，系统会建议患者通过平台预约上级医院的专家会诊。智能分诊系统的准确率已达到92.5%，远高于传统人工分诊的75%左右，在缓解大医院压力、提高基层医疗机构利用率方面发挥了重要作用。

医疗大脑是智能医联体的核心引擎，为医生提供全流程的智能辅助。该系统集成了疾病诊断、治疗方案推荐、医嘱生成、药物相互作用预警等功能，特别关注基层医生的能力提升需求。系统基于千万级的标准化病例数据训练，能够辅助诊断超过3000种常见疾病，诊断准确率超过90%。在药物处方环节，系统内置了完整的药物知识库，能够自动检查剂量、配伍禁忌和潜在不良反应，大幅降低用药风险。系统还支持基于患者个人健康数据的个性化治疗方案生成，如根据既往用药反应、慢病指标变化趋势和生活习惯等因素，为糖尿病患者制定精准的降糖方案。平安好医生通过持续迭代和场景适配，形成了覆盖全科、内科、儿科等22个常见科室的医疗知识体系，使基层医疗机构能够掌握更全面的诊疗能力。

远程协作系统是智能医联体的连接纽带，实现了上下级医疗机构之间的资源共享。系统支持实时视频会诊、远程医学影像诊断、病理切片远程分析等多种协作模式，打破了地域限制，使优质专家资源能够辐射到基层。平台特别设计了“云门诊”功能，允许基层医生在诊治复杂或疑难病例时，一键发起上级医院专家会诊。这种模式不仅提高了基层诊疗能力，还避免了患者不必要的转诊和往返奔波。在慢病管理方面，系统支持专科医生远程指导基层全科医生制定个性化的慢病管理方案，实现了“基层首诊、双向转诊、上下联动”的分级诊疗闭环。平台还开发了基于区块链技术的医疗协作激励机制，通过“价值贡献积分”体系，合理分配远程会诊收益，激励优质医疗资源下沉。

健康管理系统是平台的延伸触角，将医疗服务从医院拓展到家庭和社区。系统基于AI技术构建了主动式健康干预模型，特别针对慢性病患者的长期管理需求。平台通过智能穿戴设备、居家监测设备和移动应用收集患者日常健康数据，AI算法分析这些数据后生成个性化的健康风险评估和干预建议。对于高风险人群，系统会自动生成预警信号，提醒社区医生进行随访或干预。在特定慢病管理方面，平台开发了针对糖尿病、高血压、冠心病等常见慢性病的智能管理方案，通过算法优化的干预策略，有效控制了慢病患者的疾病进展。数据显示，使用该平台进行管理的2型糖尿病患者，血糖控制达标率提升了32%，急性并发症发生率降低了41%。

智能医联体平台的实践价值在多个地区得到了验证。在广东省佛山市三水区的实施案例中，平台通过连接1家三级医院、3家二级医院和42家基层医疗机构，构建了覆盖全区65万人口的医疗协同网络。项目实施一年后，当地基层医疗机构的诊疗量增加了37%，三级医院门诊量中常见病比例下降了28%，患者基层就诊率从54%提升至76%。在患者满意度方面，基层医疗满意度从74%提升至88%，医疗费用负担感知指数下降了23%。特别是在慢病管理方面，高血压达标率提升16.6个百分点，糖尿病规范管理率提升18.8个百分点，慢病相关住院率下降23.3%，有效降低了医保基金支出压力。

智能医联体平台的成功实践表明，医疗健康领域的AI应用已从单点突破迈向系统重构阶段。与联影医疗uAI平台在医学影像领域的深耕不同，平安好医生智能医联体平台着眼于整个医疗服务体系的协同优化，两者共同构成了中国智慧医疗“硬件+软件”的创新范式。未来，随着多模态医疗大模型、医疗物联网和精准医疗技术的发展，AI将进一步深化对医疗健康领域的变革，推动从疾病医疗走向全周期健康管理，从单病种治疗走向整体健康干预，最终实现“人人享有优质医疗服务”的健康中国目标。

本章小结

商汤“大医”模型、联影uAI和平安好医生等创新实践展现了AI驱动的医疗新智生产力。这一变革通过数据高效配置、算法深度挖掘和知识智能重构，实现了医疗资源配置效率的根本提升，创造了传统技术难以企及的健康价值。

从生产关系看，AI重构了医患关系和资源配置方式，突破地域、等级和专业限制，实现分级诊疗闭环；从生产方式看，传统经验型诊疗模式转变为基于海量数据和精准算法的循证医疗范式，提升了诊断准确率；从价值创造看，医疗服务从“疾病治疗”向“健康管理”转变，构建了预防、诊断、治疗和康复的全链条价值网络。

智慧医疗与智能教育有着深刻共鸣，二者同为民生福祉核心领域，面临资源不均、质量参差等共性挑战。AI驱动的新智生产力正在医疗与教育领域塑造更健康、更智慧、更公平的社会。

第 15 章
智能教育：AI 助学时代全面启动

教育作为国家发展的基石和人才培养的摇篮，正迎来人工智能驱动的深刻变革。在重塑产业格局的浪潮中，智能教育既是AI应用的重要场景，也是培养未来智能时代人才的关键引擎。传统教育长期面临资源分布不均、教学模式僵化和个性化需求难以满足等三重挑战，而基于深度学习、自然语言处理和知识图谱的智能教育解决方案正在重构教与学的互动范式、评价体系和资源配置方式。

15.1 智慧课堂：科大讯飞打造个性化学习

教育是国家发展的基石，却长期面临三大核心挑战：教学过程的低效性与局限性、学习反馈的滞后性与片面性、教育资源分配的不均衡性。传统课堂教学中，教师难以实时掌握每位学生的学习状态和理解程度，“一刀切”的教学进度和内容不可避免地导致部分学生跟不上、部分学生缺乏挑战；教师通常需要通过作业和考试等滞后手段评估学习效果，难以及时调整教学策略；优质教育资源集中在发达地区和重点学校，区域间、校际间的教育鸿沟依然显著。在这一背景下，科大讯飞于2016年推出了基于人工智能的智慧课堂平台，通过语音识别、自然语言处理、知识图谱等AI技术赋能教育全流程，构建了“听、说、读、写、评”一体化的智能教学生态，开创了从“经验驱动”到“数据智能”的教育创新范式，为中国教育现代化注入了智能变革的新动力。

科大讯飞智慧课堂的核心理念是“以科技赋能均衡而有质量的教育”。不同于简单的教育信息化工具，科大讯飞智慧课堂从教育本质出发，运用AI技术重构教与学的互动模式、评价体系和资源配置方式，创造了“教师主导、技术赋能、学生主体”的新型课堂生态。通过构建覆盖备课、授课、作业、评测、分析全环节的智能教学支持系统，科大讯飞实现了从单点技术应用到系统化教学变革的跨越，使AI技术真正融入教育场景并创造实质性价值。截至2024年，科大讯飞智慧课堂已在全国28个省份超过2万所学校部署，覆盖学生超过3000万人，累计服务课堂教学超过2亿课时，成为中国规模最大、应用最广泛的智能教学平台，推动了教育从数字化向智能化的深度转型（见图15-1）。[1]

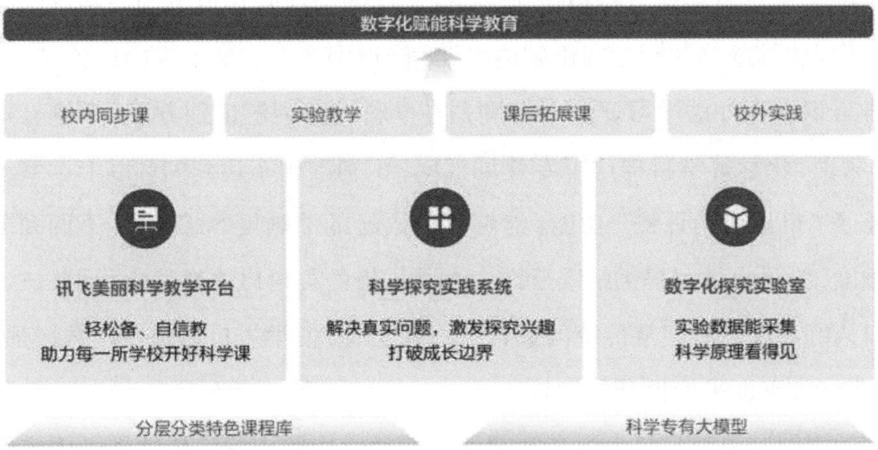

图15-1　科大讯飞AI赋能教育

多模态感知引擎是科大讯飞智慧课堂的数据采集基础。传统课堂教学中，教师难以精确感知和记录每位学生的学习状态和参与度。科大讯飞开发

〔1〕 科大讯飞教育业务覆盖广泛，学习机用户周使用时长同比增近70%，个性化学习手册覆盖全国3000余所学校，帮助学生解决5亿道错题。参见《科大讯飞连发8款进校产品：涵盖课后服务、智慧作业、体育心智等方向》，载上海市民办教育协会官网，http://www.shmbjy.org/item-detail.aspx?NewsID=16695，最后访问日期：2025年7月25日。

的多模态感知引擎基于计算机视觉和音频分析技术，通过智能摄像头、麦克风阵列和电子书写设备等硬件，实现了对课堂教学全场景的数字化采集。系统能够自动识别课堂中的师生行为，包括教师的板书、讲解动作和学生的举手、注视、做笔记等关键教学互动信号。特别创新的是“注意力分析”功能，通过分析学生的面部朝向、眼动轨迹和姿态变化，系统能够评估课堂整体和个体的注意力水平，生成“注意力热力图”，直观展示教学吸引力分布。在复杂的课堂环境中，该系统能够识别多达40种教学行为，准确率达到93%，为课堂教学数据化提供了可靠基础。

教育语音引擎是科大讯飞智慧课堂的交互核心。语言是教学的主要载体，而传统课堂的语言交互往往缺乏记录和分析。科大讯飞基于世界领先的语音识别技术，为教育场景定制了专业的教育语音引擎。系统通过针对教学场景的声学建模和语言模型优化，实现了在嘈杂课堂环境下的高精度语音识别，不仅能够准确转写教师讲解内容，还能识别多人交叉发言的讨论场景，支持方言识别和外语学习评测。特别是在学科专业词汇识别方面，系统针对数学、物理、化学等学科构建了专业词汇库，识别准确率达到97%以上。系统还开发了“口语表达评测”功能，能够评估语音的清晰度、流利度、语调和节奏等维度，为语言学习提供精准反馈。在某省市的英语口语教学应用中，该系统将口语练习反馈时间从传统的数日缩短到实时，使学生口语练习次数增加了5倍，发音准确度平均提升了28%。

知识图谱引擎是科大讯飞智慧课堂的教学内容支撑。传统教学内容组织往往呈线性结构，难以展现知识间的复杂关联。科大讯飞构建了涵盖K12全学段的教育知识图谱，将语文、数学、英语、物理、化学等学科的知识点、概念和原理结构化为网络关系。系统不仅包含知识点之间的前置、后继、相关和包含等基础关系，还整合了难度等级、考试频率和应用场景等教学属性。创新性的“知识地图”功能允许教师和学生可视化浏览知识结构，清晰了解当前学习内容在整体知识体系中的位置和关联。系统还开发了“知识追踪”功能，能够根据学生的学习轨迹和知识掌握情况，动态更新个人知识图谱，精准定位知识盲点和薄弱环节。在数学学科应用中，该知识图谱帮助学生将零散知识点连接成体系，概念理解正确率提升了23%，解题思路清晰度提高了31%，展现了结构化知识表示对学习理解的促进作用。

学习分析引擎是科大讯飞智慧课堂的数据智能核心。教育评价传统上依赖考试分数等有限指标，难以全面反映学习过程和能力发展。科大讯飞开发的学习分析引擎基于教育数据挖掘和学习科学理论，构建了多维度的学习评估体系。系统收集和分析课堂参与、作业完成、测验表现和学习行为等全方位数据，生成包含知识掌握、能力结构、学习习惯和思维特点的立体化学习画像。特别创新的是“学习进程分析”功能，系统不仅关注学习结果，更重视学习过程中的努力程度、进步幅度和思维方法，发现每个学生的独特优势和发展潜力。系统还开发了“学习风险预警”机制，通过分析学习轨迹和行为模式的变化，及早识别可能出现的学习困难和倦怠风险，支持教师进行精准干预。

教学决策引擎是科大讯飞智慧课堂的智能应用层。传统教学决策多依赖教师个人经验，缺乏数据支持。科大讯飞开发的教学决策引擎基于教育大数据和AI算法，为教师提供教学规划、内容选择和方法调整的智能建议。系统能够根据学生的知识掌握状况和学习特点，推荐最适合的教学内容和难度梯度，支持教学的精准个性化。创新的“教学策略推荐”功能会分析历史教学数据，找出对特定知识点和学生群体最有效的教学方法，如某些概念适合类比法，某些学生群体对可视化展示反应更好等。系统还支持“智能题库”功能，能够根据知识点和能力要求智能组卷，甚至可以根据学生个体情况生成有针对性的作业内容。在备课环节，系统会根据教学目标和学情分析，推荐优质教学资源和设计思路，大幅提升备课效率。数据显示，使用该系统的教师平均备课时间减少了40%，教学设计针对性提升了35%，体现了AI对教师专业决策的有效支持。

科大讯飞智慧课堂的实践价值在多个教学场景得到了验证。在课堂互动环节，科大讯飞开发了“AI助教”功能，革新了传统的师生互动模式。系统支持智能点名、实时答题和互动评测，教师可以通过平板一键发起互动，学生通过终端设备参与回答，系统自动收集和分析全班反馈，以可视化方式呈现学情分布。特别创新的是“智能提问”功能，系统会根据教学内容和学生状态，推荐最能激发思考和参与的问题类型，并根据学生答题情况智能分组，促进差异化教学。在某重点中学的应用中，该系统将学生课堂参与率从平均30%提升至85%，有效解答率提高了46%，学生对课堂互动的满意度达到92%，展现了技术对课堂活力的提升作用。

15.2　千人千面：松鼠 AI 的自适应教学创新

中国教育的核心挑战之一是如何在全球最大规模的教育体系中，实现因材施教的个性化教学理想。传统班级授课制模式下，一位教师面对数十名学生，难以充分关注每个学生的学习特点和认知差异，“一刀切”的教学进度和内容不可避免地导致部分学生跟不上、部分学生缺乏挑战。在这一背景下，松鼠AI于2016年推出了基于人工智能的自适应学习平台，通过深度学习和知识图谱技术，构建了真正意义上的“千人千面”个性化教学系统，为传统教育注入了智能化变革的新动力。

松鼠AI自适应学习系统的核心理念是模拟一位了解学生特点、掌握教学策略且拥有海量知识的“超级教师”。与传统在线教育简单提供视频课程和习题练习不同，松鼠AI系统通过精细化学习者建模、智能化学习诊断和动态化学习路径规划，为每位学生提供量身定制的学习体验。系统自2016年上线以来不断迭代升级，目前已覆盖从小学到高中的全部学科内容，在全国200多个城市的近千家学习中心部署，累计服务学生超过400万人，积累了超过80亿条学习行为数据，成为中国自适应教育领域的标杆案例。[1]

〔1〕 参见《2020内容科技应用典型案例：松鼠Ai 1对1智能自适应学习系统》，载人民网，http://yjy.people.com.cn/n1/2021/0610/c244560-32127923.html。

知识图谱引擎是松鼠AI系统的基础设施。传统课程内容通常按照教材章节线性组织，难以体现知识点之间的复杂关联。松鼠AI团队投入超过200名学科专家和AI工程师，历时三年构建了覆盖K12全学段的精细化知识图谱，将数学、物理、化学、语文等学科拆分为超过3万个原子级知识点，并精确定义了它们之间的前置、后继、相关和包含等多种关系，形成了一张包含数十万条边的复杂知识网络。系统基于图数据库技术实现了知识图谱的存储和计算，支持任意知识点间的关联路径分析和推理。这种知识组织方式突破了传统教学内容的线性限制，使学习路径可以根据学生情况动态调整，而不必拘泥于固定的章节顺序。

学习者认知模型是松鼠AI系统的智能核心。传统教育评价主要关注学生的分数表现，难以深入理解学习者的认知状态。松鼠AI开发的学习者认知模型基于贝叶斯知识追踪（BKT）、项目反应理论（IRT）和深度知识追踪（DKT）等先进算法，能够从学生的作答行为中推断其对各知识点的掌握程度。系统不仅考虑答对与答错的二元结果，还分析作答时间、操作轨迹、错误类型等多维度特征，构建包含认知水平、学习风格、知识掌握状态、易错点分布等参数的全息学习者画像。特别值得一提的是，松鼠AI的认知诊断模型能够区分"不会"和"会但易错"两种情况，精确识别学生的认知盲点和薄弱环节。据2023年发布的研究数据，该模型对学生知识掌握状态的预测准确率达到93.7%，远超传统评估方法的70%～80%水平。

内容智能推荐系统是松鼠AI平台的决策中枢。基于对学习者认知状态的精准诊断，系统需要从海量学习资源库中选择最合适的内容推送给学生。松鼠AI开发的推荐引擎综合运用强化学习、蒙特卡洛树搜索和注意力机制等算法，实现了学习内容的动态个性化推荐。系统将教学过程建模为序列决策问题，每一步决策都基于对学生当前状态和长期学习目标的平衡考量。例如，对于某个数学知识点，系统会基于学生的认知模型，决定是提供基础概念解释、典型例题分析，还是直接安排挑战性习题；对于检测出的薄弱环节，系统会智能回溯相关前置知识点，确保学习基础的牢固性。这种决策机制突破了传统“一刀切”教学进度的局限，使每位学生都能获得最适合自己的学习内容和进度。

学习效果评估系统是松鼠AI平台的质量保障。与传统标准化考试不同，松鼠AI开发了一套动态适应性评估系统，能够根据学生的实时反馈调整评估难度和内容。系统基于计算机自适应测试（CAT）技术，从题库中智能选择能够最大化信息增益的题目，用最少的题量获取最精确的能力评估。评估不仅关注知识点掌握的广度，还深入分析解题思路、错误模式和能力结构，生成多维度的学习报告。系统还开发了基于学习进程的纵向评估机制，通过比较学生在不同时间点的能力状态，精确量化学习增长轨迹，为教学效果提供客观依据。

教学干预系统是松鼠AI平台的人机协同环节。AI可以实现精准诊断和个性化推荐，但在学习动机激发、情感支持和深度解惑等方面，人类教师仍具有不可替代的作用。松鼠AI构建了“AI+教师”的协同教学模式，系统会在关键节点自动提醒教师实施针对性干预。例如，当检测到学生连续答错或学习专注度下降时，系统会及时通知教师；当学生在某个知识点遇到持续困难时，系统会生成具体的干预建议。这种协同模式既发挥了AI在精准诊断和个性化推荐方面的优势，又保留了人类教师在情感激励和创造性思维培养方面的独特价值（见图15–2）。

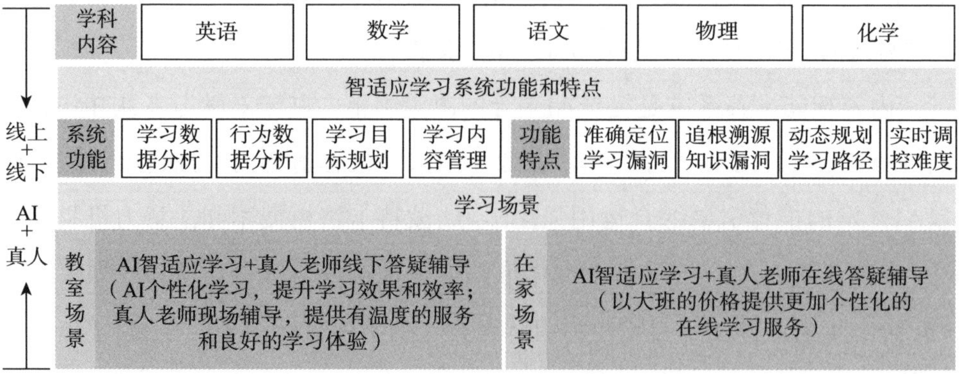

图15–2　松鼠AI模式特点

松鼠AI自适应学习系统的创新价值在多个维度得到了验证。在学习效率方面，“AI教与人教”对比实验显示，相同学习目标下，使用松鼠AI系统的学生比传统班级授课节省了55%～60%的学习时间，学习效率提升明显。在西部地区的试点项目中，系统帮助当地农村学校的数学成绩平均提升了17.7分（百分制），显著高于对照组的8.3分增长。在标准化测试环境下，使用松鼠AI系统学习一学期后，学生的平均成绩提升了27.5分，而对照组仅提升了10.3分。尤为重要的是，成绩提升最显著的群体是原本处于学习困难状态的学生。〔1〕

西安市某高中的高考备考项目是松鼠AI在高阶应用场景的典型案例。面对高考物理这一难点学科，松鼠AI团队为该校开发了针对性的自适应学习方案。系统首先通过精细化认知诊断，为每位学生构建了包含17个核心能力维度、128个知识点的物理学科能力图谱。基于诊断结果，系统为每位学生制定了个性化的复习计划，精准定位和强化薄弱环节。特别值得一提的是，系统通过分析历年高考题库和学生的错题模式，开发了“高考题型预测引擎”，能够为每位学生推荐最有针对性的模拟题型。在为期三个月的备考中，系统持续追踪学生的能力变化，动态调整复习重点。最终高考中，试验班物理平均成绩比对照班高出10.7分，达到满分的85.2%，一本达线率提升了23%。

自适应学习平台的成功实践表明，教育领域的AI应用已从辅助工具走向核心引擎，正在重构教与学的基本范式。与传统教育科技相比，AI赋能的自适应学习不仅是对现有教学流程的数字化和效率化，更是对教育模式的本质重塑，开启了“因材施教”从理念到现实的转变。这种个性化教育范式不仅提升了学习效果，也为缩小教育差距、促进教育公平提供了技术路径，体现了科技创新与社会价值的有机统一。

---

〔1〕 参见《教育大模型浪潮中，松鼠Ai的“智适应”故事好讲吗？》，载TopMarketing，https://www.itopmarketing.com/info15606，最后访问日期：2025年7月25日。

15.3 学习助手：Speak AI 智能英语学习平台

语言学习是教育体系中的关键一环，而英语作为全球通用语言，其学习质量直接影响国家国际竞争力和个人发展空间。然而，传统英语教学长期面临着三大核心挑战：优质教学资源稀缺且分布不均、学习过程中互动反馈不足、个性化教学难以实现。举例来说，中国拥有世界上最大的英语学习群体（超过4亿人），但优质外教资源严重不足，学生普遍缺乏有效的语言实践环境；课堂教学中，教师难以关注每位学生的发音和表达，学生获得的反馈有限且滞后；标准化的教学进度和内容难以适应学习者的不同基础和学习风格，导致学习效率低下。为满足更加优质的语言学习需求，Speak AI于2020年推出了基于深度学习的智能英语学习平台，通过语音识别、自然语言处理和对话生成等AI技术，构建了“听、说、读、写、译”全方位的智能语言学习环境，创造了“数字教师”与学习者持续互动的新型学习模式，为英语教育注入了智能化变革的新动力。〔1〕

Speak AI的核心理念是“让每位学习者都拥有专属的AI外教”。不同于传统的语言学习软件，Speak AI不仅提供学习资源和练习工具，更着力打造能够理解学习者、持续互动并提供个性化指导的数字教师。通过语音评测、交互式对话、实时反馈和进度跟踪等核心功能，Speak AI实现了从静态资源学习到动态交流体验的转变，使学习者能够在任何时间地点获得接近真人外教的学习体验。系统自2020年上线以来持续迭代，截至2024年，平台已服务全球超过3000万用户，日均交互对话超过1200万次，覆盖从儿童英语启蒙到专业英语提升的全场景应用，成为全球规模领先的AI驱动语言学习平台，为语言教育的普

〔1〕 Speak AI自2020年上线以来，服务全球3000万用户，日均交互超1200万次，强调“开口说话”，提供AI外教体验。

惠化和高质量发展开辟了新路径（见图15–3）。

图15–3　**Speak 产品界面**

语音识别与评测引擎是Speak AI的核心差异化能力。语言学习中，准确的发音和自然的表达是最基础也是最难掌握的环节。Speak AI开发的语音识别与评测引擎基于深度神经网络和语音学模型，能够精准识别学习者的语音输入并进行多维度评测。系统不仅分析单词发音的准确性，还评估句子的语调、重音、停顿和流利度，实现了从音素到篇章的全层次语音能力评估。特别创新的是“母语干扰识别”功能，系统能够识别出不同母语背景（如汉语、日语、俄语等）学习者常见的发音偏误模式，提供针对性的纠正建议。例如，对于汉语母语者常见的“th”音发音困难，系统会提供包含嘴型示范、发音要领和对比练习的精准指导。在专业测试中，该引擎的语音评分与专业外教评分的一致率达到92%，在某些固定模式的发音评估上甚至超过了人类教师的一致性水平，为学习者提供了随时可得的专业发音指导。

对话生成引擎是Speak AI的交互核心。语言学习的最大挑战在于缺乏真实的交流环境和持续的对话实践。Speak AI开发的对话生成引擎基于最新的生成式AI技术，创造了能够与学习者进行自然、持续对话的虚拟语伴体验。系统能够围绕特定主题或场景生成符合语言学习需求的对话内容，并根据学习者的回应动态调整对话难度和方向。特别创新的是“角色扮演”功能，系统提供了从咖啡店店员、酒店前台到商务会谈伙伴等数百个场景角色，学习者可以在模拟真实场景中练习实用对话。系统还开发了“对话支架”技术，当检测到学习者表达困难时，会适时提供词汇提示、句型建议或表达替代方案，降低交流焦虑，培养语言自信。数据显示，使用该功能的学习者平均每天的英语口语练习时间从5分钟增加到23分钟，英语表达流利度在三个月内提升了46%，展现了AI对话对语言实践的强大促进作用。

内容推荐引擎是Speak AI的学习资源调度中心。语言学习需要大量的输入材料，但如何选择最适合当前水平和兴趣的内容是学习者面临的普遍难题。Speak AI开发的内容推荐引擎基于机器学习和自然语言处理技术，构建了智能化的学习材料推荐系统。平台整合了超过50万篇分级阅读材料、10万个视听资源和30万个练习题，覆盖从初级到专业水平的全谱系英语学习内容。系统会根据学习者的英语水平、学习目标、兴趣偏好和学习历史，智能筛选和推荐最适合的学习资源。特别创新的是“兴趣激发”机制，系统会分析学习者的兴趣领域（如体育、音乐、科技等），推荐相关主题的英语材料，使语言学习与个人兴趣相结合，提升学习动机和持久性。系统还开发了“难度梯度”技术，确保推荐内容略高于学习者当前水平（即“i+1”理论），创造最佳的语言习得环境。用户数据显示，个性化推荐使学习者的内容参与度提升了62%，完成率提高了57%，学习效果大幅改善。

学习分析引擎是Speak AI的数据智能核心。传统语言学习缺乏系统化的进展跟踪和能力诊断。Speak AI开发的学习分析引擎基于教育数据挖掘和语言习得理论，构建了全面的学习效果评估体系。系统收集和分析学习行为数据，包括学习时长、交互频率、错误模式、进步速度等多维度指标，生成直观的学习报告和能力图谱。特别创新的是“学习曲线分析”功能，系统会识别学习者的学习高峰期和低谷期，推断最佳学习时间和频率，提供科学的学习规划建议。系统还开发了“遗忘曲线预测”技术，根据艾宾浩斯遗忘曲线原理，智能安排复习内容和时间，确保知识的长期保留。在企业英语培训项目中，采用该系统的学员平均记忆保持率提升了39%，学习效率提高了44%，展现了数据驱动对语言学习效果的显著提升。

Speak AI的实践价值在多个应用场景得到了验证。在K12英语学习领域，Speak AI开发了“AI口语助教”功能，解决了学校英语教学中口语实践不足的痛点。该功能支持教师布置口语作业，学生可以通过手机或电脑录制回答，系统自动评估发音、语法和表达，生成详细的反馈报告。教师可以查看全班情况，发现共性问题并有针对性地调整教学。在一项覆盖50所学校的研究中，使用该功能的班级学生英语口语测试成绩平均提高了22分（百分制），口语自信度提升了47%，教师工作量减少了约30%，展现了技术对传统英语教学的有效补充作用。

本章小结

科大讯飞智慧课堂、松鼠AI自适应学习系统与Speak AI智能英语学习平台展示了AI对教育的深刻重塑。这些实践体现了新智生产力的本质——通过数据智能处理、算法精准决策和知识结构化表达，创造传统教育难以企及的价值。

从生产要素看，AI教育重构了资源配置，实现优质教育资源跨区域共享与普惠化；从生产关系看，它改变了师生互动模式，教师转变为学习引导者，学生成为主动探索者；从生产方式看，AI将标准化教学转变为个性化精准施教，使“因材施教”在数字时代大规模实现。

这些变革不仅提升了教育质量和效率，更扩大了包容性和公平性。如同在教育领域，AI在文创产业同样通过资源智能配置和创意支持，塑造着一个更具创造力、更富包容性的未来。

第 16 章
数字文创：AI 重塑内容产业

文化创意产业作为价值链高端的核心领域和国家软实力的重要载体，正迎来人工智能驱动的深刻变革。在新智生产力重塑产业结构的大潮中，数字文创既是AI应用的前沿场景，也是文化价值与技术创新融合的典范领域。随着人工智能技术的成熟，基于数字孪生、多模态生成和创作协同的智能解决方案正在重构文创产业的生产方式、传播形态和价值创造机制。

16.1 智慧文旅：腾讯打造数字孪生景区

文化旅游产业作为中国经济的重要支柱，长期面临三大核心挑战：游客体验同质化且深度不足、文化遗产保护与开发的矛盾、景区管理智能化水平低下。传统景区运营模式中，游客只能在有限时空内感受景区风貌，难以深入理解其背后的文化内涵；珍贵文化遗迹在开放与保护之间寻求平衡，往往难以兼得；景区管理者缺乏精准、实时的数据支持，难以实现科学决策和精细化运营。在这一背景下，腾讯于2020年推出“数字孪生景区”解决方案，通过人工智能、数字孪生、云计算等新一代信息技术，构建了集“数字复刻、智能交互、沉浸体验、高效管理”于一体的智慧文旅平台，开创了文化旅游产业发展的新范式，通过AI复原历史文化场景，把艺术和技术深度融合起来，给游客带来沉浸式的体验感。

腾讯数字孪生景区的核心理念是打造物理世界与数字世界的“双向赋能”。不同于传统的电子导览或数字展示，数字孪生景区通过建立物理景区的数字镜像，实现了从静态展示向动态交互、从单一感官向多维沉浸、从被动接受向主动探索的三大跃迁。系统自2020年上线以来不断迭代升级，已在全国20多个省份的50余处重点文化旅游景区部署，包括敦煌莫高窟、杭州西湖、北京故宫、苏州园林等世界文化遗产地，累计服务游客超过2亿人次，创造直接经济效益逾80亿元，成为中国智慧文旅领域的标杆项目（见图16-1）。[1]

图16-1　腾讯云景区孪生智慧大脑

三维重建引擎是数字孪生景区的基础设施。传统景区数字化往往停留在平面图或简单3D模型层面，缺乏精细度和真实感。腾讯开发的三维重建引擎融合了多源数据采集与处理技术，能够以亚毫米级精度复刻景区的自然地貌、

〔1〕 参见《利用数字孪生技术实现三维场景的智慧景区管理系统》，载企鹅号“金烽科技数字化”2023年2月14日，https://cloud.tencent.com/developer/news/1003577。

人文建筑和文物细节。系统采用高精度激光扫描、多角度摄影测量、无人机航拍等技术获取原始数据，结合深度学习算法进行点云处理、纹理映射和细节增强，实现了超高精度的三维重建。特别是针对文物古迹的细节处理，系统开发了基于计算机视觉的表面细节增强技术，能够清晰呈现壁画、雕刻等文物上的微小纹理和色彩变化。在敦煌莫高窟项目中，系统以0.1毫米的精度复刻了第45窟的全部壁画和雕塑，连壁画表面的裂纹和色彩氧化痕迹都被精确捕捉，为学术研究和文物保护提供了宝贵的数字资产。

数字人物引擎为孪生景区注入了鲜活的人文气息。传统景区讲解往往依赖文字说明或人工导游，难以创造沉浸式的历史文化体验。腾讯开发的数字人物引擎基于深度学习和计算机图形学技术，构建了包含历史人物、文化名人和专业讲解员在内的数字角色库。系统通过语音合成、面部表情生成和肢体动作捕捉技术，使这些数字人物能够自然流畅地与游客交流互动。特别创新的是“文化传承者”功能，系统通过记录非物质文化遗产传承人的技艺表演和口述历史，创建了数字化的技艺传承库，使珍贵的非遗技艺得以永久保存。在杭州西湖景区，系统复刻了南宋时期的著名词人、画家和当代手工艺人等10余位文化代表，游客可以与这些数字人物进行对话交流，了解不同时代的西湖文化与艺术。

自然语言交互引擎是数字孪生景区的智能桥梁。传统景区讲解多为预设内容，难以响应游客的个性化需求。腾讯基于DeepSeek大模型技术开发的自然语言交互引擎，实现了游客与数字景区的无缝对话。系统构建了涵盖历史文化、地理知识、民俗传说和实用信息的多层次知识图谱，能够理解复杂的自然语言问题并给出专业准确的回答。特别值得一提的是系统的“多轮对话理解”能力，不仅能够回答单次问题，还能在连续对话中保持上下文理解，为游客提供连贯的知识探索体验。系统还支持多语言实时翻译，满足国际游客的需求。在北京故宫的应用中，系统能够回答超过10万种关于紫禁城历史、建筑、文物和宫廷生活的问题，准确率达到95%以上，大幅提升了游客对故宫文化内涵的理解深度。

沉浸体验引擎是数字孪生景区的核心创新。传统景区体验往往受限于物理空间和时间，难以突破现实约束。腾讯开发的沉浸体验引擎融合了增强现实（AR）、虚拟现实（VR）和混合现实（MR）技术，有效营造出沉浸式且动态化的艺术氛围，创造了超越时空限制的全新文化体验。系统支持“云游览”模式，游客可以通过VR设备或普通智能终端，实时漫游数字孪生景区，探索物理世界中难以到达的区域。更具创新性的是“时空穿越”功能，系统基于历史文献和考古资料，重建了景区在不同历史时期的面貌，游客可以见证建筑变迁、体验历史场景。系统还开发了“文物复原”技术，能够将已经残损的文物在数字世界中恢复原貌。在西安大唐不夜城项目中，系统重建了盛唐时期的长安城景观，游客可以通过AR眼镜，在现代街区中同时看到唐代建筑的数字重现，创造了“今昔交融”的独特体验。

智能管理引擎是数字孪生景区的运营核心。传统景区管理依赖经验判断和滞后数据，难以应对复杂多变的游客流动和安全需求。腾讯开发的智能管理引擎基于计算机视觉和大数据分析技术，构建了全维度、实时化的景区运营决策系统。系统通过分布式摄像头网络和物联网感知设备，实时监测游客流量、行为轨迹和停留时间，形成“客流热力图”，为景区管理者提供直观的决策参考。特别是在游客体验优化方面，系统能够通过分析游客行为数据，识别参观“瓶颈”和兴趣热点，辅助景区优化路线设计和展示内容。在安全管理方面，系统开发了基于深度学习的异常行为检测算法，能够自动识别可能的安全隐患并及时预警。在环境保护层面，系统通过传感器网络监测景区环境参数，对文物保存环境进行精准控制。

腾讯数字孪生景区的实践价值在多个维度得到了验证。在游客体验方面，数据显示采用该系统的景区游客满意度平均提升了32%，停留时间延长了45%，重游率提高了28%，展现了数字技术对文旅体验的深刻变革。在文化传播方面，系统突破了物理空间限制，通过线上平台将中国文化遗产展示给全球受众，累计吸引线上访问超过5亿人次，大幅拓展了文化影响力。在经济效益方面，数字孪生景区创造了全新的收入模式，包括数字票务、虚拟商品、定制化体验等，使景区的商业价值从单一门票收入向多元化生态扩展。

敦煌莫高窟的数字保护与展示项目是腾讯数字孪生景区的典范之作。莫高窟作为世界文化遗产，面临着保护与开放的双重挑战。洞窟内的壁画和彩塑极为珍贵，却因长期暴露在游客呼吸、光照等环境因素中逐渐损毁。腾讯团队与敦煌研究院合作，运用高精度三维扫描和多光谱成像技术，对100个精选洞窟进行了数字化保存，精度达到亚毫米级，首次实现了敦煌艺术的全景数字化。在此基础上，团队开发了“数字敦煌”体验中心，通过8K超高清投影和沉浸式声光环境，让游客体验身临其境的洞窟参观，同时不会对实体文物造成损害。〔1〕系统还基于大模型技术构建了“敦煌知识库”，整合了敦煌学研究成果和历史文献资料，游客可以通过自然语言提问深入了解壁画背后的历史和艺术价值。项目实施后，莫高窟实体洞窟的开放数量一方面得以控制在合理范围，另一方面却通过数字展示扩大了文化影响力，日均接待游客提升了45%，研究数据的共享也促进了全球敦煌学研究的繁荣。

从产业变革视角看，腾讯数字孪生景区代表了文旅产业从资源依赖型向科技驱动型的转型升级。传统文旅产业高度依赖自然和文化资源禀赋，受时空限制明显，体验同质化严重。AI赋能的数字孪生景区突破了这一局限，实现了四方面的结构性创新：一是将有限的物理文化空间扩展为无限的数字体验空间，突破了容量和地域约束；二是通过技术赋能的沉浸式讲述，使文化遗产从静态展示向动态叙事转变，提升了文化传播效果；三是基于数据分析的精准运营，优化了资源配置效率，提升了景区管理科学化水平；四是创造了数字文旅消费新场景，拓展了产业价值链和商业模式。这些变革不仅提升了游客体

〔1〕 敦煌莫高窟数字展示中心于2014年开放，核心内容为“数字敦煌”和“虚拟洞窟”，缓解旅游开放与文物保护矛盾。参见《敦煌莫高窟数字展示中心 | 中国建筑设计研究院》，载ARCHINA网，http://www.archina.com/index.php?g=works&m=index&a=show&id=3360，最后访问日期：2025年7月28日。

验，更重要的是重构了文旅产业的生产方式和价值创造逻辑，促进了文化资源与数字技术的深度融合。

技术创新是腾讯数字孪生景区的核心驱动力。腾讯团队在多个技术领域实现了突破，包括大规模场景三维重建、文物数字化保存、AI驱动的文化知识图谱、沉浸式展示技术等。特别是在文物数字化领域，团队开发的“多光谱成像+3D重建”集成技术，能够同时捕捉文物的几何形态和材质特性，在世界文化遗产数字保护领域处于领先水平。在沉浸展示技术方面，团队开发的“空间定位渲染引擎”突破了传统AR技术的精度限制，实现了厘米级的实景叠加精度，大幅提升了混合现实体验的真实感。值得一提的是，腾讯与敦煌研究院、故宫博物院等文化机构联合建立了“数字文化遗产联合实验室”，推动了文化保护技术从应用创新向基础研究的深化，多项成果获得国家文物局科技创新奖。

腾讯数字孪生景区的实践揭示了AI如何重塑文旅产业。首先，AI技术使文化遗产的展示从单向传播转向互动体验，实现了文化传承方式的革新；其次，数字孪生技术突破了物理空间限制，使珍贵文化资源能够实现全球共享，扩大了文化影响力；再次，智能分析赋能的精准运营，使景区管理从经验导向转向数据驱动，提升了资源配置效率；最后，沉浸式技术创造了新型文化消费场景，催生了一系列数字文创产品和服务，拓展了产业价值链条。

16.2　豆包创作：内容生产的 AIGC 革命

内容生产作为文创产业的核心环节，长期以来受限于人力创作的效率“瓶颈”和专业门槛。传统内容创作往往需要长期的技能积累和大量的时间投入，创作过程中的重复性工作和技术壁垒限制了创意的规模化表达与传播。通过对AI工具的使用，则可以有效解决这些问题，如根据相关指令生成逼真的风景画、肖像画，甚至是抽象画，使艺术家能够更专注于创意构思，而不是技术细节。此外AI可以自动处理重复性和高耗时的任务，这不仅可以节省时间和资源，还能减少人为错误。字节跳动于2023年推出的豆包大模型，作为中国领先的生成式AI平台，通过多模态理解与生成能力，正重构内容产业的创作基础设施，开启了内容生产范式从“人工驱动”向“人机协同”转变的新纪元。这一技术飞跃不仅是效率工具的进化，更是创作生态的革命性重塑，为内容产业注入了前所未有的生产力动能。

豆包大模型的技术特点体现在多个维度的创新突破。首先是模型架构的原创性——豆包采用混合专家模型（Mixture of Experts，MoE）架构，通过“router网络+多个专家网络”的组合设计，在保持模型规模的同时显著提升推理效率。模型包含超过1000亿参数，但通过稀疏激活机制，每次推理仅调用其中一部分参数，使计算资源利用更为高效。其次是训练数据的广泛性和本地化特色——模型训练数据覆盖中英文文本、代码、图像等多种形式，总量超过2万亿词元，特别强化了对中文语境、文化背景和表达习惯的理解，展现出比国际同类模型更优的“中文原生”能力。〔1〕再次是生成能力的多模态整合——豆包不仅支持文本生成，还具备图像生成、图文互转、音频处理等能力，能够满足全媒体内容创作的多元需求。最后是实时性和定制化程度——模型支持增量学习和领域微调，能够快速适应特定内容创作的专业需求，如营销文案、影视剧本、游戏策划等垂直场景。

豆包在内容创作领域的核心价值在于构建了“人机协同创作”的新范式。传统创作模式中，AI主要作为辅助工具存在，提供参考或执行简单任务；而豆包则通过“意图理解—创意生成—迭代优化”的闭环流程，成为创作者的智能合作伙伴。在创作起点，系统能够准确理解创作者的意图和风格偏好，将抽象需求转化为具体创意方向；在内容生成阶段，系统根据引导提示（prompt）生

---

〔1〕 豆包大模型由字节跳动于2023年推出，具备多模态理解和生成能力，覆盖文本、图像、代码等多种数据形式，参数超过1000亿。参见《冲上流量“王座”！豆包如何做到惊艳出场？一文带你读懂背后产业链，字节的AI布局远不止这些？|智库》，载新浪财经，https://finance.sina.com.cn/wm/2025-01-11/doc-ineerawt4874845.shtml。

成多个创意版本，为创作者提供丰富选择；在优化环节，系统根据反馈不断调整输出，形成人机对话式的创作过程。这种协同创作模式最大特点是保留了人类创作者的主导地位和创意主权，同时显著降低了技术门槛和执行成本，使创作者能够将精力集中在创意构思和品质把控上，而非烦琐的技术实现和重复性工作上（见图16-2）。

图16-2　字节大模型全面布局各类服务场景

在文案创作领域，豆包展现出卓越的应用价值和市场影响力。营销文案创作通常面临高频次、多样化和时效性强的特点，传统制作流程难以满足快速变化的市场需求。豆包通过深度学习品牌调性和受众心理，能够在秒级生成符合品牌基调的多风格文案，大幅提升内容营销的效率和精准度。以某知名快消品牌的营销活动为例，团队使用豆包平台构建了完整的文案生产流水线：首先导入品牌历史文案和市场调研数据，训练模型理解品牌语言风格；其次针对不同营销场景设置文案模板；最后通过一键生成功能，快速输出社交媒体帖文、广告标语和产品描述等多元内容。这一流程将文案生产时间从平均3天缩短至2小时，创意版本数量从每次5～10个增加到30～50个，同时保持了品牌语言的一致性。更重要的是，通过A/B测试发现，AI辅助创作的文案点击率比传统文案平均高出16%，转化效果提升22%。

在图像创作领域，豆包通过文本引导的图像生成技术（Text-to-Image），为设计师和视觉创作者提供了强大的创意工具。传统视觉内容制作往往受限于创作者的绘画技能和设计软件掌握度，而豆包的图像生成功能允许创作者通过自然语言描述直接获得符合心理预期的视觉表达。系统不仅理解基本的视觉元素和构图规则，还能识别艺术风格、情绪氛围等抽象特征，支持从概念草图到精细作品的全流程创作。在电商平台美团的“智能视觉创意中心”项目中，豆包被用于商品展示图和营销海报的快速生成：设计师通过输入商品信息和营销诉求，系统自动生成多个视觉风格的图像方案，设计师选择满意版本后可进一步调整细节参数，如构图、色调和元素强调等。这一流程将常规设计时间从3～5小时缩短至15～30分钟，每日创意产出量提升了8倍，同时保持了品牌视觉语言的一致性。

豆包为内容产业带来的变革不仅体现在单点工具的效率提升，更深刻地重构了整个内容生产体系。首先是创作工具链的民主化——复杂的专业软件操作被简单的自然语言提示（prompt）所取代，使非专业人士也能创作出专业水准的内容，大幅降低了行业入门门槛。其次是创作工作流的重组——从线性的策划—制作—修改流程转变为交互式的人机协同迭代，缩短了从创意到作品的转化周期，提高了创新尝试的容错性和效率。再次是生产规模的指数级增长——AI辅助创作突破了人力时间限制，使内容生产能力获得质的飞跃，推动了内容市场从“精品稀缺”向“个性丰富”的转变。最后是创作边界的拓展——AI对跨领域知识的整合能力帮助创作者突破知识视野局限，催生了更多跨界融合的创新表达。这些系统性变革正推动内容产业从工业化生产模式向智能化创作生态演进，重塑行业价值链和竞争格局。

16.3　影像智创：Runway Gen-2 驱动 AI 影视创作

视频创作作为内容产业的核心领域，长期面临三大关键挑战：创作门槛高与专业技能稀缺、制作流程复杂与时间成本高昂、创意实现受限与迭代效率低下。传统视频制作需要摄影、灯光、剪辑、特效等多领域专业技能，形成了高度专业化的行业壁垒；从前期拍摄到后期制作的繁复流程耗费大量时间和资源，限制了内容生产的规模与速度；而创作者的创意表达常受到技术条件、预算限制和工具局限的制约，难以实现理想中的视觉呈现。在这一背景下，Runway于2022年推出了基于AI的视频创作平台Gen-2，深度融合扩散模型、生成对抗网络和多模态人工智能等前沿技术，构建了“文本—图像—视频”的一体化创作生态，进而开创了从“专业生产”到“AI协同创作”的视频制作新范式，为内容产业注入了生成式人工智能驱动的创新动力，在极大缩短创作周期，降低人工成本，提高创作效率的同时，通过算法赋能创作者，有效扩展了艺术的表达方式。

Runway Gen-2的核心理念是“人机协同，重构视频创作”。不同于传统视频工具链或简单的视频滤镜应用，Runway Gen-2通过生成式AI技术重新定义了视频创作的基本流程和创意实现方式。平台将创作者的文本描述、参考图像或简单草图转化为高质量视频内容，并提供丰富的编辑、修改和风格化工具，使专业创作者和普通用户都能轻松实现复杂的视觉表达。通过构建“创意概念—AI生成—人工调整—再生成”的协同工作流，Runway打破了传统视频制作的线性流程和专业壁垒，使创作过程更加灵活、高效和具有实验性。截至2024年，Runway Gen-2已服务全球超过200万创作者，影响超过5000万条视频内容的生产，应用场景从个人创意表达到商业广告制作、从教育培训到艺术实验，成为全球领先的AI视频创作平台，推动了视频内容生产方式的革命性变革。[1]

文本—视频生成引擎是Runway Gen-2的核心创新。传统视频制作必须通过实际拍摄或复杂的三维动画制作获取素材，Runway突破性地开发了直接从文本描述生成视频内容的能力。该引擎基于扩散模型和大规模预训练，能够理解复杂的自然语言描述并将其转化为视觉叙事。用户只需输入如“一只猫从巴黎埃菲尔铁塔前走过，背景是日落”这样的描述，系统就能生成符合要求的短视频。系统不仅理解物体、场景和动作等基本元素，还能把握光线氛围、摄影风格和运动节奏等细微特征。特别创新的是“叙事连贯性控制”功能，系统能够在视频生成过程中保持主体一致性和情节连续性，大幅提升了生成内容的实用价值。2024年的Gen-2模型在质量评估中显示，其生成视频的视觉真实度较2022年的初代模型提升了近65%，主体一致性提高了78%，使AI生成视频首次达到了可用于商业项目的质量标准。

图像—视频转换引擎拓展了创作起点的多样性。创作者往往已有概念图或参考图像，但缺乏将其转化为动态视频的有效手段。Runway开发的图像—视频转换引擎能够将静态图像“赋予生命”，生成保持原始图像风格和内容的动态视频片段。系统支持多种转换模式，包括简单动画化（如使人物眨眼、转头）、环境动态化（如添加风吹草动、水波纹动效）和叙事扩展（根据图像内容延伸出前后情节）。特别创新的是“动作指导”功能，用户可以通过简单文本描述或参考视频指定期望的运动方式，如“缓慢向右平移”或“从特写镜头拉远”，系统会根据指令生成相应的摄像机运动或主体动作。这项技术使设计师和艺术家能够快速将概念草图转化为动态演示，大幅提升了创意迭代的效率。在一项面向专业制作人的调研中，该功能平均节省了65%的概念验证时间，加速了项目前期决策过程（见图16-3）。

---

〔1〕 Runway Gen-2支持文本—视频生成、图像—视频转换、视频增强与修复、智能编辑等功能，提升视频制作效率40%以上。参见《Runway Gen-2 视频生成详细教程》，载大屏时代，https://www.dapingtime.com/article/131.html，最后访问日期：2025年7月28日。

图16-3　Gen2一键生成不同风格图像

智能编辑引擎重新定义了后期制作流程。传统视频编辑需要精确的手动操作和专业软件技能，学习曲线陡峭且工作流程烦琐。Runway开发的智能编辑引擎基于计算机视觉和自然语言处理技术，创造了更加直观和高效的编辑体验。系统支持基于内容的自动剪辑（如“保留所有人物对话片段”或“创建30秒精彩集锦”），语义级对象操作（如“移除视频中的所有汽车”或“将背景更换为海滩”），以及基于文本的视频搜索和组织。特别创新的是“叙事重构”功能，系统能够理解视频内容的叙事结构，支持用户通过简单指令重新安排故事节奏或调整情感走向。系统还开发了“智能转场生成”技术，能够根据前后镜头内容自动创建自然流畅的转场效果，无需手动关键帧设置。在专业测试中，使用该系统的编辑师完成相同剪辑任务的时间减少了约40%，尤其在处理需要大量重复性操作的项目时效率提升更为显著。

Runway Gen-2的实践价值在多个创作场景得到了验证。在独立电影制作领域，Runway成为预视觉设计和概念开发的革命性工具。传统电影制作需要昂贵的前期规划，包括故事板绘制和预视觉制作，这些环节往往消耗大量预算却没有直接出现在最终作品中。Runway使导演和视觉设计师能够快速将创意转化为视觉参考，测试不同的镜头语言和视觉风格，优化叙事节奏和情感表达。在某独立电影项目中，导演团队使用Runway生成了超过500个镜头的概念预览，在正式拍摄前就实现了完整视觉叙事的测试，不仅减少了拍摄过程中的试错成本，还帮助团队发现了原本脚本中被忽视的叙事潜力。该项目最终以不到传统同规模电影40%的预算完成制作，同时获得了多个电影节的视觉创新奖项，展现了AI对电影制作民主化的促进作用。

本章小结

腾讯数字孪生景区、字节豆包和Runway Gen-2等AI创新实践代表了创意表达的范式变革，体现了新智生产力的核心特征——智能算法赋能、数字内容流通与人机协同创作，创造了传统模式难以企及的文化价值和商业潜力。

从生产要素看，AI将创意表达从物理材料和专业技能限制中解放，实现从“稀缺资源”到“普惠工具”的转变；从生产关系看，创作过程从封闭专业走向开放协同，内容消费从被动接受转向交互体验；从生产方式看，工作流从线性转变为迭代式创作生态，大幅提升创意转化效率。

数字文创与智能服务形成价值闭环：优质数字内容为智能服务提供丰富交互素材，多元服务场景为内容创造应用渠道和变现空间。AI驱动的新智生产力正塑造一个更具创造力、体验感和人文关怀的生活图景，为人的全面发展提供技术支撑和文化滋养。

第 17 章 智能服务：AI 赋能全场景体验

随着人工智能从数字世界走向物理空间，从信息处理拓展至环境感知与交互，智能服务正成为新智生产力重塑产业格局的前沿领域。传统服务业长期面临效率"瓶颈"、体验割裂和资源错配的挑战，而具身智能、全场景协同、万物互联和低代码开发等前沿技术的融合应用，正在创造出突破时空限制、跨越物理与数字边界的全新服务范式，为人们提供更加便捷、智能和人性化的全场景服务体验。

17.1 具身交互：宇树 G1/H1 的人形机器人革命

人工智能的发展历程经历了从计算到感知，再到认知的三大阶段，而如今正迈向"具身智能"的全新范式。长期以来，AI技术主要存在于数字世界中，通过屏幕、语音等有限通道与物理世界交互，但缺乏真正的物理存在与环境互动能力。这一局限极大制约了AI在服务业等需要物理交互的场景中的应用潜力。在这一背景下，宇树科技于2023年推出了G1/H1系列人形机器人，以突破性的低成本实现了AI从"云端智能"到"具身智能"的关键跨越，开创了人机交互的全新范式，为智能服务产业注入了变革性动力。

宇树科技的创新之处在于将"可负担的具身智能"理念转化为现实。不同于波士顿动力、特斯拉等公司动辄数十万美元的研究型人形机器人，宇树G1/H1系列以9.9万元起的亲民价格，首次将真正意义上的人形机器人带入普通家庭和中小企业可负担的范围。这一“平价革命”源于宇树对人形机器人的全新定位——不追求极致的工业级精度和复杂动作表演，而是专注于真实场景中的服务功能和自然交互体验，实现了从“实验室奇观”到“实用产品”的关键跨越。自2023年发布以来，宇树G1/H1系列已售出超过5万台，应用于全国2000多家商业场所和8000多个家庭，成为全球首个实现规模化商用的通用人形机器人产品（见图17-1）。

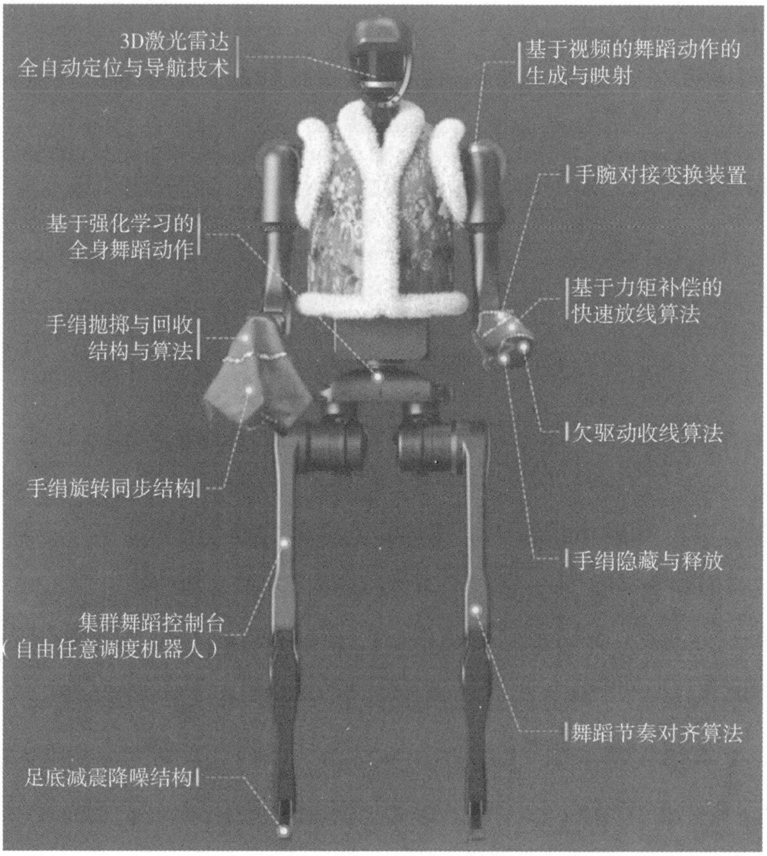

图17-1　宇树科技H1人形机器人部分技术展示

环境理解系统是G1/H1的“感知大脑”。传统服务机器人往往依赖预设地图或简单视觉识别，难以应对复杂多变的真实环境。宇树开发的环境理解系统基于深度学习和多传感器融合技术，构建了“三维感知+语义理解”的环境认知架构。系统集成了RGB-D相机、超声波传感器、激光雷达等多种感知硬件，通过深度神经网络进行实时场景重建和语义分割，能够识别家具、物品、人物等200多类环境元素，并理解它们的空间关系和功能属性。特别值得一提的是系统的“长期环境记忆”功能，机器人能够构建并持续更新环境知识图谱，记住物品的常见位置、使用方式和环境变化历史，极大地增强了其在家庭和商业环境中的适应能力。例如，G1能够记住“主人的眼镜通常放在书桌上或床头柜上”这类生活习惯，在执行寻找任务时更加高效。

动作控制系统是G1/H1的“身体大脑”。人形机器人的运动控制面临平衡稳定性、动作精准度和能耗效率的多重挑战。宇树团队基于仿生学原理和控制论方法，开发了具有适应性的混合控制策略。G1配备了21个高精度关节电机和全身动态平衡系统，能够实现行走、转向、抓取、搬运等基础动作；H1则进一步提升至27个自由度，增强了动作灵活性和表现力。系统采用模型预测控制和强化学习相结合的方法，能够根据不同地面材质和负载状态自动调整步态参数，保持稳定行走。特别创新的是“能效优先”设计理念，通过优化电机布局和动力传动系统，G1/H1实现了4～6小时的持续工作时间，远超同类产品的1～2小时，使其真正适合全天候服务场景。

多模态交互系统是G1/H1的“社交大脑”。传统机器人交互往往局限于简单语音指令和固定动作，缺乏自然流畅的人机沟通能力。宇树开发的多模态交互系统融合了视觉、语音、触觉和姿态等多种交互通道，创造了更接近人类自然交流的互动体验。系统基于DeepSeek大模型打造的对话引擎能够理解复杂语境和隐含意图，支持多轮对话，识别准确率超过95%。在视觉交互方面，机器人能够识别面部表情、手势动作和身体姿态，理解非语言沟通信号。特别是在情感表达领域，G1配备了LED表情屏和动态姿态系统，能够通过面部表情、身体语言和声音语调表达喜悦、疑惑、专注等情绪状态，增强了交互的亲和力和沉浸感。系统还开发了“社交学习”功能，能够从与用户的日常互动中学习个性化的交互偏好，如是否喜欢详细解释、偏好何种交互风格等，逐渐调整自身行为以匹配用户习惯。

任务规划系统是G1/H1的“工作大脑”。服务机器人需要将抽象指令转化为具体的行动序列，这一过程涉及复杂的目标分解和计划生成。宇树开发的任务规划系统基于分层强化学习和符号规划相结合的混合架构，能够处理从简单指令（“给我倒杯水”）到复杂任务（“整理客厅并准备明天的会议材料”）的多层次服务需求。系统内置了涵盖家居服务、办公助理、商业接待等领域的任务知识库，包含数千种常见服务场景的执行模板。面对新任务时，系统能够通过任务分解和知识迁移，将其拆解为已知的基础动作组合，即使面对之前未遇到的情境也能尝试合理执行。特别值得一提的是系统的“失败恢复”机制，当执行遇到障碍时（如物品找不到、路径受阻等），机器人能够自主调整计划或寻求人类协助，而不是简单放弃，这大大提高了实际服务场景中的任务完成率。

宇树G1/H1系列的商业价值在多个应用场景得到了验证。在家庭服务领域，G1已成为数千家庭的“智能管家”，承担包括物品取放、简单清洁、信息提醒、家电控制等日常任务，平均每天执行20～30项服务指令，用户满意度达到87%。据用户反馈，G1最受欢迎的功能是“物品记忆与查找”——通过记住家中物品的位置和状态，帮助找回钥匙、眼镜等易丢失物品，以及“远程家庭巡检”——通过手机远程控制机器人查看家中状况，增强了家庭安全感。

商业服务是宇树G1/H1的另一大应用领域。在零售场景中，H1系列已在全国500多家商场、专卖店部署，承担导购、迎宾和产品介绍等工作。据估算，引入H1的零售店铺客流量平均提升了26%，顾客停留时间增加了37%，展现了人形机器人在提升购物体验和品牌形象方面的独特价值。在餐饮行业，G1担任传菜员和互动娱乐角色，不仅提升了服务效率，还成为吸引顾客的特色卖点，部署G1的餐厅报告翻台率提高了15%～20%。特别值得一提的是酒店行业的应用案例，某连锁酒店集团在全国20家门店部署了G1作为客房服务助手，提供物品配送、房间介绍和简单问询服务，客户满意度提升18个百分点，同时服务人员工作强度降低23%，实现了服务质量与运营效率的双重提升。〔1〕

养老照护是宇树H1系列的社会价值凸显领域。中国正快速步入老龄化社会，专业照护资源严重短缺，智能化辅助成为必然趋势。H1在养老机构和居家养老场景中扮演"照护助手"角色，提供用药提醒、简单陪护、远程家人连线等服务。与传统养老机器人相比，H1的人形设计和情感化交互大幅提升了老年人的接受度和使用黏性，超过70%的高龄用户能够建立起与机器人的情感连接。在某养老社区的应用案例中，20台H1协助照护200位老人，承担了约30%的非专业照护工作，护理人员可以更专注于专业医疗和情感关怀，机构运营成本降低了15%，老人满意度提升22%。特别值得一提的是H1的"健康监测"功能，通过日常交互观察老人的活动状态、语言表达和认知反应，及时发现异常并通知家人或医护人员，为预防性健康管理提供了新路径。

宇树G1/H1系列的实践揭示了具身智能如何重塑服务业的未来。首先，人形机器人将抽象的AI智能具象化为可感知的物理存在，创造了全新的交互体验和服务模式；其次，通过物理世界干预能力，AI服务从信息领域拓展至物质领域，极大扩展了应用场景；再次，具身智能体的持续存在和进化学习，使服务从离散事件转变为连续关系，增强了用户黏性和服务深度；最后，人形机器人的情感化设计和社交属性，使技术产品从工具角色向伙伴角色转变，创造了新型人机关系。

〔1〕 宇树通过降低成本实现了人形机器人从实验室向实用产品的转变，推动了AI从数字智能向具身智能的跨越。参见《一个偏科怪才，卖出了全球69%的机器狗》，载新浪财经网，https://finance.sina.cn/2024-09-02/detail-incmutiy3770472.d.html?vt=4&node_id=76524。

17.2 智慧办公：华为鸿蒙的全场景协同生态

智能时代的办公正面临三重变革挑战：工作场景的多元化与碎片化、信息流通的壁垒与断层、协作体验的割裂与低效。传统办公环境中，不同设备之间相互隔离，数据存在多个“孤岛”；各类应用各自为政，缺乏统一协同机制；用户需要在多个终端和系统间不断切换，工作流被频繁打断。这些问题随着远程办公和混合工作模式的普及而更加凸显。在这一背景下，华为于2021年正式发布了面向智慧办公场景的鸿蒙生态解决方案，通过分布式架构和AI技术，构建了“设备互联、数据互通、服务互融”的全场景协同体系，开创了办公信息化从“设备中心”到“人员中心”的范式转变，为知识工作者的生产力提升注入了智能变革的新动力。

华为鸿蒙智慧办公生态的核心理念是“以人为中心的万物互联”。不同于传统的单一设备优化或应用功能叠加，鸿蒙生态从用户工作流程和体验连续性出发，重新定义了设备、应用与服务之间的关系，创造了超越单个设备边界的“泛在办公”新范式。通过构建“1+8+N”全场景智能办公网络[1]——以智能手机为中心，连接PC、平板、显示器、智能音箱、耳机、打印机、投影仪等8类核心办公设备，并延伸至汽车、家居等N类外围场景，鸿蒙生态实现了工作与生活的无缝融合，使办公从固定场所和设备中解放出来，转变为围绕人员需求流动的智能服务。截至2024年，华为鸿蒙智慧办公生态已覆盖全球超过5000万办公用户，连接设备超过2亿台，合作伙伴超过1200家，成为全球规模最大、覆盖场景最全的智能办公生态系统之一（见图17-2）。

---

〔1〕 参见《“1+8+N”全场景战略！华为鸿蒙元年已开启》，载九方智投网，https://www.9fzt.com/jfgwtsyb/research_6c2efba66446c1f71597c78e85208d46.html，最后访问日期：2025年7月28日。

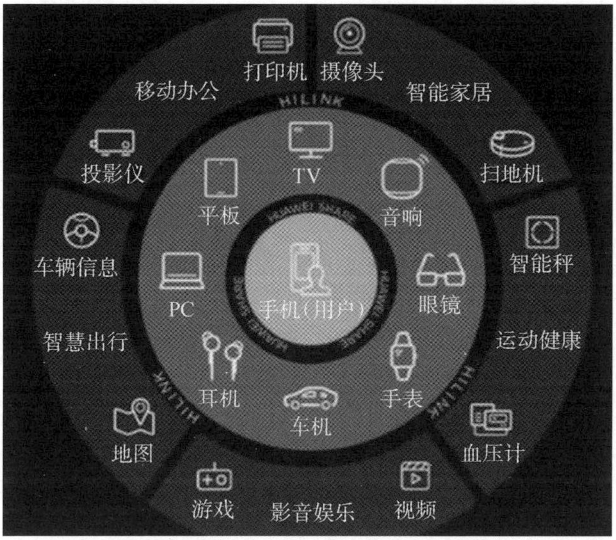

图17-2　“1+8+N”全场景鸿蒙生态

分布式设备虚拟化引擎是鸿蒙生态的基础设施。传统多设备办公环境中，每台设备都是独立的信息孤岛，用户需要手动操作设备间的数据同步和功能切换。华为开发的分布式设备虚拟化技术基于微内核架构和分布式软总线，突破了设备边界限制，将多个物理设备虚拟化为统一的资源池。系统能够感知用户周围的所有智能设备，自动建立设备间的安全连接，并根据使用场景动态调配硬件资源。例如，用户可以调用附近显示器的大屏资源、智能音箱的音频处理能力或办公电脑的计算性能，无须关心这些能力来自哪台物理设备。特别创新的是“设备级访问控制”机制，用户可以精确设定每台设备的访问权限和连接策略，既保障了便捷协同，又确保了安全隐私。

多模态能力共享引擎是鸿蒙生态的交互中枢。不同办公设备具有各自独特的输入输出能力，如触控屏、键盘、摄像头、麦克风等，传统上这些能力被限制在单一设备内。华为开发的多模态能力共享引擎通过硬件抽象层和能力映射机制，实现了设备间输入输出能力的动态调用和无缝切换。这一技术使任何设备的交互能力都可以被网络中的其他设备调用，创造了全新的办公交互体验。例如，用户可以用智能手机作为PC的触控板，使用平板作为电脑的扩展显示屏，或通过智能手表控制投影仪播放幻灯片。系统还支持多设备协同输入，如用户可以在电脑上打字的同时，用手机扫描文档并实时插入文档中，大幅提升了复杂工作场景下的操作效率。

协同计算引擎是鸿蒙生态的性能保障。传统多设备协同往往面临性能瓶颈和资源浪费，如高性能设备闲置而低性能设备过载的情况。华为开发的协同计算引擎通过任务分解和动态调度技术，实现了多设备计算资源的优化配置。系统能够将复杂任务智能拆分为多个子任务，根据每台设备的计算能力、电池状态和网络条件，分配最合适的处理任务。例如，在进行大型文档协作编辑时，文档渲染可能在高性能PC上进行，而语音识别可以调用手机的AI芯片，图像处理则可能分配给具备GPU的平板，实现计算资源的最优利用。这一技术不仅提升了复杂办公任务的处理效率，还优化了设备能耗，延长了移动设备的使用寿命。

知识图谱引擎是鸿蒙生态的智能大脑。企业和个人工作中产生的文档、邮件、会议记录等信息往往分散在不同设备和应用中，难以形成系统化知识。华为开发的知识图谱引擎基于自然语言处理和图数据库技术，能够自动整合和关联分散的工作信息，构建个人和团队的知识网络。系统通过分析文档内容、通信记录、日程安排等多源数据，提取关键实体和关系，形成结构化的知识图谱。这一功能使用户能够超越传统的文件夹组织方式，通过概念、主题或项目等多维度访问信息，大幅提升了信息检索和知识管理效率。

个性化助理引擎是鸿蒙生态的智能代理。现代办公环境中，工作中断和注意力分散是效率损失的主要原因。华为开发的个性化助理引擎基于用户行为分析和意图理解，构建了贯穿全场景的智能辅助系统。助理能够学习用户的工作习惯和偏好，预测可能的下一步操作，提供及时的建议和自动化支持。系统整合了日程管理、任务跟踪、信息筛选等功能，能够根据当前工作内容和上下文主动提供相关资源和操作建议。例如，系统会在会议前自动整理相关文档和往来邮件，会议结束后提示跟进事项和任务分配；在文档编写过程中，系统会推荐相关参考材料和数据图表；在处理邮件时，系统会根据内容自动分类并生成回复建议。这一功能不仅提升了日常工作效率，更重要的是降低了工作流被打断的频率，帮助知识工作者保持专注状态。

华为鸿蒙智慧办公生态的实践价值在多个场景得到了验证。在文档协同方面，鸿蒙生态构建了"跨设备统一文档体系"，用户可以在任何设备上无缝继续文档编辑工作，同时享受设备差异化的交互优势，如在手机上快速审阅，在平板上手写批注，在PC上进行精细排版。系统采用分布式文件系统和增量同步技术，确保各设备间的文档版本一致性，同时保留各设备的本地副本，支持离线工作。特别是在多人协作场景中，鸿蒙的"实时协同编辑"功能支持多达50人同时在线编辑同一文档，每个参与者的修改都会实时同步到所有设备，极大提升了团队协作效率。

从产业变革视角看，华为鸿蒙智慧办公生态代表了办公信息化从"设备中心"向"人员中心"的范式转变。传统办公技术路径以优化单一设备功能和性能为主，用户需要适应不同设备的操作逻辑和应用体系。鸿蒙生态突破了这一限制，以用户体验连续性为核心，重构了设备与服务的关系，创造了四方面的结构性创新：一是将分散的硬件资源整合为统一的能力池，打破了设备边界制约；二是通过分布式架构和AI技术，实现了工作状态和内容的无缝流转，消除了场景切换的体验断层；三是基于智能感知和学习，打造了主动式的个性化工作环境，减少了用户的操作负担；四是通过开放生态和标准接口，促进了应用和服务的创新融合，扩展了办公场景的边界。这些变革不仅提升了办公效率，更重要的是重新定义了人与技术的关系，使技术真正适应人的工作方式，而非相反。

随着AI和物联网技术的深入发展，智能服务正在从办公领域向生活场景全面拓展。华为鸿蒙不仅重塑了工作方式，也在家居生活、健康管理、娱乐体验等领域创造着新的可能。如果说智慧办公代表了白天的生产力变革，那么智慧生活则展现了夜晚和周末的体验升级。通过统一的鸿蒙生态，工作与生活不再是割裂的领域，而是融为一体的连续体验，AI技术在其中扮演着连接者和增强者的角色。

17.3 智慧生活：小米 AIoT 的全屋智能布局

智能化浪潮正从工作场所向生活空间全面渗透，然而长期以来智能家居领域面临三大核心挑战：设备间互联互通的碎片化、用户体验的复杂性与高门槛、场景智能化的浅层次局限。传统智能家居产品多为单点智能，各自为战，缺乏统一标准和协同机制；烦琐的设置和控制流程提高了用户使用门槛；场景联动停留在简单的“如果—那么”逻辑，难以适应复杂多变的家庭生活需求。在这一背景下，小米自2017年提出“手机+AIoT”双引擎战略，通过构建开放统一的全屋智能生态系统，将分散的智能设备整合为协同一体的家居网络，开创了智能家居从“单品智能”到“场景智能”再到“空间智能”的进化路径，使AI赋能的智慧生活从科技概念走向大众日常（见图17–3）。

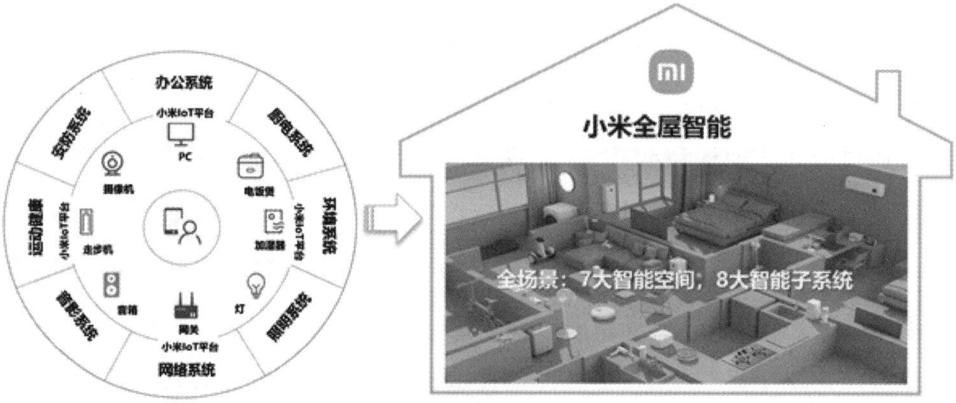

图17–3 小米全屋智能 AIoT 方案

小米AIoT生态的核心理念是“由简入繁、普惠科技”。不同于传统高端定制化智能家居解决方案，小米从用户体验简单性和产品经济性出发，创造了标准化、模块化、可扩展的全屋智能体系，降低了智能家居的准入门槛。通过构建包含智能手机、智能音箱、智能家电、智能传感器等在内的完整产品矩阵，小米实现了从点、线、面到体的全方位智能覆盖，使普通家庭也能循序渐进地构建个性化智能生活空间。小米AIoT生态自发展以来迅速壮大，截至2024年，已连接设备超过8亿台，覆盖超过1000种设备品类，合作伙伴超过1500家，活跃用户超过1.8亿，成为全球规模最大的消费级AIoT平台，推动了智能家居从小众科技向大众消费的转变。

物联网连接平台是小米AIoT生态的基础设施。智能家居领域长期存在不同设备间协议不兼容、难以互联的痛点问题。小米开发的物联网连接平台基于自主研发的小米物联网协议（MIIO）和开放的行业标准，构建了兼容多种连接方式的统一连接层。系统同时支持Wi-Fi、蓝牙、ZigBee、红外等多种无线连接技术，并能够通过协议转换网关接入传统的有线设备，实现了不同技术路线设备的无缝接入。特别创新的是小米开发的“自组网技术”，允许智能设备自动发现周围的其他智能设备并建立连接，极大简化了用户的设备配置流程。系统还开发了“一键配网”功能，只需用户在手机上完成一次设置，新设备便可自动获取网络参数并上线，将智能设备接入时间从传统的数分钟缩短至数秒。小米通过开源部分协议规范和提供开发套件，促进了生态合作伙伴的产品接入，构建了覆盖家电、照明、安防、环境、健康等全品类的智能设备网络。

智能语音平台是小米AIoT生态的交互入口。语音作为最自然的人机交互方式，是智能家居的重要控制通道。小米开发的智能语音平台“小爱同学”基于深度学习技术，构建了包含语音唤醒、语音识别、自然语言理解和语音合成的完整语音交互系统。〔1〕平台支持全双工语音技术，能够在用户说话的同时理解并响应，创造更自然的对话体验。系统内置家居控制领域的专业语义模型，能够理解“把客厅调亮一点”“空调调到舒适模式”等模糊指令，准确映射到设备控制参数。特别创新的是“连续对话”功能，系统能够在多轮对话中保持

〔1〕 小爱同学月活用户1.35亿，支持连续对话和方言识别；AI决策平台实现预测性服务和异常识别，节能20%～30%，用户舒适度提升35%。参见马智：《深度解析小米的物联网战略》，载搜狐网，https://www.sohu.com/a/284500360_160923，最后访问日期：2025年7月28日。

上下文理解，用户可以通过递进式交流完成复杂场景设置。针对中国复杂的方言环境，小米还开发了方言识别功能，支持北方话、粤语、四川话等多种方言，降低了老年人使用智能家居的门槛。为解决多人家庭的个性化需求，系统还支持声纹识别，能够辨别不同家庭成员的声音，提供个性化响应服务。

AI决策平台是小米AIoT生态的智能大脑。传统智能家居的场景联动多为预设的固定规则，缺乏自适应能力。小米开发的AI决策平台基于机器学习和行为分析技术，构建了自适应的家居智能决策系统。平台通过收集和分析用户的使用习惯和家庭环境数据，学习家庭成员的行为模式，实现从“规则驱动”到“数据驱动”的智能升级。例如，系统能够学习家庭成员的作息规律，自动调整照明和温控参数；分析家庭成员的内容偏好，智能推荐个性化娱乐内容；记录常用设备组合，提供一键式情境模式。特别创新的是“预测性服务”功能，系统能够预判用户可能的需求并提前准备，如检测到用户即将回家时预先开启空调和照明，发现外出模式时自动关闭不必要设备节约能源。系统还开发了“异常识别”功能，能够发现家庭环境的反常状态，如漏水、异常噪声或人员活动，及时提醒用户处理潜在风险。

小米AIoT全屋智能生态的实践价值在多个生活场景得到了验证。在家居安防领域，小米构建了覆盖门窗、人员、环境的立体安防网络。系统整合了智能门锁、智能摄像头、门窗传感器、人体传感器等多种设备，形成全方位的安全监控体系。AI算法赋能的智能摄像头能够区分家人与陌生人，识别异常行为，减少误报的同时提高安全性。系统支持远程查看和控制，用户可以通过手机随时查看家中状况并接收安全预警。特别创新的是“情境安防”功能，系统能够根据家庭状态自动调整安防级别，如夜间自动提升警戒等级，家人在家时降低侵入性监控。据用户反馈，小米智能安防系统平均每年帮助家庭规避2～3次安全隐患，显著提升了家庭安全感。

环境调节是小米AIoT生态的核心应用场景。传统家电控制分散且缺乏协同，难以实现整体舒适体验。小米整合了空调、新风、加湿器、窗帘、灯光等环境设备，构建了以舒适度为中心的环境调节系统。AI算法基于温度、湿度、光照、空气质量等多维数据，协调控制各设备参数，维持最佳室内环境。系统还考虑能耗优化，通过智能调度实现节能与舒适的平衡。特别创新的是“人工微气候”功能，系统能够为不同区域创建个性化环境参数，如老人区域温度稍高，卧室湿度适中，书房光照明亮。结合人体传感器，系统还能根据人员位置动态调整环境，实现“人在灯明、人走灯灭”的精准控制。数据显示，智能环境调节系统平均节省能源消耗20%～30%，同时用户舒适度评分提升35%，实现了生态与体验的双重优化。

从产业变革视角看，小米AIoT全屋智能生态代表了智能家居从“产品时代”向“场景时代”再到“空间时代”的范式转变。传统智能家居以单品智能为主，各设备独立运行，用户需要通过多个应用控制不同设备。小米突破了这一局限，实现了三方面的结构性创新：一是构建统一开放的物联网平台，解决了设备碎片化难题；二是通过场景化思维重新定义了智能家居的价值创造逻辑，从设备控制转向生活体验提升；三是将AI决策引入家居系统，使家庭空间具备了环境感知、用户理解和自主决策的智能属性。这些变革不仅提升了产品技术水平，更重要的是重构了智能家居的商业模式和用户价值主张，推动了行业从高端定制市场向大众消费市场的扩张。

17.4　AI智能体：字节跳动Coze的全场景AI赋能

当前，尽管人工智能正在很多领域被使用，但是其应用的普及仍面临三大关键挑战：开发门槛高与技术鸿沟难以跨越、场景适配难与通用模型难以满足特定需求、部署维护复杂与价值实现周期长。传统AI应用开发需要深厚的编程知识、算法理解和基础架构经验，将大多数企业和个人用户拒之门外；通用型大模型虽然具备广泛能力，但缺乏对特定领域知识和业务流程的深度理解，难以直接应用于专业场景；AI应用的部署、集成、监控和迭代形成了复杂的工程链条，导致从概念到价值实现的周期冗长。在这一背景下，字节跳动于2023年推出了AI智能体开发平台Coze，通过低代码/无代码设计、模块化能力组装和“一站式”开发部署，构建了“定义—训练—部署—优化”的闭环开发生态，开创了从“技术驱动”到“场景驱动”的AI应用开发新范式，为普惠AI赋能注入了民主化的创新动力。

Coze平台的核心理念是“让每个人都能创造AI智能体”。不同于传统的AI应用开发框架或简单的提示词工程工具，Coze平台通过重新定义智能体开发流程，将复杂的技术实现转化为直观的场景定义和功能组装，使各行各业的普通用户也能基于自身领域知识创建专业AI应用。平台将智能体视为可配置、可组合和可社区化的数字产品，通过可视化编辑、模块化插件和丰富模板，降低了开发门槛，同时保持了功能的专业性和扩展性。截至2024年，Coze平台已汇聚超过300万开发者，创建了超过2000万个智能体，日均对话交互超过2亿次，应用场景覆盖教育培训、金融分析、医疗咨询、零售营销、内容创作等数十个行业领域，成为全球最活跃的AI智能体创作社区，推动了AI应用从技术精英创作向全民创新的民主化转变（见图17-4）。[1]

图17-4　Coze平台热门AI智能体

---

〔1〕 Coze平台降低AI开发门槛，实现AI应用的民主化和场景驱动创新。

大模型连接系统是Coze平台的底层支撑。AI智能体的核心价值来源于大模型的基础能力，但不同模型各有优劣，如何选择最适合特定场景的模型是开发者面临的首要问题。Coze开发的大模型连接系统提供了统一的模型调用接口，支持包括Claude、GPT-4、Llama、Gemini等在内的主流大模型，以及字节跳动自研的Skylark系列模型。用户可以根据应用场景的特点、性能需求和经济预算，选择最合适的模型基础。系统还创新性地开发了“模型能力评估”工具，通过标准测试集自动评估不同模型在理解力、创造力、推理能力等维度的表现，帮助用户做出明智选择。特别是针对中文场景，Coze进行了专门的模型适配和优化，使平台上的智能体在中文理解、表达和文化契合方面具有明显优势。在一项针对垂直领域任务的评测中，通过Coze优化后的智能体相比直接使用原生大模型，在专业任务执行准确率上平均提升了27%，响应速度提高了35%。

智能体定义系统是Coze平台的核心创新。传统AI应用开发需要大量代码来定义模型行为，而Coze通过结构化、可视化的方式重新设计了智能体的定义过程。系统采用“角色—知识—能力”的三维框架，使用户能够直观定义智能体的身份特征、知识边界和功能范围。在角色定义方面，用户可以通过自然语言描述智能体的专业背景、性格特点和交互风格；在知识定义方面，系统支持多种形式的知识导入，包括文档上传、URL抓取、API连接和手动编辑；在能力定义方面，用户可以从功能市场选择现成的能力插件，或定义自定义流程。

知识库管理系统解决了大模型通用知识与专业领域知识的融合难题。大模型虽然拥有海量通用知识，但对特定行业、企业或个人的专有信息了解有限，这严重制约了其在专业场景中的应用价值。Coze开发的知识库管理系统提供了高效的专业知识导入、组织和检索能力。系统支持多种数据源接入，包括结构化数据库、非结构化文档、API数据流和人工录入，覆盖企业可能拥有的各类知识资产。创新的“知识自动化处理”功能能够智能分析文档结构，提取关键信息，建立知识索引，大幅简化了知识库构建过程。系统还开发了“知识实时更新”机制，允许知识库与外部数据源保持同步，确保智能体始终基于最新信息运行。

Coze平台的实践价值在多个应用场景得到了验证。在企业客户服务领域，Coze赋能企业快速构建专业的客服智能体，解决人工客服面临的高成本、低效率和一致性差等痛点。企业通过导入产品手册、常见问题和处理流程，结合客服记录训练数据，可以在短短几天内构建出能够处理80%以上常见问题的专业客服智能体。系统的多轮对话能力使智能体能够理解复杂问题，提供个性化解答，必要时无缝转接人工服务。某电商平台通过Coze构建的客服智能体处理了超过70%的日常咨询，响应时间从平均15分钟减少至即时响应，客户满意度提升了28%，同时每月节省客服成本超过100万元。特别是在促销高峰期，智能体可以无限扩展处理能力，有效应对流量波峰，保障服务质量。

本章小结

宇树人形机器人、华为鸿蒙生态、小米AIoT智能家居和字节Coze平台展示了AI如何重塑服务体验。这不仅是技术突破，更是服务范式的系统变革——AI从工具转变为协作伙伴，通过全域感知构建流动服务体验，由技术主动理解并满足人的需求。

从生产要素看，智能服务将算力、算法和数据转化为具身能力、环境感知和场景智能，突破传统服务业效率瓶颈；从生产关系看，它创造“人—AI—环境”三元协同关系，从被动响应转向主动预测；从生产方式看，它整合碎片化服务节点为连贯体验流，实现服务价值倍增。

然而，随着智能服务渗透生活，伦理与治理问题日益凸显。人形机器人引发隐私和安全讨论，全场景协同带来数据垄断担忧，智能家居触及家庭私密空间主权，AI智能体挑战算法透明度。这提醒我们，新智生产力发展必须兼顾技术创新和伦理责任。

第四部分

十字路口：AI时代的伦理与监管

目前，AI正以前所未有的速度重塑产业格局与社会形态。技术进步与伦理治理并非对立关系，而是新智生产力健康发展的双轮驱动。这些治理创新既是技术发展的道德边界，也是释放AI创新潜能的制度保障。只有确保AI发展与人类核心价值一致，技术创新才能获得社会信任与生命力，为经济高质量发展注入活力。构建开放包容的国际治理体系，让AI惠及全人类，既是时代命题，也是中国智慧的独特贡献。

第 18 章 AI 伦理：科技发展的道德航标

随着人工智能作为新智生产力的核心驱动力，深刻重塑产业格局与社会形态，伦理治理已成为决定其健康可持续发展的关键因素。技术创新与伦理建设并非对立关系，而是相辅相成的双轮驱动，唯有确保AI发展的方向与人类核心价值一致，技术创新才能释放最大潜能并获得持久生命力。

18.1 算法正义：破解 AI 的偏见与歧视

当人工智能系统深入影响着社会生活的方方面面，一个令人忧虑的现象开始日益凸显。换句话说，AI系统可能复制甚至放大人类社会中已存在的偏见与歧视。从招聘筛选到金融风控，从医疗诊断到司法判决，AI算法的决策正以前所未有的规模影响着社会资源的有效分配，甚至个人命运。很多看似客观中立的价值判断背后，往往会隐藏着系统性偏见。这不仅关乎技术的完善度，更是关乎社会公平与个体尊严的伦理命题。“算法正义”因此成为AI治理的核心议题，它既是技术发展的道德底线，也是AI作为新智生产力健康可持续发展的必要保障。

AI偏见与歧视的形成机制错综复杂，通常涉及数据、算法、评估和应用等多个环节的交互作用。最常见的源头是训练数据中的历史偏见。AI系统通过学习大量历史数据来识别模式并做出预测，当这些数据反映了社会中长期存在的不平等和偏见时，AI系统便会“忠实地”复制并放大这些模式。例如，2018年亚马逊曾开发一款AI招聘工具，但发现其对女性申请者存在系统性偏见。这是因为训练数据主要来自过去十年的申请记录，而科技行业长期以来男性占主导地位的现实被算法学习并强化为评判标准，导致系统自动降低提及“女性”或女子学院的简历评分（见图18-1）。〔1〕

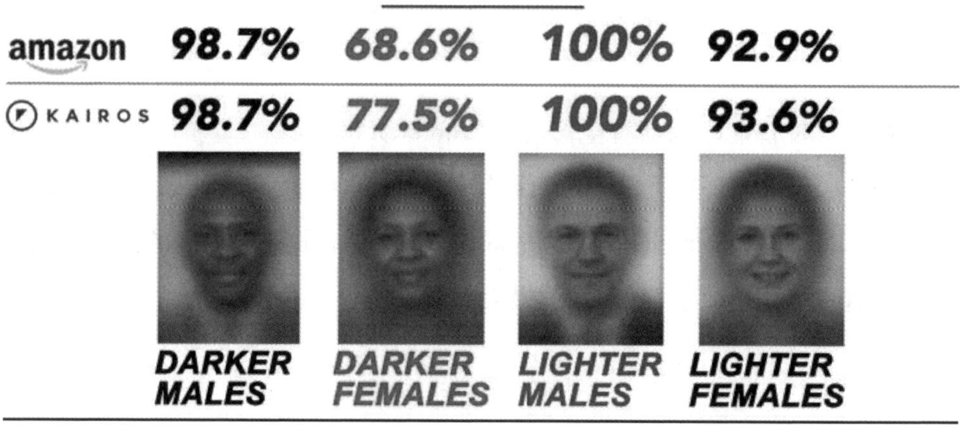

图18-1　亚马逊的脸部识别技术在不同人种中的有效率

数据代表性不足是另一关键问题。当训练数据中某些群体样本不足或缺失时，模型对这些群体的预测准确度往往会显著降低。2019年一项研究发现，主流面部识别系统对深色皮肤女性的识别错误率高达34.7%，而对浅色皮肤男性的识别错误率仅为0.8%。这一巨大差距主要源于训练数据中少数族裔女性样本的严重不足。同样，医疗AI系统在训练时若缺乏特定人群（如老年人、罕见病患者等）的充分数据，可能导致对这些群体的诊断准确率显著降低，进而加剧“健康不平等”现象。

算法设计与目标函数选择也可能引入偏见。当工程师设定优化目标时，

〔1〕 2018年亚马逊开发的AI招聘工具因训练数据偏向男性，导致系统自动降低女性简历评分，尤其对提及“女性”或女子学院的简历降权，最终该项目被放弃。参见张阳：《亚马逊AI招聘工具被曝歧视女性　官方宣布解散团队》，载环球网，https://smart.huanqiu.com/article/9CaKrnKdwzf，最后访问日期：2025年7月28日。

看似中立的效率导向可能忽视公平性考量。例如，一个追求点击率最大化的推荐算法可能会强化“信息茧房”效应，导致用户接收到越来越极端、片面的内容；一个以历史回款率为导向的贷款审批系统可能系统性地歧视某些社区，即使实际风险控制后这些借款人能够正常还款。这种隐性歧视尤其危险，因为它往往被技术中立性的外衣所掩盖，难以被察觉和纠正。

面对这些挑战，学术界和产业界已开始探索多层次的解决方案。在数据层面，多样性采样、数据平衡和偏见审计成为关键策略。IBM的“AI公平360”工具包提供了超过70种算法，帮助开发者检测并减轻数据集偏见。[1]微软与非营利组织合作启动的“数据营养项目”（Data Nutrition Project）为数据集提供类似营养标签的透明度信息，包括数据构成、缺失值和潜在偏见评分。DeepSeek在构建大语言模型训练语料时，专门设计了数据多样性指标，以确保不同文化、性别和地域视角的平衡表达，进而期望有效减少模型输出中的原有刻板印象。

在算法设计阶段，公平性约束正与多目标优化方法深度融合，成为平衡模型性能与社会价值的关键技术路径。传统算法通常只优化准确率或效率，而新一代公平算法将公平性作为显式约束或优化目标纳入模型训练过程。斯坦福大学开发的“公平表示学习”框架通过移除数据中与敏感属性相关的特征，构建更公平的数据表示，在保持预测准确性的同时显著降低了性别和种族偏见。

在测试评估环节，全面的偏见审计和多维度评估标准变得不可或缺。谷歌的“人类中心AI”团队开发了TCAV（Testing with Concept Activation Vectors）方法，能够解释AI模型如何表达高级人类概念，帮助识别潜在偏

〔1〕 IBM开发的AI公平360（AIF360）工具包，包含70多种算法和指标，帮助检测和缓解机器学习模型中的偏见，应用于金融、人力资源、医疗等领域。See https://www.toolify.ai/zh/ai-news-cn/ai%E5%85%AC%E5%B9%B3%E6%80%A7360%E5%B7%A5%E5%85%B7%E5%8C%85%E8%A7%A3%E5%86%B3ai%E5%86%B3%E7%AD%96%E4%B8%AD%E7%9A%84%E5%85%AC%E5%B9%B3%E6%80%A7%E6%8C%91%E6%88%98-1969914.

见。[1]平安科技的“AI公平性评估框架”设计了基于敏感属性的对比测试方法，系统评估算法在不同人群中的表现差异，并据此优化模型。特别值得一提的是，滴滴出行基于海量出行数据构建的公平性测试平台，能够模拟不同用户画像下的算法决策结果，这帮助他们发现并修正了早期派单算法中对特定群体驾驶员的系统性不利影响。[2]

在应用部署阶段，人机协作审核和持续监控成为关键措施。亚马逊在吸取早期AI招聘工具的教训后，开发了“人机协同招聘系统”。在这一过程中，AI只负责初筛和推荐，所有关键决策都需人工审核，并建立了申诉和纠错机制。微众银行的“普惠金融信贷模型”设计了动态偏见检测系统，持续监控不同群体的贷款批准率和违约率，一旦发现异常偏差便会立即触发人工干预机制，这使得其小微企业贷款服务能够在风险可控的前提下，覆盖传统金融难以触达的群体。

“算法正义”不仅是技术问题，更是构建人类与AI和谐共处的伦理基石。当我们赋予AI系统越来越多的决策权力时，确保这些决策不会强化社会不平等，成为AI技术健康发展的必要条件。在追求AI赋能产业高质量发展的同时，我们必须同等重视技术带来的伦理挑战，将公平、包容和多元价值观融入技术创新的全过程。只有这样，AI作为新智生产力核心引擎的潜力才能被充分释放，真正造福全人类。

18.2 打开黑盒：AI 决策的透明化与可解释性

人工智能技术以前所未有的速度重塑着产业格局与社会形态，然而这种

〔1〕 谷歌I/O大会介绍了TCAV技术，能检测模型对“医生”等概念的关注点，发现模型偏见并辅助纠偏。参见王焕超：《如何让算法解释自己为什么“算法歧视”？》，载微信公众号“腾讯研究院”2019年6月13日。

〔2〕 滴滴基于大数据构建公平性测试平台，发现并修正了派单算法中对特定群体司机的系统性不利影响，实现全局最优派单。参见《滴滴是如何为我派车的？》，载滴滴出行网，https://dpubstatic.udache.com/static/dpubimg/0d5ee881706d56e3da186c0de4465a58/index.html，最后访问日期：2025年7月28日。

变革的基础却建立在一个看似矛盾的现实之上：随着模型复杂度提升，AI系统的决策过程变得越来越难以理解。从最早的决策树到现在拥有数千亿参数的深度神经网络，AI技术的进步伴随透明度的逐渐降低，形成了所谓的“黑盒子”问题。当一个AI系统生成诊断结果、审批贷款、推荐刑期或者给出重要商业策略时，人们不禁要问：这个决策是如何做出的？基于什么理由？是否可靠？这些疑问不仅关系到技术成熟度，更触及信任机制、责任归属和社会接受度等根本性问题。可解释人工智能（Explainable AI，XAI）正是为解决这一挑战而生，它致力于打开AI决策的黑盒子，使机器思维过程变得透明可解释，为AI在高风险领域的安全应用和普及奠定伦理与技术基础。〔1〕

可解释AI的技术路径多种多样，但大致可分为三大类：事前透明、内在透明和事后解释。“事前透明”强调在模型设计和训练阶段就纳入可解释性考虑，选择本质上更易理解的算法结构。决策树、线性回归、规则集等传统机器学习方法具有天然的可解释性，其决策逻辑直观明了。例如，一个贷款审批决策树可以清晰展示“如果收入低于X且信用评分低于Y，则拒绝贷款”这样的规则。然而，这类模型在处理复杂任务时性能往往受限，难以应对图像识别、自然语言处理等需要捕捉高维非线性关系的场景。

“内在透明”则寻求在保持高性能的同时，通过特殊架构设计使模型内部逻辑更加清晰。注意力机制（Attention Mechanism）是这一方向的典型代表，它使模型在处理信息时“聚焦”于最相关的部分，这种聚焦过程能够可视化展示，让人类理解模型的关注点。谷歌的BERT模型和OpenAI的GPT系列使用的Transformer架构就采用了多头注意力机制（Multi-Head Attention Mechanism），使它们不仅性能卓越，还能展示“模型在生成每个词时关注了哪些上下文信息”。另一个重要方向是开发神经符号系统，将神经网络的学习能

〔1〕 可解释AI通过事前透明、内在透明和事后解释等技术路径，提升AI决策透明度，增强用户信任和监管能力。参见王焕超：《如何让算法解释自己为什么“算法歧视”？》，载微信公众号“腾讯研究院”2019年6月13日。

力与符号系统的逻辑推理相结合，如DeepMind的Neural Turing Machine和微软的Neural-Symbolic Concept Learner，这些模型能够展示清晰的推理步骤，大幅提升可解释性（见图18-2）。

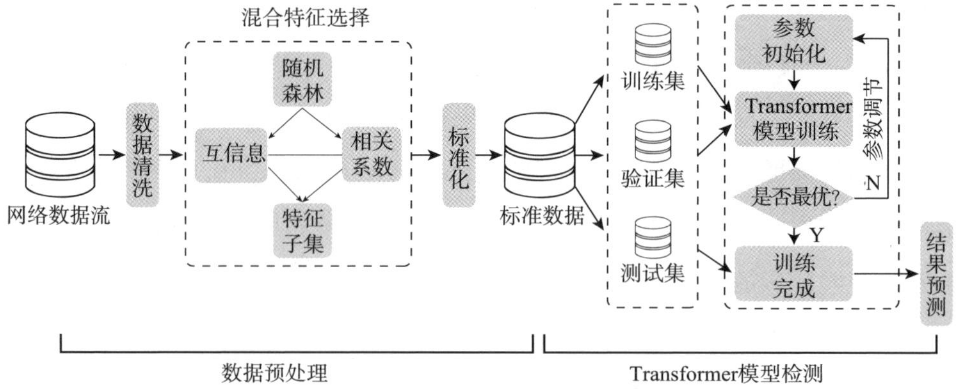

图18-2　基于Transformer架构检测框架

“事后解释”则接受模型本身可能复杂难解，转而尝试通过各种技术手段“解读”已训练好的模型。局部可解释性方法如LIME（Local Interpretable Model-agnostic Explanations）和SHAP（SHapley Additive exPlanations）通过分析模型在特定样本周围的行为，生成局部解释。例如，LIME可以解释一个图像识别系统为何将某张图片识别为“狗”，通过高亮显示影响决策的图像区域。特征重要性分析则评估各输入特征对模型决策的贡献程度，帮助理解“模型认为哪些因素最关键”。与此同时，涉及这一方面的“反事实解释”手段则提供了另一种视角，回答“如果输入略有不同，结果会改变吗”这类问题，比如“如果年收入提高2万元，贷款就会获批”，为用户提供实用的行动指导。

从模型级到决策级，可解释AI构建了多层次的解释体系。其中，“模型级解释”关注整体算法的工作机制，如权重分布、神经元激活模式等技术细节，主要面向AI研发人员和专业审计者。例如，通过可视化卷积神经网络不同层的特征图，研究人员可以理解网络如何从像素级特征逐渐抽象出高级语义特征。腾讯AI Lab开发的“神经元解析平台”可以追踪特定神经元群对不同输入的响应模式，帮助开发者识别模型中的冗余结构和潜在偏见。

企业实践表明，可解释AI不仅是伦理需求，更是商业价值的重要来源。IBM的调研发现，78%的企业认为AI系统的可解释性对用户接受度有决定性影响。微软在Azure认知服务中引入的“决策解释控制台”，使客户能够理解AI系统的决策过程并按需调整，结果发现客户的系统使用深度和付费意愿都显著提升。京东金融在小额贷款产品中加入可解释反馈机制后，用户转化率提升了15%，这一增加的部分主要是源于那些被拒绝用户在得到明确改进方向后的再次申请。这些案例表明，可解释性不是性能的对立面，而是产品体验和商业成功的关键环节。

可解释AI在新兴技术领域也展现出独特价值。随着生成式AI的兴起，模型输出的可信度和安全性成为关注焦点。Meta和腾讯合作开发的“生成内容溯源系统”能够解释大语言模型生成内容的知识来源，标明哪些部分源自训练数据，哪些是模型推理结果，使用户能够评有效估内容的可靠性。百度文心一言的“思维链可视化”功能则展示模型从问题到答案的推理路径，使用户能够跟踪模型的思考过程，识别潜在逻辑错误。这些创新使生成式AI从“神秘黑盒”转变为“透明助手”，为其在教育、研究等严肃场景的应用奠定了难得的信任基础。

18.3　数据隐私：在效用与保护间寻找平衡点

数据被誉为21世纪的“新石油”，是驱动人工智能发展的关键燃料。然而，与传统资源不同，数据往往包含了个人的诸多敏感信息——从消费偏好、健康状况、行为轨迹到社交关系，甚至到个人情感关注等方向。随着AI技术的迅猛发展和数据规模的爆炸式增长，隐私保护与数据利用之间的矛盾日益凸显。这一矛盾不仅关系到个人权益，还直接影响AI产业的健康发展和社会信任的构建。如何在充分挖掘数据价值的同时有效保护个人隐私，如何在数据效用与安全保障之间寻找平衡点，成为AI时代亟须解决的核心伦理问题。

面对这些挑战，技术创新正在开辟隐私保护的新路径。隐私计算（Privacy Computing）作为一种新兴技术范式，旨在实现“数据可用而不可见”，使数据在加密状态下仍能进行计算分析，从根本上改变了数据使用的传统模式。同态加密（Homomorphic Encryption）允许对加密数据直接进行计算，并确保结果解密后与对原始数据计算的结果一致。这项技术虽然计算开销较大，但在金融风控等高敏感场景已展现出巨大价值。2023年，蚂蚁集团基于同态加密技术开发的“链上贷”系统，使多家银行能够在不共享原始数据的前提下联合评估贷款申请人的信用风险，既保护了客户隐私，又提高了信贷准确性，使不良贷款率下降了15%（见图18-3）。

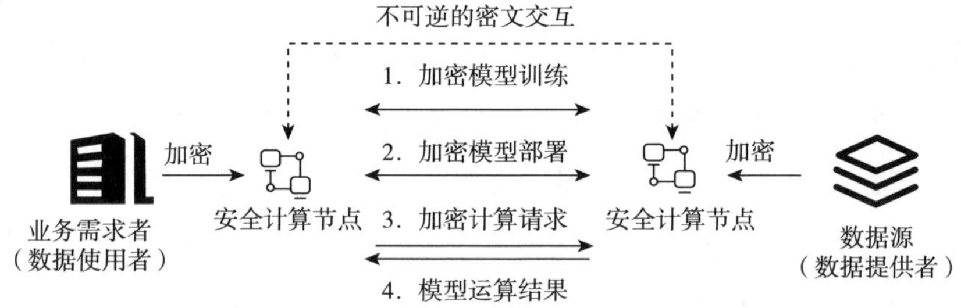

图18-3　基于隐私计算的数据可信流通

安全多方计算（Secure Multi-party Computation）是另一项关键技术，允许多个参与方共同计算函数，同时保持各自输入数据的私密性。可信执行环境（Trusted Execution Environment）则通过硬件级隔离创建安全“飞地”，确保数据处理过程中不被未授权访问。蚂蚁集团开源的“隐语”平台基于此原理，为医疗数据分析提供了安全计算环境，使医院能够安全共享数据用于疾病研究，同时严格遵守患者隐私保护规定。[1]

〔1〕 蚂蚁集团开源的“隐语”隐私计算框架，集成多种隐私保护技术，实现数据“可用不可见”，保障数据流通中的安全与隐私。参见李忠良：《蚂蚁集团王磊：数据安全的多维策略——技术、管理与流程的协同作战》，载InfoQ网，https://www.infoq.cn/article/tcace56ejzdfmloys3q1，最后访问日期：2025年7月28日。

联邦学习（Federated Learning）作为一种分布式训练框架，在隐私保护方面也发挥了多重技术优势，其核心在于通过不共享原始数据的协同建模方式，结合加密机制与隐私保护算法，解决数据孤岛与隐私泄露的双重挑战。通过联邦学习的运用，AI模型能够在不集中原始数据的情况下进行训练，彻底改变了传统的“数据集中、集中训练”模式。在这一过程中，参与者仅需交换加密的模型参数或梯度更新，便可系统性降低隐私泄露的风险。微众银行开创的FATE（Federated AI Technology Enabler）平台已成为全球领先的开源联邦学习框架，在金融、医疗、零售等领域广泛应用。[1]平安科技基于联邦学习开发的智能医疗系统连接了全国120多家三甲医院，在不打破数据孤岛的前提下，共同训练了肺结节检测模型，准确率提升了15%，创造临床价值的同时严格保护了患者隐私。

数据脱敏与合成数据是解决隐私挑战的另一创新方向。传统的数据脱敏通过删除或替换标识符保护个体隐私，而新兴的合成数据技术则通过生成与原始数据统计性质相似但不含真实个体信息的人工数据集，为AI训练提供安全替代方案。例如，DeepSeek与中国移动合作开发的“合成数据引擎”能够基于真实用户行为生成高保真合成数据，生成数据保留了90%的统计特性，同时完全规避了个人身份识别风险，为大模型训练提供了宝贵的安全样本来源。

近些年，企业的隐私保护策略也在不断创新。首先是“隐私保护by design”原则的广泛采纳，将隐私保护从事后合规转变为前置设计要素。腾讯设立的“数据保护与应用委员会”要求所有产品从设计之初就必须通过隐私影响评估，这一做法使产品隐私问题提前80%被发现并解决。差异化隐私策

〔1〕 微众银行利用联邦学习等技术，联合多源数据优化风控模型，实现对无信贷记录小微企业的信用评估，覆盖传统金融盲区。参见《联邦学习开源框架FATE》，载CSDN，https://blog.csdn.net/watson2017/article/details/121538408，最后访问日期：2025年7月28日。

略是另一创新方向，根据数据敏感度和使用场景采取不同级别的保护措施。[1]阿里云开发的“数据分级分类系统”将数据从公开到高度敏感分为五级，针对不同级别采用从基础脱敏到同态加密的递进式保护策略，在确保安全的前提下最大化数据价值。

此外，培养隐私文化与提升组织能力也是企业长期成功的关键。华为建立的“全员隐私保护培训计划”将隐私意识深入企业DNA，从研发到市场，每个员工都接受定期培训并签署隐私承诺书。公司还建立了“隐私大使”网络，在各业务部门设立隐私专员，将隐私考量融入日常决策。这种文化建设使华为在全球70多个国家的业务运营符合当地隐私法规，展示了系统化隐私保护管理的长期价值。

总体来说，平衡数据效用与隐私保护不仅是技术挑战，更是治理命题。它要求技术创新、法律规制、市场机制和伦理准则的共同作用。技术提供了保护手段，法律明确了行为边界，市场引导了商业激励，而伦理则为整体框架提供了价值导向。只有多维度协同，才能构建既保护个体权益又促进数据价值释放的健康生态。

18.4 全球伦理框架：从原则到实践的落地路径

随着人工智能技术全球化发展与广泛跨界融合，AI伦理治理已超越纯粹技术层面，成为国际社会关注的核心议题。世界各国、地区和组织基于自身文化传统、价值理念和发展阶段，相继提出了多元化的伦理框架。这些框架既凝聚了共识，也保留了差异；既体现了普遍价值追求，也反映了地区文化特色。它们共同构成全球AI治理的基础架构，引导人工智能从单纯追求技术创新，转

〔1〕 腾讯提出“数据有度”理念，从合规管理、安全保障、内部审计等多维度构建隐私保护体系，保障用户隐私安全。参见《腾讯首发隐私保护白皮书 数据泄露年亦是保护元年》，载新华网，https://www.xinhuanet.com//zgjx/2018-12/29/c_137706082.htm。

向更加负责任、可持续的发展道路。

欧盟的AI伦理框架代表了最为系统和严格的监管路径。从2019年“可信AI伦理指南”到2021年“AI法案”，欧盟构建了从软法到硬法、从伦理指导到法律强制的完整体系。其特点是采用基于风险的分级监管方法，将AI应用分为不可接受风险（禁止）、高风险（严格监管）、有限风险（透明度要求）和最小风险（自由创新）四个层级。欧盟模式强调预防原则，将人权保障置于核心位置，对高风险AI系统实施严格的事前合规评估和持续监督。这种方法的优势是边界清晰、执行力强；挑战则是创新与监管的平衡问题，过于严格的要求可能阻碍创新步伐。2024年正式生效的AI法案成为全球首部专门规制AI的综合性法律，其执行效果将对全球AI治理产生深远影响（见图18-4）。

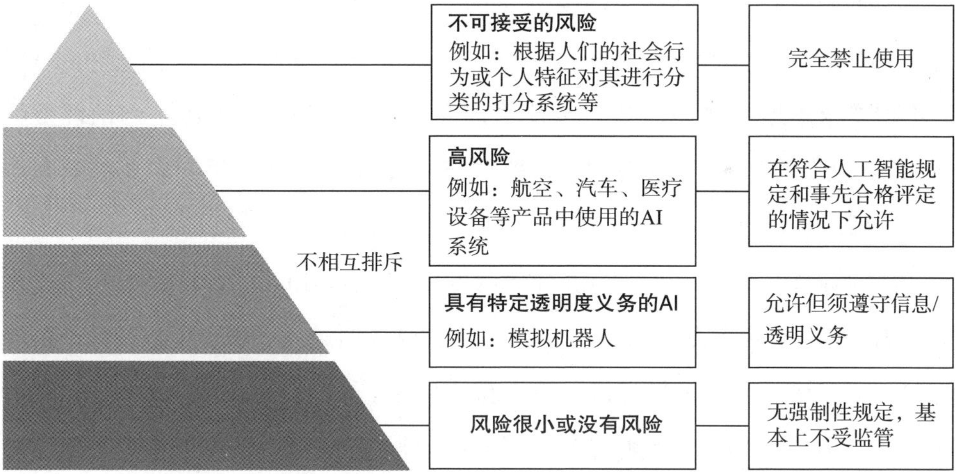

图18-4　欧盟提出的基于“风险分级”框架进行人工智能监管

美国的AI伦理框架展现了另一种路径，强调创新优先、市场驱动和行业自律。2020年《美国人工智能倡议》和2023年《人工智能权利法案蓝图》提出了信任与安全、民主价值观、机会与包容等原则，但主要通过行业自律和非强制性指南实施。美国模式的特点是监管轻触、创新友好，政府主要扮演促进者和协调者角色，而非严格监管者。这种方法的优势是保持创新活力，给予企业最大灵活性；劣势是可能出现监管真空，难以有效防范风险。近期随着生成式AI快速发展，美国也开始加强监管力度，2023年拜登政府发布的《安全、安保和可信赖的人工智能行政命令》标志着美国AI治理向更加平衡的方向调整。

中国的AI伦理框架体现了“发展与治理并重”的理念，强调科技向善与人类福祉。2021年国家互联网信息办公室发布的《互联网信息服务算法推荐管理规定》和《生成式人工智能服务管理暂行办法》构成了专门性监管框架。中国工程院等机构发布的《新一代人工智能伦理规范》提出了六项基本伦理要求：促进人类福祉、公平公正、安全可控、合法合规、伦理道德、多元包容。中国模式的特点是强调平衡发展与安全的辩证关系，采用“包容审慎”监管方式，为创新预留空间的同时建立必要防护栏。在实施机制上，中国结合法律规制与行业自律，通过政府引导、企业主体、社会参与的多元协同治理体系，推动伦理要求落地。例如，《人工智能伦理准则》要求重点企业建立AI伦理委员会，开展伦理风险自评估，这种“自评估+外部监督”的双层机制在兼顾效率与安全方面展现出独特价值。

从国际共识角度来看，经济合作与发展组织（OECD）2019年发布的《人工智能原则》是目前最具代表性的国际共识性文件之一，获得了包括G20在内的42个国家认可。该框架提出了五大核心原则：包容性增长、人类中心价值观和公平、透明度和可解释性、健壮性和安全性、问责制。OECD框架的特点在于寻求最大公约数，构建全球最基本共识，为各国制定具体政策提供参考。它采用“软法”形式，不具强制约束力，更多依靠国际道德感召和同行压力推动执行。这种方式虽然灵活度高，但也面临落实不力的风险。为弥补这一不足，OECD建立了AI政策观察站，持续监测各国政策发展并提供评估反馈，推动从原则向实践转化。值得注意的是，OECD在2024年5月对原则进行了更新，以应对技术发展和政策变化的需要，但基础框架仍以2019年版为起点。这一原则不仅影响了欧盟、美国等主要经济体的AI政策制定，还成为后续国际共识

（如G20人工智能原则）的重要参考。

此外，联合国教科文组织（UNESCO）于2021年通过的《人工智能伦理问题建议书》是首个获193个成员国一致通过的全球AI伦理文件，为各国提供了政策指导框架。迄今为止，全球已有40多个国家与UNESCO合作，以该建议书为基础，制定国家层面的人工智能制衡措施[1]。此外，UNESCO还建立了全球AI伦理观察站，定期发布进展报告，推动各国从原则承诺转向具体行动。这种多边协作机制有助于缩小不同地区间的治理差距，为全球AI发展构建共同价值基础。

另外，相关国际技术标准组织则是在实现伦理原则可操作化方面发挥关键作用。如国际标准化组织（ISO）和国际电工委员会（IEC）联合发布的ISO/IEC TR 24368《人工智能生命周期中的伦理和社会关切信息技术》提供了将伦理要求转化为技术标准的路径图。2024年，中国主导制定的国际标准ISO/IEC 42001《人工智能管理体系要求》成为全球首个AI管理体系标准，为企业构建AI治理体系提供了具体指南，体现了中国在全球AI治理中的建设性贡献。

AI伦理不仅是技术发展的道德边界，更是AI作为新智生产力健康可持续发展的基础保障。一个没有伦理约束的AI可能带来短期效率提升，但最终将因失去社会信任而难以持续；一个内嵌伦理考量的AI生态则能在创造经济价值的同时保障人类福祉，实现长期繁荣。因此，在加速AI创新的同时构建有效的伦理治理体系，将伦理原则转化为可操作实践，是各国政府、企业和社会组织的共同责任。只有确保人工智能发展方向与人类核心价值一致，才能推动技术进步成为全人类共同繁荣的纽带，并最终创造普惠共享与和谐稳定的数字未来。

---

〔1〕《教科文组织号召实施全球AI伦理规范》，载《科技日报》2023年4月4日，第4版。

本章小结

算法正义、透明可解释、数据隐私和全球伦理框架构成了AI伦理的核心支柱，是新智生产力健康发展的基础保障。当AI系统获得更多决策权力时，确保决策公平、透明并尊重隐私成为释放AI潜能的必要条件。

从三个维度看，AI伦理发挥着关键作用：生产要素维度，它确保数据和算法被合理利用，平衡创新价值与风险防范；生产关系维度，它重塑了技术与人、企业与用户间的关系，构建基于信任的数字社会契约；生产方式维度，它引导技术发展从单纯追求效率转向“效率与公平并重”。

然而，伦理治理必要但非充分。伦理关注AI如何规范使用，而安全则防范AI被恶意利用或失控的风险。只有将伦理与安全作为双重护航，既确保技术发展方向与人类价值观一致，又有效防范潜在风险，才能构建安全可控、普惠共享的智能时代。

第 19 章
AI 安全：智能时代的守护防线

随着人工智能作为新智生产力的核心驱动力加速渗透至各行各业，安全防护已成为确保其健康可持续发展的关键基石。AI安全不仅关乎技术系统的可靠运行，更直接影响社会信任的构建和产业变革的深度与广度。与传统信息安全不同，AI安全面临多维度、动态性和系统性的独特挑战，需要构建从数据到模型、从设计到运维的全方位防护体系。

19.1 数据防护网：质量保障与风险防御

在数据驱动的AI时代，数据不仅是模型训练的原材料，更是决定模型性能上限和行为边界的关键因素。然而，正如纯净的水源对人体健康至关重要一样，数据质量与安全性对AI系统的健康发展同样不可或缺。随着AI技术在金融、医疗、教育、科研、交通等关键领域的广泛应用，数据污染攻击正从理论威胁走向现实挑战。区别于对抗样本攻击作用于模型部署后的推理环节，数据污染攻击瞄准了AI系统的“源头”——训练数据，通过精心设计的恶意样本渗透训练过程，从根本上影响模型行为，植入隐蔽漏洞或后门。这种攻击方式更为隐秘，影响更为长久，防御难度也更大，正日益成为AI安全领域不容忽视的关键挑战。

数据污染攻击主要分为三种类型：数据投毒（Data Poisoning）、标签篡改（Label Flipping）和后门攻击（Backdoor Attack）。“数据投毒”主要是通过向训练集注入精心设计的恶意样本，降低整体模型性能或诱导特定错误行为。2018年，一个著名案例是微软Twitter聊天机器人“Tay”在上线后短短24小时内，就因学习用户输入的有害内容而变得极具攻击性，最终被迫下线。[1]“标签篡改”则重点针对监督学习过程，通过修改部分训练样本的标签，诱导模型学习错误的模式。例如，在一个金融风控系统中，攻击者可能将部分高风险用户的标签改为低风险，让模型形成错误的风险评估标准。在这三种类型中，“后门攻击”更为隐蔽，其主要是通过在模型中植入特定触发条件，使模型在正常情况下表现正常，但在遇到触发条件时执行预设的恶意行为。一个典型例子是在人脸识别系统中植入特定图案的后门，使佩戴该图案的人能够绕过身份验证（见图19-1）。

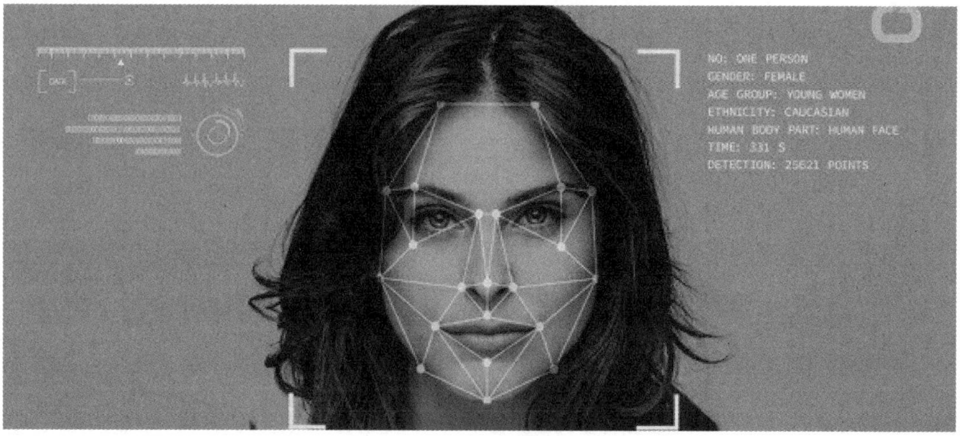

图19-1　纪录片《编码歧视》中人脸识别截图

数据污染攻击对AI系统构成多层次威胁。[2]首先是性能降级，被污染的模

〔1〕 Tay于2016年3月23日上线，因用户恶意输入导致其发布大量不当言论，微软紧急下线并公开道歉。See https://zh.wikipedia.org/zh-sg/Tay.

〔2〕 数据污染攻击是AI训练阶段的隐秘威胁，防御难度大，直接影响模型安全与可靠性。See https://github.com/Acmesec/theAIMythbook.

型在目标任务上准确率显著下降，失去实用价值；其次是特定目标攻击，模型对某些特定输入产生预设错误输出，如将特定人物识别为他人；最后是隐私泄露，某些精心设计的污染数据可诱导模型在特定查询下泄露训练数据中的敏感信息。最为严重的是后门利用，攻击者可在模型中植入“后门”，在特定条件下触发恶意行为，如自动驾驶系统在识别到特定路标时执行危险操作。这些威胁不仅关系到模型性能，更直接影响用户安全和隐私，甚至可能导致重大安全事故。

针对数据污染攻击的防御，应构建多层次防护体系，从数据源头到模型部署，需要形成全链条保护。其中，数据来源审核是第一道防线，通过严格的供应商资质评估、数据溯源机制和来源多样化策略，降低单一污染源的影响。阿里云开发的“数据DNA”技术为每个数据集生成唯一标识，记录数据完整生命周期，实现全链条溯源，有效阻止了90%的未知来源数据进入训练流程。[1]DeepSeek在大模型训练中采用的“多源交叉验证”策略，要求关键知识必须有三个以上的独立来源进行交叉确认，从而大幅降低单一污染源的影响力。

数据内容筛查是第二道防线，通过自动化与人工相结合的方式，识别并过滤可疑内容。腾讯云的“内容安全实验室”开发了多层次内容审核系统，结合关键词匹配、语义理解和多模态异常检测，对训练数据进行深度筛查。该系统在过滤恶意内容的同时，特别关注隐蔽的投毒模式，如特殊Unicode字符替换和语义隐藏技术的攻击手法。

统计异常检测是识别数据污染的有效手段。传统方法依靠聚类分析和离群点检测，新兴方法则利用深度学习建模数据分布特征。百度安全实验室的“深度数据净化系统”采用变分自编码器建模数据正常分布，将重建误差异常

〔1〕 阿里云DataWorks数据溯源功能，支持通过数据水印定位泄露源，保障数据安全。参见《敏感数据溯源》，载阿里云，https://www.alibabacloud.com/help/zh/dataworks/user-guide/trace-leak-sources，最后访问日期：2025年7月29日。

高的样本标记为可疑污染，在保持99%正常数据不变的前提下，成功识别了85%的投毒样本。联想研究院开发的“多视角一致性检测”通过不同数据增强变换下的模型预测一致性，识别潜在后门样本，该方法在不同类型后门攻击检测中表现出色。

针对大型语言模型（LLM）的特殊挑战，数据防护策略也在不断创新。DeepSeek在训练千亿参数模型时采用的“多阶段数据防护”策略，包括原始数据筛查、预训练监控和指令微调保护三个层次。在原始数据筛查阶段，结合自动化工具和专家审查，过滤有害内容和潜在有毒样本；在预训练监控阶段，通过定期检查点评估和探测测试，识别模型行为异常；在指令微调保护阶段，使用经过严格审核的高质量数据，纠正预训练阶段可能引入的偏见和漏洞。这种多层次策略使DeepSeek模型在红队测试中展现出较高抵抗力，对各类注入攻击的成功防御率达95%以上。

数据防护网的构建是一项系统工程，需要技术与管理并重，预防与响应结合，自动化与人工互补。从数据来源审核到内容筛查，从异常检测到模型加固，从部署监控到应急响应，形成全方位、多层次的立体防护体系。只有确保训练数据的质量与安全，才能构建真正可靠的AI系统，使AI驱动新智生产力发展的潜力得到充分释放。

19.2 AI 风险预警：动态安全感知体系

随着AI技术从实验室走向产业前线，从闭环系统扩展到开放环境，从单点应用升级为关键基础设施，安全挑战也从静态威胁演变为动态风险。传统的被动防御策略——等待问题发生再修复，已无法满足AI时代的安全需求。就像现代城市不再主要依靠高墙深壕的防御，而是建立智能监控与应急响应系统一样，AI安全防护也需要从被动补救转向主动预警，构建能够实时感知、分析和预测风险的动态防御体系。动态风险感知系统作为AI安全的“雷达网络”，能够在威胁造成实质损害前捕捉微弱信号，为防御系统赢得宝贵的响应时间，成为智能时代不可或缺的安全基础设施。

动态风险感知系统在技术架构上通常由四大核心组件构成：多源数据采集层、实时分析引擎、知识推理系统和预警响应模块。“多源数据采集层”负责从模型行为、系统日志、网络流量、用户反馈等多维度收集安全相关数据，构建全方位监测网络。与传统IT监控不同，AI安全数据采集不仅关注系统运行指标，还特别关注模型预测行为、置信度分布、推理过程等AI特有维度。“实时分析引擎”基于流处理技术和高性能计算平台，对采集数据进行近实时处理，使用统计分析、机器学习和异常检测算法识别潜在威胁模式。“知识推理系统”主要是整合安全专家经验和历史案例，构建安全知识图谱，通过推理机制将孤立事件关联为有意义的安全场景。“预警响应模块”则根据风险评估结果，生成不同级别的警报，并触发相应的自动化或人工干预措施。〔1〕

与传统安全监测相比，AI动态风险感知有三个显著特点：首先是多维感知。传统安全监测往往集中在网络层和系统层，而AI风险感知额外关注数据层、模型层和应用层，构建立体监测网络。其次是语义理解。传统监测多基于规则和阈值，而AI风险感知能够理解高层语义和上下文关系，识别更复杂的攻击模式。最后是预测性。传统监测主要是响应式的，而AI风险感知具有前瞻能力，通过模式挖掘和趋势分析预测潜在威胁，实现由“事后处理”向“未雨绸缪”的转变。

多维数据融合是实现全面风险感知的基础技术。传统监测多基于单一数据源，而AI风险感知需要整合模型层、系统层和业务层的多源异构数据。腾讯安全实验室开发的“安全融合感知平台”创新性地提出了“3+1”数据融合框架：三层主动感知（系统行为、模型输出、业务交互）加一层用户反馈，通过跨

〔1〕 动态风险感知实现对AI系统安全威胁的实时监控和预警，提升防御响应能力。

层数据关联分析，构建全维度的安全视图。平台使用图数据库存储多源数据的关联关系，通过主题建模和实体对齐技术，将不同来源的安全事件关联到统一的事件图谱中。实践数据显示，多维融合方法比单维监测的检出率提高了35%，误报率降低了40%，特别是对复杂的跨层攻击识别效果显著。

行为异常检测是动态风险感知的核心技术。不同于传统的基于签名的检测方法，行为异常检测关注实体（模型、用户、系统组件）行为模式的偏离。微软Azure AI安全团队开发的“AI行为剖析”系统基于自学习和半监督方法，建立模型正常行为基线，包括预测分布特征、推理时间分布、资源使用模式等多维度指标。[1]系统使用深度自编码器学习正常行为的隐含表示，将重建误差超过阈值的行为标记为潜在风险。特别创新的是其“上下文感知异常评分”机制，根据业务场景、时间模式和用户群体动态调整异常阈值，大幅降低了误报率。在实际部署中，该系统成功检测到了包括数据漂移、后门激活和隐私探测在内的多种异常行为，比传统规则监测提前2～4小时发现问题。

隐私保护领域的动态风险感知关注数据流动和访问模式。传统隐私保护多关注静态访问控制，难以应对复杂AI系统中的隐私泄露风险。国内某金融科技公司开发的“隐私风险雷达”通过监测模型查询模式、输出熵变化和参数更新特征，识别潜在的成员推断和模型反演攻击。系统使用差分隐私技术对敏感查询进行统计分析，当累积隐私损失超过预设阈值时自动触发保护机制。在一次安全演习中，系统成功检测到了攻击者通过巧妙构造的查询序列尝试推断训练数据的行为，比传统隐私监控提前发现风险，保护了系统敏感信息。

系统弹性（Resilience）是动态风险感知的重要目标，即系统在遭受攻击或故障时保持核心功能的能力。中国工商银行与华为云合作开发的“金融AI弹

〔1〕 行为异常检测是动态风险感知的核心技术，提升AI系统的安全稳定性。参见《构建负责任且大规模的生成式人工智能的七个启示》，载微软亚洲研究院官网，https://www.microsoft.com/en-us/research/articles/7-takeaways-from-a-year-of-building-generative-ai-responsibly-and-at-scale/，最后访问日期：2025年7月29日。

性框架”融合了故障检测、降级服务和自动恢复三重机制。系统不仅监测既有威胁，还通过压力测试和“混沌工程”主动探索潜在弱点。[1]特别创新的是其“危急时刻”机制——当检测到高风险情况时，系统自动切换到高安全性但功能有限的备用模式，确保核心业务连续性。该框架在2023年一次区域网络中断事件中表现出色，AI风控系统在检测到异常后10秒内完成降级切换，保证了交易处理能力，避免了约3.2亿元的潜在风险交易。

此外，动态风险感知不是孤立的技术系统，而是面向未来的安全治理范式。它改变了传统“发现漏洞—修复漏洞”的被动安全观，构建了感知—分析—预警—响应的主动安全闭环。通过持续监测、智能分析和预测性防御，动态风险感知系统为AI作为新智生产力核心引擎的安全应用筑牢了基础，使组织能够在享受AI创新红利的同时，有效管控潜在风险。

随着AI应用从辅助决策走向自主决策，从单点部署扩展到关键基础设施，安全防护也需要从事后补救转向前置设计。如果说动态风险感知是AI安全的“预警雷达”，那么“安全即设计”则是更为根本的防御理念——将安全考量融入AI系统的设计基因，从源头上预防安全隐患。正如质量管理已从最终检验转向全过程控制，AI安全也正经历从“补丁文化”向“内生安全”的范式转变。

19.3 安全即设计：构建AI风险管理的架构思维

在软件工程领域，有一个广为人知的经验法则：修复设计阶段的缺陷成本是1，在开发阶段修复同样缺陷的成本是10，而在系统部署后修复成本则可能高达100。这一法则在AI系统安全中同样适用，甚至因AI的复杂性和广泛影响而被放大。当安全问题从设计缺陷演变为实际漏洞，再发展为安全事件时，

---

〔1〕 金融AI弹性框架保障关键业务连续性，体现AI安全在金融领域的实际价值。参见《中国工商银行携手华为发布首套金融行业通用模型》，载华为官网，https://www.huawei.com/cn/news/2023/3/ascend-ai-finance-icbc，最后访问日期：2025年7月29日。

不仅修复成本呈指数级态势增长，还可能导致不可挽回的数据泄露、模型损害和信任危机。这一现实催生了“安全即设计”（Security by Design）理念的兴起——将安全考量从事后补救转变为前置设计要素，从源头上预防安全隐患，构建具有内在安全基因的AI系统。

安全即设计的核心理念是将安全视为AI系统的基础属性而非附加功能，将安全需求与功能需求同等对待，使安全考量贯穿系统生命周期的每个阶段。这一理念代表了安全范式的根本转变：从“功能优先，安全滞后”到“安全与功能并重”；从“补丁文化”到“内生安全”；从“被动防御”到“主动免疫”。在传统方法中，安全往往被视为额外负担，容易在进度压力下被牺牲；而安全即设计则将安全融入开发流程和技术架构，成为系统的有机组成部分，不再是可选项或后期附加。

安全即设计的实施框架通常包括四个关键维度：技术架构、开发流程、组织能力和安全文化。在技术架构方面，系统设计遵循“最小权限原则”“纵深防御策略”“失败安全机制”，构建多层次防护体系；在开发流程上，采用“威胁建模先行”方法，提前识别安全风险并纳入开发决策；在组织能力建设上，培养跨学科安全团队，建立安全审计与合规验证机制；在安全文化方面，从CEO到开发人员形成统一的安全意识，将安全责任延伸至每个相关角色。

将安全即设计落实到AI系统全生命周期，需要在各阶段嵌入特定安全实践。需求分析阶段是安全基础的奠定期，此阶段关键是明确安全目标和边界，进行全面的威胁建模。微软提出的STRIDE威胁建模框架（Spoofing、Tampering、Repudiation、Information Disclosure、Denial of Service、Elevation of Privilege）被众多AI企业采用，用于系统性识别潜在风险。谷歌DeepMind则开创了“伦理风险地图”方法，将传统安全风险与AI特有伦理风险结合分析，为需求定义提供全面安全视角。

架构设计阶段是安全基因的植入期，此阶段的安全关注点是建立清晰的信任边界、选择适当的安全控制措施和设计安全通信机制。IBM的“AI

FactSheets”[1]框架要求在设计文档中明确记录每个AI组件的安全假设、风险评估和控制措施，确保安全考量可追溯。DeepSeek在大模型架构设计中采用“安全舱”理念，通过模块化设计和严格的接口控制，实现了敏感功能的隔离保护和灵活配置，即使某一模块受攻击，也不会影响整体系统安全。

开发实现阶段是安全措施的构建期，此阶段重点是代码安全审查、安全编码规范和第三方依赖审核。腾讯安全团队开发的“AI代码卫士”[2]集成了静态代码分析、依赖安全扫描和安全编码指导，在开发过程中实时提供安全反馈。[3]特别值得一提的是其“防御模式生成器”，能够自动为检测到的安全弱点提供修复建议，并根据上下文生成安全防御代码，大幅提高了安全编码效率。

测试验证阶段是安全强度的检验期，此阶段关键是全面的安全测试策略，包括模糊测试、渗透测试和红队演练。阿里安全实验室的“模型安全测试框架”结合了传统安全测试和AI特有安全验证，通过生成对抗样本、模拟数据投毒和探测模型边界，全面评估模型安全性。该框架在测试中发现的安全问题比传统方法多35%，特别是在模型推理安全和隐私泄露风险方面表现突出。

部署运维阶段是安全保障的持续期，此阶段重点是安全配置管理、实时监控和应急响应。华为云AI平台实施的“安全防护网”整合了配置核查、异常监测和自动化响应，构建全方位保护。系统的“安全配置基线”根据不同应用场景和风险等级，提供层次化的安全配置建议，既确保基本防护，又避免过度安

---

〔1〕 IBM的“AI FactSheets”是一个用于管理人工智能模型生命周期的框架，它通过收集模型相关的事实信息来增强透明度和治理。它作为独立的服务，可与其他服务结合使用，构建全面的人工智能治理解决方案。AI FactSheets可以监控模型的公平性、漂移和偏差，并提供更直观的基于角色的功能，使其能够在任何云上运行。

〔2〕 腾讯安全团队开发的AI代码卫士，基于混元大模型，结合安全专家经验，能够提升代码安全检测效率。它在代码评审场景下用于识别和修复代码漏洞，并已在试点应用中取得初步成效，漏洞发现效率提升300%，高危漏洞拦截率突破95%。

〔3〕 安全编码工具保障开发阶段安全，降低安全漏洞风险。参见腾讯云官网，https://cloud.tencent.com/solution/content-moderation，最后访问日期：2025年7月29日。

全控制导致的体验下降。

安全即设计在AI系统不同层面有着独特的实践方法。在模型安全层面，主要关注模型自身的鲁棒性和可控性。OpenAI在GPT模型开发中采用“安全沙盒”方法，在模型训练前就建立安全边界，定义允许和禁止的输出类型，并在模型架构中嵌入安全检查点。DeepSeek则在模型设计中引入了“双层审核架构”，将内容生成和安全审核分离，由专门的“守护模型”对主模型输出进行安全检查，这种分离设计既保证了创造性，又强化了安全控制。

在数据安全层面，安全即设计关注数据全生命周期保护。蚂蚁集团的“数据安全设计工具包”提供了从数据收集、存储、处理到销毁的全流程安全指南和代码模板。工具包特别强调“数据最小化原则”，通过数据需求确认、敏感度分级和访问控制设计，确保每个环节只收集和使用必要数据。在实际项目中，这一方法使数据安全事件减少了45%，同时数据存储成本降低了330%，展示了安全设计与业务效率的双赢。

在应用安全层面，安全即设计注重用户交互界面和业务流程的安全性。微软的“AI交互安全指南”提出了一系列设计原则，包括透明解释、用户控制、安全默认值和错误弹性，确保AI应用在用户友好的同时保持安全。百度智能云AI平台实施的“应用安全设计套件”提供了从用户认证、权限管理到异常交互处理的全面解决方案，使开发者能够快速构建安全可靠的AI应用。该方案特别强调“安全退化机制”，当AI系统遇到不确定情况时能够优雅降级，保持基本功能同时不产生安全风险。

总之，AI安全不是一个孤立的技术问题，而是一个横跨技术、管理、伦理和监管等多方面问题的综合性议题。从对抗样本防御到数据防护网，从动态风险感知到安全即设计，我们已经构建了多层次的技术防线。然而，技术防护必须与有效监管相结合，才能形成完整的安全治理体系。正如城市安全需要技术防范与法律制度双管齐下，AI安全同样需要发挥行业自律与政府监管的协同作用。

本章小结

数据防护网、动态风险感知和安全性设计构成了AI安全的技术基础。AI技术力量越强大，其配套安全体系就越需坚实可靠。筑牢安全基础，才能确保AI创新价值充分释放，不因安全隐患和社会顾虑受限。

从新智生产力视角看，AI安全具有双重价值：一方面，安全是释放AI生产力的必要条件，只有安全可控的AI系统才能应用于金融、医疗等关键领域；另一方面，安全本身也是重要生产力要素，通过增强社会信任、降低风险和提高系统韧性，为长期价值创造奠定基础。

然而，仅靠技术防护难以应对AI安全全部挑战。随着生成式AI深度渗透社会，许多安全威胁已超越纯技术范畴，涉及市场行为、社会影响和伦理边界。这需要技术防护与制度监管协同作用，构建完整的安全治理闭环。这种“双轮驱动”机制不仅适用于AI安全，也是新智生产力健康发展的普遍规律所在。

第 20 章 AI 监管：创新与风险的平衡艺术

随着AI的深入发展，如何构建既能激发创新活力又能有效防范风险的监管框架，已成为决定其可持续发展的关键命题。AI监管不同于传统技术监管，它面临着技术演进与立法进程的时间错配、创新空间与安全边界的平衡困境、全球一致性与地方差异性的治理张力等独特挑战。

20.1 行业自律：AI 社区实现责任共担

人工智能技术以其前所未有的创新速度和深远影响，正重塑人类社会的生产方式和生活形态。然而，这一变革力量也带来了一系列监管挑战：技术发展与立法进程的时间滞后、创新活力与风险防范的平衡困境、全球协同与各国治理的差异。行业自律作为AI治理的前沿阵地和基础支撑，正日益凸显其独特价值与不可替代的作用。与正式监管的“自上而下”不同，行业自律通过“自下而上”的共识形成和责任共担，构建了更具灵活性、适应性和创新性的治理机制，为平衡AI创新与风险提供了重要的补充路径和缓冲空间。

行业自律之所以成为AI治理的重要维度，源于对AI技术和治理本质的深刻理解。从技术角度看，AI深度融合了计算机科学、数学、统计学、认知科学等多学科知识，其内部机制和潜在风险超出了传统监管者的认知边界，需要具备专业背景的技术社区参与治理。从发展速度看，AI技术迭代周期短、变化快、方向多变，传统立法程序难以跟上技术演进步伐，需要更加敏捷的自律机制填补空白。从影响范围看，AI应用场景极为广泛，从医疗、金融到教育、制造，不同领域的风险特征和治理需求各异，需要行业内部的精细化治理。从主体构成看，AI产业链涉及数据提供者、模型开发者、应用部署者和终端使用者等多元主体，需要构建责任共担的协作治理体系。基于这些理解，行业自律不是对正式监管的简单替代，而是AI治理生态中不可或缺的有机组成，与法律法规、政府监管形成互补协同的整体架构。

在理论基础上，AI行业自律机制整合了多个学科领域的治理思想。从制度经济学角度，自律是解决信息不对称和外部性问题的有效机制，通过行业内部的知识共享和标准制定，降低信息壁垒和交易成本。从组织社会学视角，自律是专业社群的集体行动逻辑，通过共同价值观和行为规范的构建，形成专业认同和内部约束。从治理理论看，自律体现了从“政府控制”向“多元共治”的范式转变，强调各类社会主体在公共问题解决中的责任分担和协同合作。从伦理学视角，自律源于对技术伦理责任的自觉担当，是对技术可能带来的风险和影响进行主动评估和预防控制。这些理论视角共同构成了AI行业自律的思想基础，指导着实践模式的形成和发展。

行业协会是AI自律体系的重要枢纽，通过制定行业标准、组织同行评议、协调利益相关方，构建了跨企业的治理平台。在全球范围，国际电气电子工程师协会（IEEE）在《伦理化设计》方面扮演着重要角色，致力于在技术设计和开发过程中融入伦理考量。全球人工智能伙伴关系（GPAI）则聚焦AI技术的负责任发展和应用，推动多方参与的国际协作治理。这些行业组织通过建立共同语言和行为标准，降低了行业内的协调成本，提高了自律效率。在中国范围，中国人工智能产业发展联盟（AIIA）和中国人工智能学会等组织正积极推动行业自律，通过发布多份指导性文件来规范人工智能的发展。AIIA还建立了AI产品评估认证体系，对市场上的AI产品进行安全性、透明度和公平性等维度的测评，为用户提供参考依据。

技术社区是AI自律的创新源泉和实践场域，开源项目、研究联盟和开发者社群为治理提供了自下而上的动力和平台。以开源AI为例，主流开源平台如Hugging Face、GitHub和PyTorch已经建立了社区治理机制，通过代码审查、模型卡片、责任披露和使用限制等多种方式管理AI技术风险。特别是Hugging Face平台[1]推出的“模型卡片”（Model Cards）要求开发者明确记录模型的训练数据、性能限制、潜在偏见和适用场景，增强了模型使用的透明度和可问责性。GitHub则实施了“负责任AI部署”计划，对生成式AI项目设置了额外的审核机制，要求开发者遵循特定的安全准则。比如由清华大学、百度、华为等机构发起的“智源社区”建立了开源AI模型的安全评估框架，定期对主流开源模型进行安全性和伦理合规性测试，并将结果公开发布，为开发者和用户提供风险参考。这些技术社区的自律实践充分利用了分布式协作的优势，通过集体智慧解决复杂治理问题。

行业自律在实践中发挥了多方面的积极作用。首先，自律机制填补了正式监管的时间和知识缺口，为立法和监管提供了宝贵的先行经验。例如，欧盟AI法案的风险分级监管框架，就吸收了行业自律中的分级评估实践；我国的《生成式人工智能服务管理暂行办法》也借鉴了行业自律中的模型评估和安全测试经验。其次，自律促进了技术规范和标准的形成，加速了治理工具的开发和应用。例如，由谷歌、Meta、微软等企业联合开发的“差异化隐私”（Differential Privacy）技术，已经成为AI系统保护用户隐私的标准方法；自动化机器学习偏见检测工具如IBM的AI Fairness 360和微软的Fairlearn也通过

〔1〕 Hugging Face是一个开源的机器学习平台，专注于自然语言处理（NLP）和人工智能（AI）。它为研究人员和工程师提供了高效、易用且可重复的NLP解决方案。该平台拥有超过320，000个模型和50，000个数据集，旨在推进并普及人工智能，支持开源和开放科学。Hugging Face成立于2016年，总部位于纽约。

开源方式广泛应用于行业。再次，自律建立了跨界对话和合作的平台，促进了多元价值观的协商和伦理共识的形成。例如，由人工智能专家、伦理学家、法学家和政策制定者组成的"全球合作伙伴关系"（GPAI）已成为全球AI治理对话的重要平台，推动了不同文化背景下的价值融合。最后，自律激发了创新责任文化的形成，将伦理考量融入技术创新的DNA。例如，越来越多的AI研发团队采用"伦理设计冲刺"（Ethics Design Sprint）等方法，在产品设计初期就考虑潜在伦理问题，体现了从"事后修复"到"预设伦理"的治理理念转变。

中国在AI行业自律方面探索出了具有本土特色的实践路径。一方面，中国强调政府引导与行业自律的有机结合，通过"政府搭台、企业唱戏"的模式，构建了协同治理格局。例如，在工信部指导下成立的"人工智能产业发展联盟"已成为行业自律的重要平台，联合制定了多项技术标准和伦理规范。另一方面，中国注重发挥龙头企业的示范带动作用，通过"头雁效应"推动行业整体治理水平提升。例如，百度发布的《百度大模型伦理规范》不仅约束自身行为，还影响了整个AI行业的实践标准。此外，中国还创新性地将自律机制嵌入科技创新的国家战略体系，使AI治理成为高质量发展的有机组成。

行业自律本质上是技术社区对自身社会责任的自觉担当，是AI创新与风险平衡的一种实践探索。虽然它不能取代正式监管，但在技术快速发展和不确定性高的领域，自律为社会提供了宝贵的实验空间和缓冲机制。通过企业自律、行业协会、技术社区和学术组织的多维协作，AI行业正在构建一个价值引领、规范约束、技术支撑的治理生态系统，既保障了创新活力，又控制了技术风险。特别是在全球数字治理体系重构的背景下，行业自律为不同文化、制度和发展阶段的国家提供了一个对话合作的共同平台，促进了全球AI治理的包容性发展。

20.2 算法问责：透明度与可解释性的技术路径

随着人工智能系统在社会中扮演越来越重要的决策角色，“黑盒算法”[1]引发的问责危机日益凸显。从信贷审批到医疗诊断，从招聘筛选到司法量刑，AI系统的决策对个人命运和社会公平无疑正在产生深远影响，然而其内部运作机制却并不透明、难解释，从而引发了公众的各种质疑和担忧。“算法问责”作为AI治理的关键支柱，正在成为平衡技术创新与社会信任的核心机制。与其他AI治理议题不同，算法问责不仅是法律和伦理层面的要求，更需要通过技术手段来实现，将抽象的问责原则转化为可操作的技术实践。“透明度”与“可解释性”作为算法问责的基础，正在推动AI从不可解释的“黑盒”向可理解、可验证、可信赖的“白盒”转变，为AI作为新智生产力的健康发展奠定信任基础。

算法问责的核心是确保AI系统的设计者和部署者对系统的行为负责，使系统的决策过程和结果能够接受审查和质疑。从概念框架看，算法问责包含四个相互关联的维度：透明度（Transparency）、可解释性（Explainability）、公平性（Fairness）和责任归属（Accountability）。透明度关注系统的开放程度，包括数据来源、算法原理和训练过程的公开；可解释性聚焦于系统决策逻辑的可理解性，使人类能够理解为什么做出特定决策；公平性关注系统决策结果对不同群体的公平对待；责任归属则明确当系统出现问题时谁应该承担责任。这四个维度相互支撑、缺一不可，共同构成了算法问责的完整框架。特别是透明度和可解释性，作为其他问责维度的基础，成为算法问责技术实现的重点领域。

在实际应用中，算法问责还需要一系列技术工具和方法将理论原则转化

---

〔1〕“黑盒算法”是一种在有限的验证预算内优化黑盒函数的方法。在工业设计和机器学习中都有广泛应用，尤其是在超参数优化中。这意味着算法在不了解函数内部结构的情况下，通过输入和输出来进行优化。

为可操作实践。算法审计（Algorithm Auditing）是一种系统性评估AI系统的方法，通过设计测试用例和模拟场景，检验系统在不同条件下的表现。技术实现方面，审计工具如Aequitas、FairML和AI Fairness 360提供了自动化框架，支持测试各类公平性指标和识别潜在偏见。例如，美国金融监管机构要求信贷算法通过“对比测试”，检验不同人种和性别申请人获得相同决策的比例，技术团队可使用这些工具执行合规性测试。偏见检测与缓解（Bias Detection and Mitigation）则聚焦识别和纠正算法中的不公平模式。技术方法包括预处理（修改训练数据减少偏见）、处理中（修改算法目标函数增加公平性约束）和后处理（调整决策阈值平衡不同群体结果）三类。例如，IBM的AI Fairness 360工具包提供了40多种偏见指标和10多种缓解算法，帮助开发者在不同阶段应对偏见挑战。

算法影响评估（Algorithmic Impact Assessment，AIA）是一种前瞻性的问责工具，评估AI系统可能对个人和社会产生的影响。加拿大政府率先推出了官方AIA框架，要求所有公共部门AI系统在部署前完成评估。在技术实现上，AIA通常包括数据评估、模型评估和部署评估三个环节。数据评估使用统计工具分析训练数据的代表性和潜在偏见；模型评估使用敏感性分析、反事实测试等方法检验模型对不同输入的响应；部署评估则模拟实际使用场景，预测系统的社会影响。例如，Facebook的Fairness Flow工具集成了这些评估功能，支持产品团队在开发周期早期识别和缓解潜在风险。

此外，算法问责的实现也并非单纯停留在技术层面上的挑战，作为一种技术与社会需求紧密交叉的领域，需要多方参与和协同发展。以欧盟《人工智能法》为例，其要求高风险AI系统提供技术文档、保存记录、确保人类监督和透明度等，这些法律要求必须通过技术手段实现。为回应这些监管趋势，技术社区已开发出一系列合规工具。例如，ModelHub[1]提供模型版本控制

〔1〕 ModelHub是深度学习模型的存储库，提供预训练模型，供研究人员和各种应用使用。See http://modelhub.ai/.

和文档管理功能，帮助企业满足记录保存要求；Artifact开发的“AI系统卡”标准化记录了系统测试结果、风险评估和人类监督机制，支持合规报告生成；InterpretML则提供了多种可解释性算法的统一接口，降低了实施可解释AI的技术门槛。这些工具使监管要求与技术实践之间的鸿沟不断缩小，促进了合规性与创新的协同发展。

中国在算法问责实践方面也取得了显著进展。《互联网信息服务算法推荐管理规定》明确要求算法推荐服务提供者应当建立健全用户注册、信息发布审核、数据安全管理和个人信息保护、安全评估等管理制度，同时确保算法机制具有可解释性。为响应这些要求，中国科技企业开发了一系列创新技术解决方案。例如，百度Apollo自动驾驶平台集成了“黑匣子”功能，记录AI决策的完整历史和判断依据，支持事故后的责任分析；阿里巴巴的“智能监管平台”使用知识图谱和自然语言处理技术，识别电商平台上的算法不当行为，主动发现并纠正推荐系统中的偏见；腾讯则开源了“TrustAI”框架，提供模型公平性评估、解释性生成和鲁棒性测试等功能，支持企业进行算法自查。这些实践不仅满足了监管要求，还提升了AI系统的质量和可信度，体现了负责任创新的理念。

总体而言，算法问责制是AI治理从理念转化为实践的关键桥梁。透明度与可解释性作为其核心支柱，不仅满足了伦理要求和监管期望，同时也创造了显著的技术和商业价值。通过持续完善的技术方法和工具，AI系统正逐步从不可解释的“黑盒”转变为可理解、可验证的“白盒”，在保持高性能的同时赢得社会信任。正是这种技术与治理的深度融合，确保了AI能够安全、负责任地发展，为人类社会创造持久价值。

20.3 沙盒监管：创新与监管的动态平衡

人工智能的飞速发展正在不断突破技术边界，同时也挑战着传统监管框架的适应能力。一方面，过早或过严的监管可能扼杀创新活力，阻碍AI潜力的释放；另一方面，监管滞后或缺位又可能导致风险累积，引发公众信任危机，最终反噬技术发展本身。这一两难境地催生了“沙盒监管”（Regulatory Sandbox）这一创新治理工具，它为AI技术提供了一个受控环境，允许创新在有限范围内测试，同时收集风险和影响数据，为正式监管规则的制定提供实证基础。作为一种平衡创新与风险的动态治理机制，AI监管沙盒正成为全球AI治理体系中的关键组成部分，为AI技术的负责任创新开辟了新路径。

沙盒监管源于软件开发领域的“沙盒”概念，在金融科技（FinTech）领域率先得到应用和发展，随后被引入AI治理实践。从理论基础看，沙盒监管融合了实验性治理（Experimental Governance）、适应性监管（Adaptive Regulation）和风险基础监管（Risk-based Regulation）三大理论脉络。实验性治理强调在不确定性高的领域，通过小规模试验、反馈循环和迭代改进来形成更有效的规则；适应性监管注重监管框架的灵活性和学习能力，能够随着技术和市场变化不断调整；风险基础监管则主张将监管资源集中于高风险领域，对不同风险水平采取差异化监管措施。沙盒监管将这三种理念有机结合，创造了一种动态平衡机制，既能为创新提供空间，又能防范系统性风险。

AI监管沙盒的核心特征可概括为“四有四限”，即有明确的准入标准、有特定的法规豁免、有持续的监测评估、有清晰的退出机制；限定的参与主体、限定的应用场景、限定的时间周期、限定的地理范围。这种设计确保了沙盒既能提供创新空间，又能控制潜在风险。沙盒内的项目通常享有某些监管要求的暂时豁免或简化程序，使创新者能够测试在标准监管环境中难以实施的创新方案；同时，参与者需要遵守严格的信息披露、风险控制和消费者保护措施，确保实验不会造成不可接受的损害。沙盒周期通常为6个月至2年，结束后监管机构将根据测试结果决定是否允许创新进入更广泛市场，以及是否需要调整现有法规以适应新技术。

从全球实践的角度来看，AI监管沙盒呈现多样化的模式和路径。英国作为沙盒监管的先行者，其信息专员办公室（ICO）于2020年启动了AI审计框架沙盒，专注于评估AI系统的数据保护合规性。该沙盒允许企业在受控环境中测试AI系统，同时接受ICO的专业指导，帮助企业理解和应用数据保护原则。新加坡的“AI验证沙盒”（AI Verify Sandbox）则采取了工具导向型沙盒模式，提供了一套开源测试工具，帮助企业评估AI系统的性能、鲁棒性、公平性和透明度等属性。而欧盟在《人工智能法》中则设计了“监管沙盒和真实测试环境”条款，允许成员方设立AI沙盒，为未上市AI系统提供受控测试环境，并为中小企业和初创公司提供优先渠道，体现了对创新活力的保护。

近些年，中国在AI监管沙盒建设方面也进行了诸多积极有益的探索，展现出“自上而下的顶层设计”与“自下而上的地方实践”相结合的特色发展路径。在顶层设计方面，《国务院关于加快推进全国一体化在线政务服务平台建设的指导意见》中提出建立“互联网+政务服务”监管沙盒。具体实践中，北京、上海、深圳、杭州等城市已陆续务实开展AI监管沙盒的试点工作，并形成了各具特色的地方实践。

总体上，AI监管沙盒的实践价值体现在多个维度。对创新企业而言，沙盒提供了宝贵的测试空间和监管指导，降低了合规成本和不确定性。例如，通过沙盒测试，不仅验证了技术可行性，也提前了解了监管关注点，优化了产品设计，避免了后期大规模调整的成本。同时，获得沙盒认证的项目往往能获得市场认可的“监管背书”，增强了客户信任和市场竞争力。对监管机构而言，沙盒则提供了学习和适应新技术的机会，能够有效帮助监管者深入理解AI技术的特性和潜在风险，以便制定更有针对性的监管规则。上海市市场监管局的一位负责人就曾表示，通过沙盒实践，监管部门从“不知道怎么管”到“知道怎么管”，监管能力得到了显著提升。对行业生态而言，沙盒促进了监管者与创新者的对话与合作，打破了传统监管中常见的对立关系，构建了更具协作性的治理生态。

从全球AI治理的大趋势上看，沙盒监管正走向更加系统化和协同化。一方面，各国正从单一领域沙盒向综合性AI治理平台发展，将沙盒与标准制定、伦理评估、认证机制等工具整合，构建更完整的治理体系；另一方面，国际组织和多边合作平台正推动沙盒经验的跨境共享和监管协调，探索建立全球性或区域性AI沙盒网络。例如，全球人工智能伙伴关系（GPAI）已将监管沙盒作为优先议题，推动成员方交流经验和最佳实践；亚太经合组织（APEC）也启动了数字创新监管沙盒合作倡议，促进区域内沙盒经验共享。这些趋势表明，沙盒监管正从单点实验走向系统治理，为全球AI治理体系建设提供了重要支撑。

从更加宏观的视角来看，沙盒监管是AI健康发展的重要制度保障。不仅需要技术创新和应用突破，更需要相适应的制度创新和治理变革。沙盒监管作为一种动态平衡机制，既能为AI创新提供必要空间，又能控制系统性风险，防止“创新过度”或“监管过度”的两种极端情况。通过沙盒实践，监管者能够跟上技术发展步伐，创新者能够理解公共政策目标，双方形成良性互动和共同学习，促进技术与制度的协同进化。这种协同进化正是AI可持续发展的关键保障。

20.4　多元治理：构建 AI 发展良性生态圈

人工智能技术的迅猛发展为经济社会带来深刻变革的同时，也对传统治理模式提出了前所未有的挑战。AI治理不仅涉及技术维度，更是一个多元主体共同参与的复杂系统工程。构建协同高效的AI治理生态，需要政府、企业、社会组织和技术系统等多元主体各司其职、协同配合，形成合力，只有这样才能真正在促进创新与防范风险之间取得平衡的同时，实现人工智能技术的可持续发展。

在AI治理的多元主体架构中，政府无疑处于关键引领地位。政府作为公共利益的代表和社会秩序的维护者，在AI治理中承担着不可替代的职责。首先，政府需要加强顶层设计与制度建设，明确人工智能发展的战略方向与治理原则。我国政府在这方面已取得积极进展，从《新一代人工智能发展规划》到《关于加快场景创新以人工智能高水平应用促进经济高质量发展的指导意见》，再到《生成式人工智能服务管理暂行办法》，可以说已经初步建立了支持AI创新发展与规范AI应用的政策框架。其次，政府需要建立健全监管体系，针对AI应用的不同场景和风险等级，实施分类分级监管。在高风险领域如自动驾驶、医疗诊断、金融风控等，需要设立更严格的市场准入机制和安全评估体系；而对于低风险应用，则可采取更为包容的监管策略，保留充分空间。

与此同时，在构建政府监管机制时，建立跨部门的协调机制至关重要。由于AI技术的跨领域特性，其监管往往涉及多个政府部门，如科技部门负责技术研发引导，网信部门关注算法安全，市场监管部门负责市场秩序维护，行业主管部门则负责垂直领域的行业规范等。这种多头监管格局若缺乏有效协调，易导致监管真空或重叠。因此，建立跨部门的AI治理协调机制，明确职责边界，构建信息共享和联合执法机制，对提升监管效能具有重要意义。例如，可考虑在国家层面围绕AI治理专门设立协调机构，强化部门间的统筹协调，形成监管合力。同时，监管手段也需要创新，如建立监管沙盒机制，为AI创新提供安全的实验环境；发展"监管科技"，利用大数据、区块链等技术提升监管智能化水平；探索"动态监管"模式，根据AI技术与应用演进动态调整监管策略。

相较于政府的外部监管，企业作为AI技术的主要开发者和应用者，其自我约束和责任担当对构建健康的AI治理生态同样关键。当前，AI企业已逐渐认识到合规治理对持续发展的重要性，越来越多的企业开始探索建立健全内部AI治理机制。这些机制通常包括设立AI伦理委员会，负责审核公司AI产品的开发和应用是否符合伦理标准；建立算法审核机制，对算法模型进行安全评估和偏见检测；强化数据合规体系，确保数据采集、处理和使用符合隐私保护要求；完善风险管理流程，对高风险AI应用进行专门评估和审核。以百度为例，其建立了完整的AI治理架构，包括由公司高层领导组成的伦理委员会、负责具体执行的伦理办公室，以及提供专业支持的技术伦理专家组，形成"决策层—执行层—支持层"三级治理架构。

除了单个企业的内部治理外，行业自律机制也是企业治理的重要补充。行业协会可以整合行业智慧，制定切实可行的行业规范和技术标准，并通过同行评议、行业认证等方式促进良性竞争。截至2025年年初，我国已有多个AI相关行业组织，如中国人工智能产业发展联盟、中国人工智能学会等，发布了《新一代人工智能行业自律公约》《互联网信息服务算法推荐管理规定》等自律文件，初步形成了行业自律框架。然而，当前行业自律在实际约束力和执行机制上仍有提升空间。未来可探索建立更有效的行业信用评价体系，如将企业对AI伦理的遵守情况纳入评价指标；设立行业"黑名单"机制，对严重违反行业规范的企业实施联合惩戒；推广AI产品认证制度，通过市场机制引导企业自觉践行伦理规范等。

实际上，AI治理不能仅仅依靠政府与企业，还需要社会多元主体的广泛参与。公众作为AI技术的最终用户和可能的风险承担者，其意见和参与对AI治理具有不可忽视的作用。然而，AI技术的复杂性无疑会给公众参与带来障碍，如何破除信息不对称，提升公众对AI治理的理解和参与能力，是当前面临的重要挑战。为此，应当加强AI知识普及与教育，提高公众素养；建立透明的信息披露机制，保障公众的知情权；拓宽公众参与渠道，使公众的声音能够真正影响政策制定和企业决策。

在多元主体共同参与的AI治理格局中，如何协调不同主体之间的关系，建立顺畅的沟通与合作机制，是实现有效治理的关键。为此，可考虑建立跨界对话平台，定期组织政府、企业、学术界和社会组织等多方代表进行交流；设立专门的协调机构，负责收集、整合各方意见和建议；探索建立"共同治理"机制，在重大AI政策和伦理准则制定中确保各方声音都能得到充分倾听。只有实现多方密切协作、形成治理合力，才能应对未来AI可能带来的各种复杂挑战。

本章小结

AI监管是管理技术变革不确定性的社会探索，它不应被视为创新的限制，而是释放AI长期价值的必要条件。有效的监管体系包括行业自律机制、技术透明度实现、创新与合规的动态平衡，以及多元协同治理生态。

从多维视角看，合理监管重新定义了技术与社会的互动关系，引导AI从单纯追求效率转向兼顾公平、安全和透明的价值创造，并通过建立信任、明确边界和降低不确定性，为创新提供稳定环境。

然而，AI技术的全球性特征决定了单一国家监管的局限性。技术跨境流动、数据全球分享和算法普遍应用，使AI治理天然具有超越国界的特性。不同国家监管标准的差异可能导致"监管套利"，企业将高风险活动转移至监管薄弱地区，形成全球性风险积累。因此，构建开放、协同、包容的全球AI治理网络已成为国际社会的共同课题。

第 21 章 开放合作：构建全球 AI 创新治理网络

AI的核心驱动力，其发展与治理已然超越单一国家范畴，成为塑造人类未来共同发展的全球性议题。在技术无国界而治理有边界的矛盾背景下，如何构建既能促进创新又能防范风险、既尊重多样性又凝聚共识的全球治理网络，成为决定AI能否真正造福全人类的关键命题。

21.1 共建共享：技术普惠的全球伙伴关系

在全球科技变革的大潮中，AI技术的创新与普惠已成为塑造未来经济格局的关键变量。随着AI从实验室走向千行百业，如何确保这一变革性技术能够跨越国界、惠及全球，成为国际社会面临的重大命题。中国提出的“共商共建共享”全球治理理念，为构建普惠包容的AI创新生态提供了独特智慧，呈现出技术赋能与价值共创的双重维度。[1]这一理念不仅体现了发展中大国的责任担当，更为全球数字经济合作开辟了新路径。

技术普惠，作为AI全球合作的核心理念，其实质是打破技术垄断与发展鸿沟，让各国特别是发展中国家能够平等参与数字经济变革的机遇。当前，全球

〔1〕 中国政府提出的《人工智能能力建设普惠计划》，明确提出通过能力建设、技术共享促进全球南方国家AI发展，推动数字包容性。参见《人工智能能力建设普惠计划》，载外交部官网，https://www.mfa.gov.cn/web/wjbzhd/202409/t20240927_11498463.shtml。

AI发展呈现“马太效应”加剧趋势——发达经济体凭借先发优势，在算力基础设施、数据资源和人才生态等方面取得了显著领先。根据国际电信联盟数据，全球约40%的人口仍然缺乏互联网接入，更遑论参与AI技术创新。这种“技术鸿沟”若不加以弥合，将进一步扩大全球发展不平衡。在此背景下，中国提出的技术普惠理念，强调通过资源共享、技术协作和能力建设，让AI红利惠及全球，为数字时代下全球擘画包容性发展蓝图注入了新动力。

中国在推动AI技术普惠方面的实践，体现了“授人以渔”的长远思维。不同于传统技术援助模式，中国更多地强调能力建设与知识转移，尽可能帮助发展中国家提升自主创新能力。以高校合作为例，中国科学院、清华大学等机构已与50多个发展中国家的百余所大学建立了AI联合实验室，培养本土AI人才超过5000人。这些实验室不仅开展前沿技术研究，更加关注当地实际需求，开发适应本地环境的应用解决方案。例如，中国科学院与埃塞俄比亚亚的斯亚贝巴大学共建的“智慧农业联合实验室”，针对当地干旱地区开发了基于遥感数据和深度学习的精准灌溉系统，将水资源利用效率提高40%，惠及当地20万农户。这种“技术+培训+应用”的整体解决方案，真正帮助发展中国家实现了技术能力的本地化。

与此同时，开源社区建设已成为技术普惠的重要载体。中国AI企业积极参与全球开源生态建设，打破技术壁垒，降低各国特别是发展中国家的AI应用门槛。自2020年以来，百度、阿里巴巴、华为等企业已向全球开源社区贡献了超过30个大模型及框架，累计下载量超过2亿次。这些开源项目不仅提供核心算法，还包含详尽的文档和教程，大幅降低了AI技术使用门槛。例如，百度开源的飞桨（PaddlePaddle）深度学习框架，专门针对算力资源有限的环境进行了优化，实现在普通硬件上高效运行复杂模型，这一特性使其在东南亚、非洲等地区的小型企业中获得广泛应用。华为则通过MindSpore开源框架，提供了一套从边缘设备到云端的全场景AI开发工具，支持在资源受限环境下的高效部署，赋能发展中国家在电信、医疗、教育等领域的智能化转型。这些开源项

目不仅是技术工具，更成为跨国技术交流与创新的平台，催生出一批适应本地需求的创新应用。〔1〕

此外，中国提出的“数字丝路”计划倡议，也为全球AI合作开辟了新通道。截至2025年年初，中国已与140多个国家和地区签署数字经济合作协议，建设了20个跨境光缆系统和50多个数据中心。这些数字基础设施为发展中国家提供了参与全球AI创新的硬件支撑。例如，在东非，由中企主导建设的东非海底光缆系统（EASy）将网络延迟降低了45%，大幅提升了当地使用云AI服务的体验；在东南亚，中国与泰国合作建设的“东部经济走廊”数据中心群，为当地提供了可负担的高性能计算资源，支持本地AI创业生态发展。根据国际电信联盟评估，“数字丝路”计划倡议已帮助参与国家平均提升15%的数字基础设施覆盖率，为这些地区的AI产业发展奠定了坚实基础。〔2〕

其他方面，区域性AI创新枢纽的构建，为技术普惠提供了有效载体。据有关数据统计，中国已在全球建立15个“智慧科技合作中心”，作为技术交流、人才培养、产业对接的平台。这些中心根据区域特色，形成了差异化发展路径。例如，中国—东盟信息港聚焦跨境电商与智慧物流AI应用，已孵化超过300个区域性AI创新项目；中非数字创新中心则专注农业技术与公共健康领域的AI解决方案，开发了适合非洲国家的低成本医疗影像诊断系统，已在8个非洲国家部署，服务人口超过2000万。这些区域性创新枢纽不仅实现了技术与资源的高效配置，还促进了南南合作与经验分享，形成了技术普惠的区域生态圈。

在技术普惠的实践中，中国还提出了“数据要素跨境流动”的新机制，为全球AI创新提供了重要支撑。数据作为AI发展的“燃料”，其获取与处理对于

---

〔1〕 DeepSeek开源项目及百度、华为等企业的开源贡献，降低了发展中国家AI应用门槛。参见余昊原：《以开源破局，中国开启AI合作新纪元》，载《科技日报》2025年2月28日，第4版。

〔2〕 中国推动“一带一路”框架下AI与基础设施互联互通，促进智慧城市治理和跨境贸易升级。参见王华、姚欣雨：《人工智能助推“一带一路”新合作》，载中国社会科学网，https://www.cssn.cn/jjx/jjx_qqjjzl/202503/t20250305_5855984.shtml。

发展中国家参与AI创新至关重要。目前中国已与30多个国家建立了“数据跨境流动试验区”，探索在保障数据安全前提下促进数据要素自由流动的新机制。例如，在中国—东盟数字经济试验区，建立了跨境数据共享平台，实现9国农业、气象、交通等公共数据资源共享，支撑区域性AI模型开发。在中国—中亚数字经济走廊，则采用联邦学习技术，实现五国医疗数据“可用不可见”的安全协同分析，开发出适合中亚地区的疾病预测模型。这些数据合作机制在保障主权与安全的同时，实现了数据价值的共享，为发展中国家参与全球AI创新提供了宝贵资源。

标准共建是技术普惠的制度保障。近些年中国积极参与全球AI治理规则的构建，特别注重发展中国家的话语权。在国际标准化组织中，中国已主导或参与制定70多项AI相关国际标准，其中40%以上有发展中国家的实质性参与。例如，由中国倡议、20多个发展中国家参与的“普惠AI标准工作组”，已制定了适合多元发展阶段的AI系统评估标准，为发展中国家提供了技术参考与制度保障。中国还推动建立了“全球AI开放创新联盟”，汇集100多个国家的600余家机构，共同探索促进AI普惠发展的技术路径与治理框架。这种多边参与、共同治理的标准制定模式，确保了全球AI规则能够反映多元发展需求，为技术普惠提供了制度环境。

面向未来，技术普惠的全球伙伴关系正不断拓展新维度。中国提出的“全球AI开放创新行动计划”项目，打算用未来五年的时间，向全球特别是发展中国家提供10万个AI技术培训名额，建设100个跨境创新实验室，开放1000个基础AI模型，支持各国特别是发展中国家构建自主AI创新能力。同时，中国倡议设立的“全球AI治理发展基金”，将以务实的方式支持发展中国家参与全球AI治理，确保其利益与关切在国际规则制定中得到充分反映。这些新倡议体现了技术普惠从“技术共享”向“治理共建”的深化，标志着全球AI合作进入新阶段。

21.2　巴黎共识：AI 治理的全球宣言

2025年2月，全球约60个国家的代表在巴黎埃菲尔铁塔旁的国际会议中心共同签署《巴黎人工智能宣言》，这一刻不仅标志着全球AI治理迈入新阶段，更彰显了国际社会在面对AI这一变革性技术时寻求共识的决心。这份被誉为“AI时代的巴黎协定”的文件，是人类首次在全球范围内就人工智能发展与治理达成的高级别政治共识，其影响将深远地塑造AI技术与产业的发展轨迹。在人工智能驱动新智生产力加速演进的关键时期，《巴黎人工智能宣言》为全球AI协同治理提供了坚实基础，为技术创新与风险管控之间寻找平衡点指明了方向。

《巴黎人工智能宣言》的核心内容可概括为“四大支柱、十项原则”。第一支柱聚焦“以人为本”，强调AI发展必须尊重人类尊严、基本权利与民主价值，技术进步应服务于人类整体福祉；第二支柱关注“透明与可信”，主张AI系统的设计、开发与部署应保持透明度，实现可解释性与负责任使用；第三支柱强调“安全与韧性”，要求AI系统必须符合严格的安全标准，能够抵御恶意使用与系统故障；第四支柱倡导“国际协作”，呼吁各国在技术标准、风险评估、人才培养等方面开展跨境合作，共同应对全球性挑战。这四大支柱下细化的十项原则更是进一步涵盖了数据治理、算法透明、责任归属、风险分级、伦理监督等具体领域，构成了全面而系统的治理框架。

《巴黎人工智能宣言》的形成经历了18个月的艰苦谈判与协商。从2023年7月英国伦敦首届AI安全峰会首次提出全球协调治理倡议，到2024年5月人工智能首尔峰会深化具体机制讨论，再到2024年10月G20峰会将AI治理纳入全球治理议程，最终在2025年2月的巴黎“人工智能行动峰会”上达成共识，这一过程凝聚了各方智慧与妥协。值得注意的是，宣言并非简单复制某一国家或地区的治理框架，而是综合考量了欧盟的伦理规范、中国的发展赋能和发展中国家的普惠诉求，呈现出多元价值的交融与平衡（见图21-1）。

图21-1　中国与60国共同签署《巴黎人工智能宣言》

宣言在平衡多维目标方面展现了精心设计的智慧。在创新与风险之间，宣言采用了“动态平衡”思路，既明确AI创新的价值，鼓励各国加大研发投入，又设定风险分级管理框架，对高风险应用领域实施更严格监管。例如，宣言提出对医疗、金融、交通等关键领域的AI应用实施强制性风险评估，同时为通用技术研究与低风险应用保留足够创新空间。在效率与伦理之间，宣言强调“伦理内嵌”原则，要求将伦理考量融入AI全生命周期，从设计阶段就纳入隐私保护、公平性与透明度要求，避免“先发展后治理”的路径依赖。在国家主权与国际协调之间，宣言采取“共同但有区别的责任”机制，承认各国发展阶段、技术能力与治理需求的差异，允许各国在共同框架下探索符合本国国情的具体实施路径，同时建立国际协调机制确保基本标准的一致性。

中国在《巴黎人工智能宣言》酝酿和形成的过程中扮演了建设性角色。作为AI技术研发与应用大国，中国积极参与从伦敦到巴黎的全部谈判进程，提出了多项富有建设性的主张。在宣言的理念层面，中国强调“发展权与安全并重”，主张AI的治理不应阻碍技术创新，特别是不应成为限制发展中国家参与数字经济的壁垒。这一立场得到多数发展中国家的支持，并最终在宣言中得到充分体现。在机制设计上，中国提出的“多层次协同治理”概念，强调企业自律、行业规范、国家监管与国际协调的有机结合，丰富了宣言的实施路径。在具体条款上，中国积极推动将“技术普惠”纳入宣言核心目标，并设立专门章节论述AI技术如何促进可持续发展，并承诺提供相应资源以支持发展中国家的相关能力建设。

对中国AI发展而言，《巴黎人工智能宣言》带来了多重积极影响。首先，宣言为中国企业国际化发展提供了更清晰的规则环境。以大模型出海为例，华为、百度等中国AI企业已依据宣言要求调整产品设计与风险管理流程，使其产品更符合国际市场要求，提升了国际竞争力。其次，宣言推动中国加速完善国内AI治理体系。目前中央网信办、科技部等部门已启动国内政策与宣言的对标工作，优化监管机制，提升国际化水平。最后，宣言为中国参与全球AI治理提供了重要平台。中国已在宣言框架下推动形成众多AI应用的国际最佳实践，提升了中国在全球AI治理中的话语权与影响力。

目前，全球AI发展面临的挑战是多维度的，仅凭单个国家或地区难以有效应对。《巴黎人工智能宣言》最重要的贡献在于构建了集体行动的框架，将各国从“零和博弈”引向“合作共赢”。宣言中专门设立的争端解决机制与合作平台，为各国在数据流动、算法安全、伦理标准等敏感领域的协商与妥协提供了渠道，促进了不同治理理念的交流与融合。例如，通过宣言框架下的“AI跨境合作机制”，两国在保持各自AI监管框架独立性的同时，就模型安全评估、数据治理等具体问题开展了务实合作，推动形成相互兼容的标准体系。宣言还特别关注多边主义在AI治理中的作用，强化了联合国在协调全球AI发展中的核心地位，为构建更公平、更包容的全球治理体系提供了支持。

21.3　AI命运共同体：中国方案的全球共识

在人工智能重塑全球生产力版图、激发产业变革浪潮的时代背景下，如何确保这一颠覆性技术沿着造福全人类的轨道发展，已成为全球关注的核心议题。中国提出的“人类命运共同体”理念，为AI治理提供了独特的价值框架与行动指南，展现了一个拥有悠久文明历史的发展中大国对全球技术治理的思考与贡献。这一理念超越了传统地缘政治与意识形态分野，着眼于人类整体利益与长远发展，强调在数字智能时代各国休戚与共、同舟共济的关系，为构建更加公平、包容、可持续的全球AI治理体系提供了中国智慧。

人类命运共同体理念在AI治理领域的核心价值体现在三个维度：共同发展、共同安全与共同责任。在共同发展层面，中国主张AI技术应成为缩小全球发展差距、促进共同繁荣的工具，而非加剧数字鸿沟的因素。2024年，中国发布的《人工智能促进全球发展报告》提出“普惠发展”框架，强调AI在减贫、教育、医疗等领域的赋能作用，并提出“技术开源+能力建设+资源共享”的系统性解决方案，为弥合全球数字鸿沟提供了切实路径。在共同安全层面，中国认为AI安全已超越单一国家能力范畴，需要各国携手应对算法偏见、数据滥用、自主系统风险等新型挑战。2025年年初，中国发起的“全球AI安全倡议”提出了“安全技术开源、风险信息共享、应急响应联动”三大机制，为构建集体安全网络提供了具体方案。在共同责任层面，中国强调AI治理应是全球多方参与的共同事业，主张通过联合国等多边机制加强协调，确保发展中国家平等参与规则制定，避免少数国家或企业主导全球AI发展方向，体现了对全球治理民主化的坚定支持。

中国方案的独特价值在于实现了“四权融合”：发展权、安全权、参与权与治理权的有机统一。不同于某些发达经济体侧重安全与伦理，或某些科技公司强调创新与效率，中国方案通过系统设计，力求在多元价值间找到平衡点。在发展权方面，中国坚持技术创新是人类共同事业，任何国家都有权通过技术发展提升民生福祉。中国在G20、金砖国家等多边平台积极倡导“包容性数字化转型”，推动建立《全球数字包容行动计划》，确保AI红利广泛惠及世界各国人民。在安全权方面，中国认为技术安全是各国的共同追求，但不应成为技术垄断与打压的工具。自2023年起，中国已连续发布《全球人工智能治理倡议》《人工智能安全标准化白皮书》等文件，提出“共同但有区别的责任”原则，强调安全与发展并重，获得广泛国际认同。在参与权方面，中国主张全球AI治理应确保各国特别是发展中国家的有效参与，反对“俱乐部治理”与“小圈子政治”。中国支持联合国框架下的全球数字契约进程，促成130多个国家参与全球AI对话机制，增强了全球治理的包容性。在治理权方面，中国倡导AI治理应尊重各国国情与发展道路，鼓励探索符合本国特色的治理模式，形成“共创共建、多元共存”的全球治理格局。

中国方案的实践路径体现为“四轮驱动”：技术开放、能力建设、规则共建与多边协作的系统推进。在技术开放层面，中国通过开源大模型、开放算法与共享训练资源，降低全球特别是发展中国家的AI应用门槛。在能力建设层面，中国实施了“数字丝路”计划[1]，已为100多个发展中国家培训AI专业人才超过1万名。中国提出的“分级分类、因地制宜”监管框架被多个国际组织采纳，为全球AI治理提供了可行路径。在多边协作层面，中国推动建立了“全球AI开放创新联盟”，汇集80多个国家的600余家机构，形成了“政府—企业—学界—社会”多方参与的合作网络，为全球AI治理提供了开放平台。

此外，在全球AI治理的制度设计中，中国主张“多层治理、协同共治”模式，强调全球性规则与区域性机制的协调配合。在全球层面，中国支持以联合国为核心的多边治理体系，积极参与数字合作路线图制定与全球数字契约谈判，推动建立更具包容性的全球数字治理架构。在区域层面，中国推动亚太经合组织（APEC）数字经济合作、上海合作组织数字发展倡议等区域协作机制，形成区域联动、整体推进的治理格局。在双边层面，中国已与50多个国家建立数字经济合作机制，形成分层分级、相互支撑的全球治理网络。这种多层次治

〔1〕“数字丝路”计划（DBAR）侧重于通过共享数据、技术和知识来促进国际合作。这包括数字产业人才培养，例如通过培训和实习基地。重点在于针对数字产业发展需求，培养当地紧缺人才，实现人才发展与数字产业培育的匹配。

理架构既尊重各国主权与发展特色，又促进全球协同与标准趋同，为复杂技术治理提供了新思路。

作为AI大国与发展中国家的双重代表，中国在全球AI治理中的角色与贡献体现了发展中大国的责任担当。从技术层面，中国推动开源开放，破除技术垄断，为全球特别是发展中国家提供可负担的AI解决方案；从规则层面，中国积极参与国际规则制定，主张技术普惠与安全并重，为构建公平公正的国际秩序贡献力量；从实践层面，中国通过“数字丝路”计划等国际合作项目，以实际行动推动技术赋能全球发展。这些努力体现了命运共同体理念从概念到实践的系统转化，展现了中国特色大国外交的独特魅力。

本章小结

从技术普惠的全球伙伴关系到《巴黎人工智能宣言》的全球共识，再到人类命运共同体视角下的中国方案，各国正努力构建一个既能激发创新又能防范风险的AI治理体系。这一探索过程本身就是人类集体智慧的结晶。

全球AI治理具有双重价值：一方面，有效治理是AI释放全球价值的必要条件——只有在共同规则和互信基础上，各国才能深化技术合作、促进数据流动、共享创新成果；另一方面，全球治理也重新定义了技术与社会、创新与监管、发达国家与发展中国家之间的互动模式。

全球治理不仅是风险管控手段，更是价值创造的催化剂。它通过建立共识、促进合作和弥合鸿沟，为AI技术的全球普惠奠定基础，同时也重塑着人与技术的互动关系，使AI成为人类的协作伙伴，共同重新定义工作与创造的边界和可能性。

第五部分

智能新纪元：人机共生的未来图景

站在人工智能与人类文明交汇的历史节点，我们正见证一场前所未有的生产力变革。智能时代的新智生产力不再是简单的技术替代，而是通过人机深度协同实现能力倍增与创造力跃升。人机协作超越工具使用，成为生产关系重构、思维模式交互和创造过程融合的全新范式；中国特色自主创新之路从技术跟随到引领标准，以开放包容的姿态构建全球AI创新公地；公民数字素养、企业智能转型和个人终身学习则共同构筑起智能时代的关键能力体系。

第 22 章
人机协作：重新定义工作与创造力

与以往技术革命不同，AI并非简单替代人类劳动，而是与人类形成一种全新的协作关系，共同实现前所未有的生产力飞跃。人机协作正创造超越各自边界的新生产力形态：工作重构、增强劳动力、创意合伙人与人才转型。中国特色自主创新之路为新智生产力注入强劲动能，从创新跃迁到技术制高点，从标准引领到开源生态。数字公民素养、企业智能转型和终身学习成为智能时代的必修课。

22.1 工作重构：AI 时代的任务再分配

人工智能技术正在以前所未有的速度与广度重塑全球劳动力市场。与以往的技术革命不同，AI并非简单替代某一类工作，而是通过对几乎所有工作任务的重新配置，引发一场史无前例的“工作重构”浪潮。这种重构不仅改变了工作内容和方式，更深刻变革了人类与机器的关系，催生出一种全新的生产范式——人机协作。在这一范式下，人类与AI不再是替代关系，而是形成互补共生的新型劳动分工，共同推动生产力跃升，释放前所未有的创造潜能。〔1〕

要理解AI驱动的工作重构，我们首先需要厘清AI在任务处理上的独特优

〔1〕 麻省理工学院数字经济研究中心埃里克·布林约尔松（Erik Brynjolfsson）关于AI处理“非常规预测性任务”的观点，与其在数字经济领域的研究高度契合，表明现代AI不仅替代重复劳动，还能处理复杂认知任务。See https://institute.global/insights/economic-prosperity/the-impact-of-ai-on-the-labour-market.

势。与传统自动化技术主要替代标准化、重复性体力劳动不同，以DeepSeek、ChatGPT等为代表的生成式AI已经展现出处理复杂认知任务的强大能力——从自然语言理解、逻辑推理到视觉识别、创意生成，AI的能力边界正在持续拓展。麻省理工学院数字经济研究中心主任埃里克·布林约尔松的研究表明，现代AI系统擅长的已不仅是"常规认知任务"，还包括"非常规预测性任务"，即那些需要发现数据中复杂模式的工作。

然而，尽管AI能力令人惊叹，它仍有明显局限。AI在处理需要深刻情感理解、道德判断、创造性思维、跨领域融会贯通、物理世界交互和复杂社会协作的任务时，表现出明显不足。正是这种能力结构的互补性，为人机协作创造了广阔空间。斯坦福大学"人工智能百年研究"项目主任詹姆斯·马尼卡指出："未来的工作分配不是'人类vs机器'，而是'人类+机器 vs 仅有人类或仅有机器'的竞争，融合双方优势的协作模式将成为主流。"

据悉，AI驱动的工作重构也催生了大量全新职业。据世界经济论坛《2025年工作的未来》报告，未来五年内将出现约9700万个新工作岗位，其中超过40%属于AI时代的新职业。这些新职业包括AI伦理专家、AI—人类协作设计师、数字体验策划师、算法偏见审计师、增强现实内容开发者等。这些工作共同特点是结合了技术理解与人文洞察，不可能被AI完全替代（见图22-1）。[1]

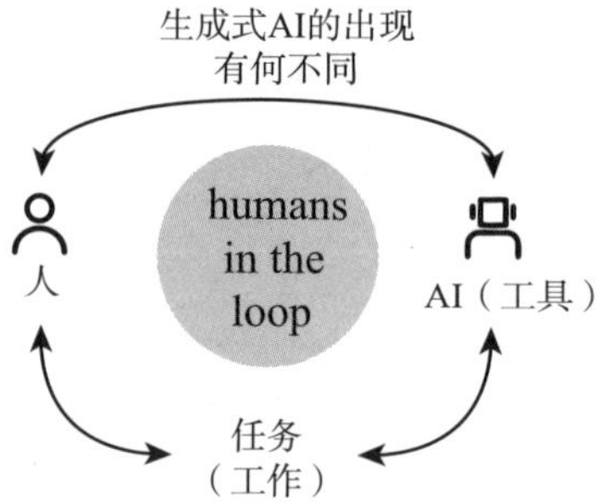

图22-1　人、工具与任务关系框架

〔1〕 世界经济论坛《2025年工作的未来》报告预测未来五年将新增约9700万个新岗位，40%以上为AI时代新职业，如AI伦理专家、算法偏见审计师等。See https://www.uoc.edu/en/news/2024/AI-will-force-restructuring-of-almost-one-in-four-jobs-over-the-next-five-years.

在这一转型过程中，三类工作将受到显著不同的影响。第一类是“高风险工作”，即那些任务高度程式化、标准化的职位，如数据录入员、基础文案撰写、简单客服、标准化行政处理等。这类工作面临较高的替代风险，但数量上占比相对有限。第二类是“转型性工作”，这类工作不会被替代，但工作方式和内容将发生根本性变革，如医生、律师、设计师、工程师等。这些职业将迎来“任务重组”，减少常规性工作，增加创造性和社交性任务。第三类是“增强性工作”，即那些本就专注于AI难以掌握的能力的工作，如科研人员、战略咨询师、艺术创作者等。AI将作为这类人群的能力倍增器，帮助他们突破认知限制，创造更大价值。

对不同技能层级的工作者，AI的影响也存在明显差异。麦肯锡全球研究院2024年的报告显示，与普遍认知相悖，AI对中等技能工作的替代风险实际上高于低技能工作。这是因为许多低技能工作涉及复杂的物理交互和环境适应，AI尚难以胜任；而中等技能的白领工作（如行政助理、初级分析师等）则包含大量可被AI替代的信息处理任务。对高技能工作者，AI主要是增强而非替代，但这种增强也带来了技能要求的升级——不仅需要专业领域知识，还需掌握AI协作技能。

此外，行业差异同样显著。服务业面临的任务重构最为剧烈，零售、金融、媒体等领域80%以上的工作将经历实质性变革；制造业和建筑业的变革较为渐进，约60%的工作将受到影响；而教育、医疗、社会工作等人际互动密集型行业，虽然也将广泛应用AI，但核心工作内容的变化相对有限，约40%的工作将被明显重构。

面对这种全方位变革，企业和个人需要采取积极的适应策略。在企业层面，传统的“以职位为中心”的组织设计正让位于“以任务为中心”的灵活结构。拜耳制药的“智能协作单元”（ICU）模式是典型代表——将工作拆解为任务包，根据任务性质分配给AI系统、人类专家或混合团队，并动态调整分配比例。[1]这种模式不仅提高了资源配置效率，也为员工创造了多元化的发展路径。

在组织流程上，领先企业正从“线性工作流”转向“网络化协作流”，打破传统的部门壁垒和层级结构。美国保险巨头MetLife的“混合智能工作站”允许不同专业背景的员工与AI系统组成临时项目组，根据问题复杂度自组织协作。该模式将复杂理赔案件处理时间缩短了43%，员工参与度提升了36%。[2]MetLife首席数字官格雷格·鲍曼解释道：“AI不只是工具，也是重塑组织结构的催化剂，它使我们能够围绕问题而非职能组织人才。”

在个人层面，成功应对AI时代工作重构需要在三个方面进行能力升级。首先是“元认知能力”，即了解自己的思维过程和知识边界，明确何时应独立工作，何时应与AI协作。其次是“AI素养”，包括理解AI的能力边界、制定有效的提示，以及评估AI输出的质量等实操技能。最后是“差异化优势构建”，即强化那些AI难以替代的能力，如创造性思维、跨领域整合、复杂沟通等。

我们正处于工作进化的关键节点。类似的变革在历史上曾多次发生——从手工业向工厂制的转变，从机械化向自动化的过渡。每一次转型都伴随初期的不适应和长期的生产力跃升。AI驱动的工作重构同样如此，关键是我们如何塑造这一进程，确保它不仅提高效率，还能增强工作的意义。

这一洞察揭示了工作重构的本质——它不是简单的任务替代，而是重新定义人机关系的范式转变。在这一新范式下，人类与AI形成互补协作的“混合智能”，共同创造远超各自能力的价值。AI接管那些可程序化、数据密集的任务，人类专注于发挥我们最为独特的能力：创造性思考、道德判断、复杂沟通和情感连接。

---

〔1〕 拜耳采用敏捷“Squad”团队模式，跨职能快速响应市场，促进创新和客户导向。See https://www.orgtopologies.com/post/studying-org-designs-of-haier-s-rdhy-and-bayer-s-dso.

〔2〕 MetLife通过容器化和AI辅助形成跨专业临时项目组，理赔案件处理时间缩短43%，员工参与度提升36%。See https://www.mirantis.com/cloud-case-studies/metlife/.

22.2　增强劳动力：人类 +AI 的能力放大器

随着人工智能技术从实验室走向广泛应用，一种全新的生产范式正在形成——增强劳动力（Augmented Workforce）。这一模式超越了传统的“人类vs机器”二元对立，转而构建“人类+AI”的协同体系，使AI成为能够有效拓展人类能力边界的强大工具。与工作重构相比，“增强劳动力”则更进一步，其意味着AI不仅可以重新分配任务，还有能力从根本上改变人类完成任务的方式，创造出前所未有的能力组合，催生出突破性的工作成果。

增强劳动力的技术实现主要基于四种关键机制：认知辅助、能力扩展、决策支持和执行增强。认知辅助是指AI系统实时提供知识、信息和分析，扩展工作者的思考广度与深度；能力扩展是指AI系统赋予人类原本不具备的能力，如即时多语言翻译或超人类模式识别；决策支持是指AI系统通过数据分析和预测模型辅助人类做出更优决策；而执行增强则是指AI系统在人类指导下执行任务，提高完成质量与效率。这些机制并不是孤立存在的，而是通过形成“认知—决策—执行”的完整闭环，来全方位提升人类工作能力。

从技术角度看，当代增强劳动力系统主要依托四类关键技术：一是以ChatGPT、DeepSeek为代表的大语言模型，作为交互界面和知识处理核心；二是包括计算机视觉、语音识别在内的多模态感知系统，实现对环境的全面感知；三是专业领域知识引擎，结合特定行业知识与规则的AI系统；四是人机交互界面，包括可穿戴设备、增强现实眼镜和自然语言接口等。这些技术相互融合，构成了增强劳动力的技术基础。

在实际应用中，增强劳动力的输出主要呈现出三种典型模式。第一种是“多能助手”模式，AI系统作为工作者的个人助理，提供全方位支持，包括信息检索、日程管理、文档处理等。第二种是“专业增强”模式，AI系统针对特定专业领域提供深度支持，如医疗诊断辅助、法律分析工具或工程设计助手。第三种是“协作代理”模式，AI系统作为团队成员参与协作，扮演特定角色，如数据分析师、流程协调员或知识管理员。这三种模式各有侧重，但核心理念一致——通过人机优势互补，实现“1+1>2”的协同效应。

硅谷知名风险投资人马克·安德森将这种协作描述为“智能放大回路”，即人类与AI形成正向反馈循环——人类提供方向和判断，AI扩展分析广度和计算深度，人类基于AI输出做出更好决策，这一过程不断迭代，促成能力指数级提升。这种放大效应在各个领域都有显著体现，但在知识工作、创意产业和专业服务等领域尤为明显（见图22-2）。

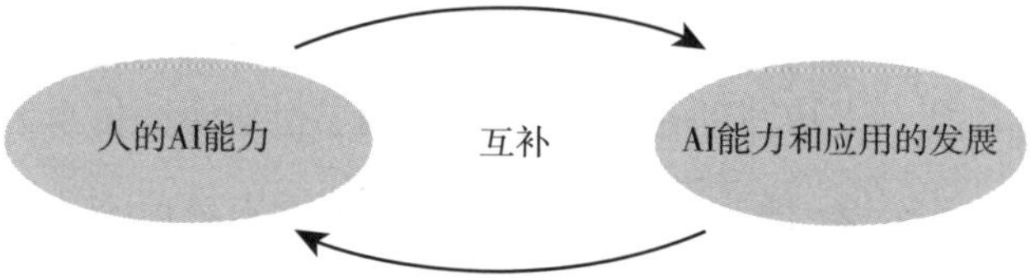

图22-2　人机协作的双向融合和互补过程

增强劳动力模式不仅提升了工作效能，还从根本上改变了价值创造方式。

第一，它大幅提高了价值创造的规模和速度。以全球广告巨头WPP为例，其“创意加速平台”使创意团队能够在24小时内生成和测试超过100个创意概念，而传统方法通常需要2～3周时间。[1]这种效率提升不仅节约成本，更使企业能够快速响应市场变化。

第二，增强劳动力模式提升了工作质量和创新水平。荷兰飞利浦公司的“增强工程师计划”让工程团队与AI设计助手协作，探索传统思维难以触及的设计空间。该计划已催生超过200项新专利申请，比上一年增长了83%。[2]飞利浦首席创新官弗兰克·伦能斯表示：“人机协作产生了‘创新飞轮’效

〔1〕 WPP与谷歌云合作的新闻报道证实其通过集成Google Gemini模型实现创意自动化和优化。See https://aiexpert.network/case-study-how-wpp-is-harnessing-ai-to-lead-in-advertising/.

〔2〕 飞利浦公开创新项目强调AI辅助设计和专利增长。See https://hackernoon.com/the-rise-of-the-augmented-workforce-how-ai-is-changing-the-way-we-work.

应——工程师提出问题，AI探索解决方案空间，工程师评估并改进方案，这一循环不断迭代，推动创新速度和质量双重提升。”

第三，增强劳动力模式实现了个性化定制与规模化生产的统一。一般性理解，这两个目标可能相互矛盾，但AI辅助确实能够让工作者以接近大规模标准化的效率提供高度个性化的产品和服务。星巴克的“个性化顾客体验系统”就是典型案例，该系统结合AI推荐引擎与人类服务人员的判断，为每位顾客定制产品推荐和营销信息，同时保持运营效率。系统实施后，顾客满意度提升18%，复购率增长23%。[1]这种增强服务模式既保留了人情味，又实现了AI支持的精准个性化。

第四，增强劳动力模式扩展了人类的工作可能性边界。例如，微软的“辅助技术研究院”开发的“视觉—语言翻译系统”使听障工程师能够实时“听到”技术讨论，该系统不仅转录语音，还自动解释技术术语，使听障专业人士能够充分发挥才能。这个案例展示了增强劳动力如何创造更加包容的工作环境，在关照弱势群体特殊需求的同时，有效释放多元人才的创造潜能。

实现增强劳动力模式的最佳实践包括四个关键环节。首先是“协作设计”，根据人机各自优势科学设计协作流程，明确分工与接口。谷歌旗下DeepMind公司开发的“AI—人类协作框架”提供了详细指南，将工作拆解为“机器主导”“人类主导”“协同完成”三类任务，并设计清晰的交互协议。该框架已被300多个团队采用，平均提升协作效率42%。

其次是“无缝整合”，确保AI工具自然融入现有工作流程，减少使用摩擦。亚马逊的“增强工作站”将AI助手直接集成到员工日常使用的所有工具中，使用简单的语音或文本命令即可激活各种辅助功能。这种无缝体验使技术采纳率达到91%，远高于行业平均水平。

再次是“持续学习循环”，建立AI系统与人类使用者相互学习的机制。

〔1〕 8 *Ways Starbucks Is Using AI*, See https://digitaldefynd.com/IQ/starbucks-using-ai-case-study/.

IBM的“Watson助手”能够记录用户操作和反馈，持续优化推荐和辅助功能，同时通过“教学模式”让用户指导系统如何更好地完成特定任务。[1]这种双向学习机制使系统性能每季度提升约15%，真正实现人机“共同成长”。

最后是“伦理治理”，确保增强劳动力系统符合伦理标准并尊重人类自主性。美国医疗集团Kaiser Permanente的“AI伦理委员会”为每个医疗AI辅助工具建立独立的治理框架，确保系统透明、可解释且始终处于医生控制之下。该委员会每季度评估AI系统的影响，及时调整算法或应用范围，这种严格的伦理治理赢得了医生和患者的高度信任。

正如著名未来学家凯文·凯利[2]所言：“人类历史上最伟大的发明不是工具本身，而是人与工具的共同进化关系。”增强劳动力正是这种共同进化的最新体现——AI工具不仅改变了我们的工作方式，也在重塑我们的思维方式和创造过程。在这一演进中，AI正在从简单的能力放大器转变为创意触发器、思想挑战者和灵感来源，与人类形成真正的创意合伙关系。

22.3 创意合伙人：从执行助手到灵感触发器

创造力，既是人类最为独特的能力，也是长期被各界视为AI难以企及的领域。然而，随着DeepSeek等生成式AI技术的突破性发展，这一认知正在被彻底改写。当代AI不再仅是被动执行创意任务的工具，而是正在成为能够主动提供灵感、挑战思维定式、触发创新火花的人类“创意合伙人”。这种角色转变标志着人机关系的重大进化，开创了创意生产的全新范式，也为我们重新思考创造力的本质提供了前所未有的视角。

---

〔1〕 See https://cloud.ibm.com/docs/watson-assistant?topic=watson-assistant-algorithm-version.

〔2〕 凯文·凯利是《连线》杂志的首任主编，也是《全球评论》的主编和出版人。他是一位备受推崇的科技思想家，以他对科技和互联网发展趋势的深刻见解而闻名。凯文·凯利对技术、文化和经济的交叉影响有着独特的理解，他的作品探讨了技术如何塑造人类的未来。

AI作为创意合伙人的角色转变，始于技术能力的质变。如果说早期AI系统只能在严格指导下执行预设任务，当代生成式AI则展现出三种革命性能力：一是理解与生成开放性内容的能力，能够处理模糊指令并产生多样化输出；二是跨领域知识整合能力，能够打破专业边界，实现知识的创新组合；三是迭代优化能力，能够根据反馈不断调整创意方向。正是这三种能力的结合，使AI从单纯的执行工具转变为具有主动性和启发性的创意伙伴。

这种转变可以借用认知科学家戴维·霍夫曼的“认知伙伴”[1]理论来理解。霍夫曼提出，真正有价值的技术不是用来取代人类思维，而是与之形成互补关系，拓展认知边界。AI创意合伙人正是这种理念的完美体现——它不仅能够执行任务，还能质疑假设、提供替代视角、生成意外联系，从而促使人类突破习惯性思维，进入更广阔的创意空间。正如创意人工智能研究者玛格丽特·博登所言：“最好的AI创意系统不是像人类那样思考，而是帮助人类以不同方式思考。”

AI创意合伙人的价值主要体现在四个方面：突破创意“瓶颈”、拓展思维空间、触发灵感火花和加速创新探索。在创意瓶颈突破方面，AI能够通过生成多样化的替代方案，帮助创作者跳出“功能固着”——认知心理学中描述的创作者被既有思路束缚的状态。实验表明，当创作者面临创意停滞时，AI的多样化建议能显著提高突破瓶颈的概率。麻省理工学院创意研究实验室的研究显示，使用AI辅助的设计师在面临创意障碍时，解决问题的速度比单独工作时快2.7倍。

在思维空间拓展方面，AI通过三种机制发挥作用：概念跨域、约束重组和视角转换。概念跨域是指AI能够连接表面上不相关的领域，催生新颖组合；约束重组是指AI能够挑战问题的初始假设，提出新的问题框架；视角转换则是指

〔1〕 戴维·霍夫曼的“认知伙伴”理论强调了知识创造和解决问题过程中，与“认知伙伴”的互动。这个伙伴可以是人工智能，也可以是人。这种互动促进了研究人员对问题的新认知，并推动了科学的发展。该理论在多个领域都有应用，例如蛋白质结构预测。

AI能够模拟不同视角，提供多元化解读。这些机制共同作用，帮助创作者探索传统思维难以触及的创意空间。据研究表明，与AI合作的创作团队产生的解决方案在“新颖性”评分上有明显提高，这一数据有力证明了AI在拓展思维空间方面的价值。

以图22-3为例，左侧是传统团队模式，以产品、技术、市场、设计四大职能为核心，形成相对固定的线性协作结构，信息流动和创意生成往往受限于既定路径和专业边界。而右侧则呈现了人机融合的网络化团队生态，其中人类角色（人形图标）和AI系统（方形图标）形成多维互联的协作网络，打破了传统的部门藩篱和层级关系。在这种新型结构中，AI不再是被动执行特定任务的工具，而是作为创意节点嵌入团队协作网络，实时提供灵感触发、知识连接与创意迭代，与人类团队成员形成动态协同的创意共同体。

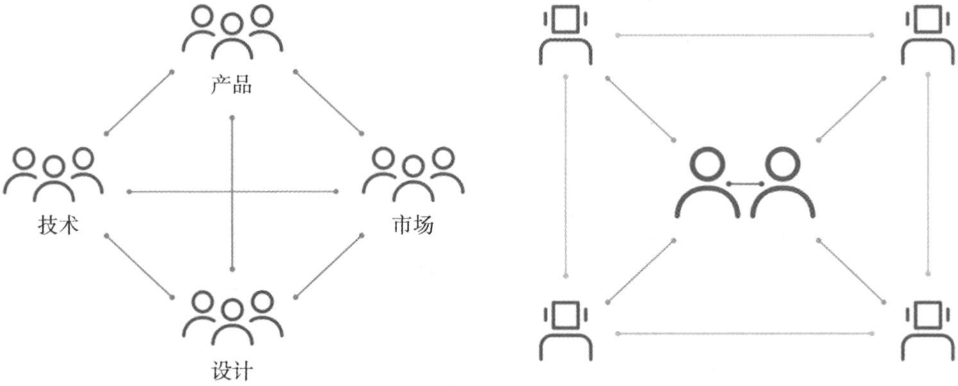

图22-3　人机融合时代的团队转变

另外，在灵感触发方面，AI创意合伙人以其独特的联想方式，能够生成意外但有意义的连接，催生创意火花。与人类习惯于寻找相似性不同，AI系统能够在表面不相关的概念间发现深层联系，这种“远域联想”能力对创造性突破至关重要。斯坦福大学创造力研究中心主任罗伯特·萨顿的研究表明，创造性突破往往来自跨越领域边界的知识重组，而AI恰恰在这方面展现出独特优势。

在创新探索方面，AI作为合伙人能够显著加速创新迭代过程。传统创新方法受限于原型构建和测试的高成本，而AI能够快速生成和评估大量方案，大幅缩短创新周期。谷歌DeepMind的“AlphaFold”系统就是典型案例，该系统能够在几小时内预测出蛋白质结构，而传统实验方法可能需要数月甚至数年。[1]这种加速作用使创新过程从线性探索转变为并行探索，彻底改变了创新的时间维度。

通常，AI创意合伙人的协作机制呈现出“对话循环”的基本模式：人类提出初始目标和约束，AI生成多样化方案，人类评估并提供反馈，AI根据反馈优化生成结果，双方在这一循环中不断深化创意。这种对话式创作打破了传统的线性创意流程，转而形成一种共创螺旋，在互动中不断提升创意质量。具体操作中，这种协作遵循“发散—收敛—再发散”的节奏，AI在发散阶段提供多样化视角，人类在收敛阶段做出价值判断，然后共同进入下一轮发散探索（见图22-4）。

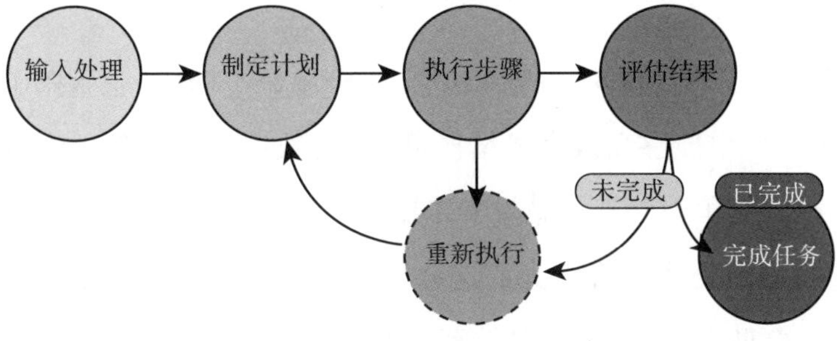

图22-4　AI创意“对话循环”

斯坦福大学人机创意实验室主任指出：“最成功的人机创意协作遵循‘互补性原则’—让AI做它擅长的概念连接和模式识别，让人类做他们擅长的价值判断和情感表达，在边界处建立有效对话。”这一原则在实践中已被反复验证，成为设计AI创意系统的核心指导思想。

〔1〕 See https://smythos.com/ai-integrations/ai-integration/human-ai-collaboration-frameworks/.

回顾AI创意合伙人的发展历程，我们可以识别出三个关键阶段。第一阶段是“工具阶段”（2015年之前），AI主要作为执行指令的被动工具；第二阶段是“助手阶段”（2015—2023年），AI开始提供创意建议但仍受限于既定框架；第三阶段是“伙伴阶段”（2023年至今），AI能够主动挑战假设、提出替代视角、触发创意火花。这一演进不仅反映出技术能力的提升，更体现了我们对创造过程本质的认识深化。

创新研究者克莱顿·克里斯滕森〔1〕曾指出：“最具颠覆性的创新往往不是技术本身，而是技术使用方式的根本转变。”AI作为创意合伙人的崛起正是这样一种范式转变——它不仅改变了创意生产的工具，更重塑了创意生产的关系和流程，开创了人机协作创新的新时代。在这一新时代，人类与AI不再是主从关系，而是互补共生的创意伙伴，共同探索创造力的无限可能。

22.4 人才转型：未来就业市场的技能地图

人工智能对工作的深刻重构，既改变了劳动分工模式，也重塑了人才价值的核心内涵。当AI能够高效完成结构化分析、数据处理和基础创意生成等任务，人类的核心竞争力已不再局限于知识掌握和技能熟练度，而是转向更高维度的创造力、判断力和整合能力。这种转变正在重塑全球就业市场的技能需求结构，催生新型人才画像，并对教育培训体系提出前所未有的挑战。

要准确把握AI时代的人才需求趋势，首先需要理解就业市场正经历的结构性变革。与以往技术革命不同，AI带来的不仅是工作种类的变化，更是工作性质的质变——从执行性工作向创造性工作、从孤立性任务向协作性项目、从静态技能向动态适应能力的全面转型。未来十年，全球约47%的工作内容

〔1〕 克莱顿·克里斯滕森是一位美国学者、商业顾问和作家，主要研究技术创新和战略布局。他曾任哈佛商学院教授，研究领域涵盖新产品和技术开发管理，以及如何为新技术开拓市场。

将因AI应用而发生实质性变化，但只有约9%的工作岗位会完全消失。这意味着，未来就业的主要挑战不是工作机会的绝对减少，而是工作内容与所需技能的快速变化。

这一变化催生了全新的技能需求结构。世界经济论坛《未来工作技能》报告将未来核心技能分为四大类：认知技能、技术技能、社会技能和自我管理技能。“认知技能”包括批判性思维、创造性思维、系统思维和解决复杂问题的能力；“技术技能”包括数字素养、技术理解和AI协作能力；“社会技能”包括情感智能、跨文化沟通和团队协作；“自我管理技能”则包括适应力、持续学习能力和自我驱动力。这四类技能共同构成了未来就业市场的“技能地图”，为个人发展和组织人才战略提供了方向指引。

在这一技能地图中，最值得关注的是那些AI难以替代且与AI协作能形成互补的人类独特优势。首先是创造性思维能力，即能够提出新颖问题、构建独特框架、突破常规思维的能力。未来，工作的价值将越来越多地体现在问题定义而非答案获取上，因为获取答案的过程正变得日益自动化。因此，能够发现问题、界定挑战并构建解决框架的人才将格外珍贵。

其次是社会情感能力，即理解人类情感、建立信任关系、协调多方利益的能力。随着工作环境日益复杂化和全球化，社会情感能力正成为关键职场资产。这包括同理心、冲突解决、说服协商等“软技能”，它们在人工智能时代反而变得更加稀缺和宝贵。麦肯锡研究显示，到2030年，对社会情感技能的需求将增长约26%，超过技术技能（18%）和基础认知技能（8%）的增长幅度。[1]

再次是跨界整合能力，即连接不同领域知识、整合多元资源、构建协作生态的能力。随着AI技术的渗透，专业边界日益模糊，能够在不同学科、行业和文化间构建桥梁的“T型人才”（既有深度专业知识又有广泛跨域视野的人才）将成为各组织争夺的焦点。预计未来最有价值的不是专业知识深度，而是连

〔1〕《麦肯锡：2030年2.2亿中国劳动者需变更职业　占全球总数的三分之一》，载网易号“经济带网”2021年1月18日。

接不同专业知识的能力，因为专业知识越来越容易被AI获取和模拟，而知识连接的独特视角则仍然是人类独有的优势。

最后是人机协作能力，即有效指导AI系统、评估AI输出、与AI工具协同创新的能力。这包括提示工程（Prompt Engineering）、结果评估和协作流程设计等新兴技能。随着AI工具的普及，会使用AI与不会使用AI的人员之间的生产力差距将大幅扩大，人机协作能力将成为关键职场竞争力。技术研究机构Gartner预测，到2026年，“AI增强工作技能”将成为雇主评估的首要能力指标，超过传统的专业资格认证。[1]

这些核心竞争力共同构成了未来人才的“能力组合”。值得注意的是，未来最具竞争力的人才不是单一能力的专家，而是能够灵活组合多种能力、适应不同场景的“复合型人才”。如今，单一技能的保质期正在缩短，而学习新技能、整合多元能力的“元能力”（meta-skills）则日益重要。在变革加速的时代，最关键的能力不是你现在掌握什么，而是你能以多快的速度掌握新东西（见图22-5）。

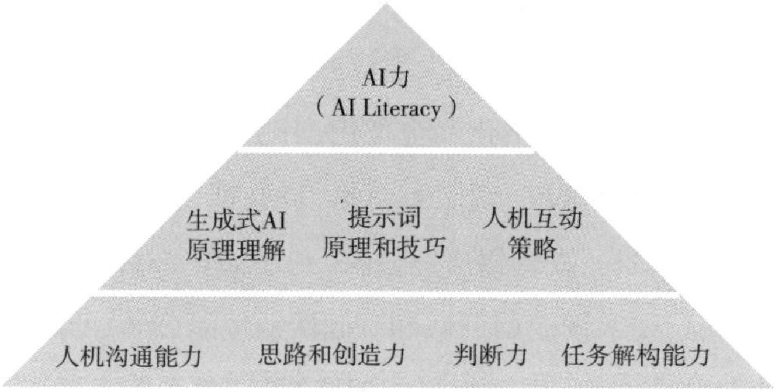

图22-5　AI力模型

换一个角度来看，这种人才需求的变化正在重塑就业市场的结构。一方面，传统依赖标准化技能的中等技术岗位正在萎缩；另一方面，两类新型工作

〔1〕 See https://www.gartner.com/en/research.

正在快速增长：一是高创造性工作，如创意策划、创新管理、体验设计等；二是高情感价值工作，如专业护理、个性化教育、社群运营等。过去十年，高创造性和高情感价值工作的就业增长率远高于整体就业增长率。

与此同时，企业在人才转型中同样扮演着关键角色。领先企业正从简单的技能培训转向建设学习型组织和人才发展生态。谷歌的“20%时间”政策允许员工将1/5工作时间用于探索个人兴趣项目；亚马逊的“技能未来计划”为员工提供AI赋能技能培训和转岗机会；中国华为的“未来种子”项目则通过内部孵化器培养员工的创新思维和创业能力。这些实践表明，未来的企业竞争力不仅来自当前技术优势，更来自持续学习和创新的组织文化。

在个人层面，成功应对AI时代的职业挑战需要采取积极主动的学习策略。首先是明确发展方向——基于个人兴趣、优势和市场需求，确定自己的独特价值定位；其次是构建技能组合——围绕核心专业，发展跨界能力和未来导向技能；再次是建立学习习惯——培养持续学习的心态和有效学习的方法；最后是拓展社交网络——与不同领域的人才建立联系，形成多元知识交流和协作创新的环境。

这些趋势指向人才发展的根本转变——从静态的“职业规划”到动态的“能力进化”。正如未来学家阿尔文·托夫勒[1]所言：“21世纪的文盲不是不会读写的人，而是不会学习、不会改变的人。”在AI引领的产业变革大潮中，持续学习、适应变化和创造价值的能力，将成为个人和组织最宝贵的资产。

在这一演进过程中，保持人类的主导地位至关重要。AI的终极目标不是超越人类，而是扩展人类。人机协作的最高境界是技术服务于人类价值，增强人类能力，而非替代人类角色。这种以人为本的技术发展观，将引导我们构建更加包容、可持续的数字未来。

---

〔1〕 阿尔文·托夫勒是一位美国未来学家和社会思想家，主要研究方向是未来发展趋势和社会变化。他的贡献在于他对信息社会、技术变革和文化变迁的深刻洞察，为我们理解和应对未来世界提供了重要的启示。

本章小结

人机协作不是简单的工具使用，而是能力边界的相互拓展、思维模式的交互激发和创造过程的深度融合。这种协作正引领一场前所未有的生产方式变革，释放人类潜能，创造超越各自能力限制的价值。

从新智生产力视角看，人机协作改变了三个基本维度：一是生产要素组合方式——人类创造力与AI计算能力融合，形成"混合智能"生产力；二是生产关系互动模式——从"人控制机器"转向"人机对话"的双向互动，催生更加灵活的组织结构；三是生产过程实现路径——从线性工作流到网络化协同，从静态分工到动态任务配置。

这三重变革构成了新智生产力的微观基础，支撑宏观层面的产业变革和经济增长。然而，要充分释放人机协作潜能，我们需要在AI领域实现自主创新，掌握核心技术，走出具有自主特色的发展道路。

第 23 章
自主创新：中国 AI 发展新道路

随着人工智能的核心驱动作用日益彰显，AI技术自主创新已成为决定国家发展主动权的战略命题。特别是近些年，从《新一代人工智能发展规划》奠定核心技术突破的顶层设计，到《国家新一代人工智能标准体系建设指南》构建技术研发规范框架；从《生成式人工智能服务管理暂行办法》划定安全可控边界，到《全球人工智能治理倡议》争夺国际话语权；再到《国家人工智能产业综合标准化体系建设指南（2024版）》升级全产业链规范体系、《人工智能安全治理框架》1.0版构筑全生命周期安全防线，在国家战略支撑和引领下，中国的AI产业已经完成了从技术跟随到创新引领的历史性跨越，形成了具有中国特色的发展范式，为全球AI发展提供了差异化路径和独特贡献，为AI的可持续发展提供了中国方案。

23.1 创新跃迁：从跟跑到领跑的战略路径

中国AI产业的发展历程，是一部从技术跟随到创新引领的跃迁之路。回望这一历程，可以清晰地识别出三个发展阶段：2000—2015年的“技术跟跑期”，以引进吸收为主，奠定产业基础；2016—2023年的“创新并跑期”，在特定领域实现技术突破，形成差异化优势；2024年至今的“战略领跑期”，在大模型、行业应用等方向实现跨越式发展，部分领域跻身全球前列。[1]这一演进过程不仅反映了中国AI产业的成长轨迹，更揭示了从跟随者到引领者的战略跃迁路径，为构建自主创新的发展范式提供了宝贵经验。

中国AI产业发展的技术跟跑期，特征是“应用牵引、市场驱动”。这一阶段，中国企业主要通过引进国外成熟技术，结合本土市场需求进行二次开发和应用创新。例如，早期的语音识别、人脸识别等技术主要是在国外基础算法框架上进行优化和本地化。

这一阶段虽以技术引进为主，但也形成了三个重要优势：一是培养了大量工程人才，掌握了AI技术的工程化和产业化能力；二是积累了丰富的应用场景和市场经验，形成了对用户需求的敏锐洞察；三是建立了初步的产业链条，为后续创新发展创造了产业环境。正是这些积累，为中国AI产业从跟跑到并跑奠定了坚实基础。

2016年AlphaGo战胜李世石，成为中国AI发展的重要转折点。这一事件不仅引发了全社会对AI的关注，也激发了科技界的危机感和使命感。国家层面迅速做出战略调整，2017年发布《新一代人工智能发展规划》，将AI提升至国家战略，由此开启了创新并跑期。这一阶段的关键特征是“政策引领、赛道突破”——国家层面明确发展目标和重点领域，企业和研究机构在特定技术赛道上实现突破。

在国家战略引领下，中国AI企业开始走出一条差异化发展路径。以计算机视觉为例，商汤、旷视等企业不再简单跟随国际主流研究方向，而是瞄准安防、零售、金融等中国具有应用优势的垂直领域，通过场景驱动创新，形成了独特的技术路线。2018年，商汤科技提出的密集连接卷积网络（DCN）[2]在国

---

〔1〕 德勒“中国人工智能产业报告”，参见https://pdf.dfcfw.com/pdf/H3_AP201811191248176785_1.pdf。

〔2〕 DCN由微软亚洲研究院与商汤科技联合提出，已成为计算机视觉领域重要技术，被广泛应用于目标检测和实例分割任务，提升模型对形变物体的适应能力。See https://github.com/ahong007007/awesomeCV/blob/master/01_Detection/00_Detection.md.

际计算机视觉顶级峰会CVPR上崭露头角，标志着中国企业开始贡献原创算法。商汤科技创始人汤晓鸥教授指出："这一阶段我们不再满足于做'优秀的学生'，而是开始思考如何成为'优秀的老师'，贡献原创性成果。"[1]

同期，中国在AI芯片、开源框架等基础领域也实现了从无到有的突破。寒武纪、地平线等AI芯片初创企业相继成立，华为发布了全栈AI战略，百度推出深度学习框架飞桨（PaddlePaddle），阿里巴巴开源了机器学习平台PAI。这些努力虽然在整体水平上与国际领先技术仍有差距，但诠释了中国企业构建自主技术体系的坚定决心，为后续发展奠定了基础。

2023年以来，随着大语言模型技术的爆发式发展，中国AI产业迎来了战略领跑期。这一阶段的核心特征是"集智攻关、生态引领"——通过集中优势资源攻克关键核心技术，同时构建开源开放创新生态，实现由点到面的引领效应。在大模型赛道，中国企业展现出惊人的追赶速度和创新能力。从文心一言、通义千问到DeepSeek，中国大模型从最初落后GPT-4近两年，迅速缩小为几个月的差距，甚至在某些领域实现反超。特别是DeepSeek系列模型凭借优异性能和极致性价比，成为全球瞩目的技术标杆，标志着中国在AI前沿技术领域已具备全球引领能力。

在垂直行业应用层面，中国企业更是凭借场景创新优势实现了引领式发展。智能制造、智慧城市、智能医疗等领域的创新应用，不仅在国内市场取得成功，也开始向全球输出解决方案。例如，海尔COSMOPlat工业互联网平台已在全球12个国家落地，成为"中国智造"走向世界的成功案例。[2]华润微电子的AI赋能芯片制造平台将良率提升12个百分点，实现对进口同类系统的全面替代，展现了中国制造业数字化转型的强大潜力（见图23-1）。

---

〔1〕 梁昌均：《技术先驱、商汤灵魂、学生灯塔，汤晓鸥和他的多重AI人生》，载搜狐网，https://www.sohu.com/a/744781599_115565?utm_source=chatgpt.com，最后访问日期：2025年7月29日。

〔2〕 参见《COSMOPlat—全球引领自主创新的工业互联网云平台》，载http://www.qdit.org.cn/newsinfo/367873.html，最后访问日期：2025年7月29日。

图23-1　从中国制造到中国智造

这一从跟跑到领跑的战略跃迁过程，蕴含着深刻的内在逻辑。首先是需求牵引与技术驱动的辩证统一。中国拥有全球最大、最多元的应用市场，这一独特优势为AI技术提供了广阔的应用场景和丰富的数据资源。同时，中国企业注重将市场需求转化为技术创新动力，形成"应用驱动基础研究，基础研究支撑应用创新"的良性循环。

其次是局部突破与体系构建的协同推进。中国AI发展采取了"重点领域率先突破，带动整体能力提升"的策略，先在计算机视觉、语音识别等优势领域实现突破，再向大模型、AI芯片等基础领域延伸，逐步构建完整的技术体系。中国AI发展是一种"组合式创新"，通过在不同技术层次的局部突破，最终实现系统性超越，这是符合后发国家创新规律的明智选择。

最后是开放合作与自主创新的有机结合。中国AI企业在坚持自主创新的同时，保持了开放合作的态度，既积极参与国际学术交流，又大力推动开源开放，实现了"引进来"和"走出去"的双向互动。这种开放创新模式使中国AI产业能够在保持技术独立性的同时，充分利用全球创新资源，加速技术进步。

中国AI的崛起不是零和博弈，而是通过开源开放构建新型竞合关系。正如DeepSeek既保持核心算法自主率超90%，又通过开源接口接入200+行业生态，这种“硬核自主+柔性开放”的“组合拳”，正在改写全球AI治理规则。

这种创新范式转变的一个重要表现，就是中国AI企业和研究机构日益重视开源开放、协同创新，构建更加包容、多元的创新生态。从华为开源昇腾AI计算平台，到阿里达摩院开放人工智能平台PAI，再到DeepSeek全球开源大型语言模型，中国AI领域的开源浪潮正在兴起，开源已成为中国AI走向全球的重要路径。开源不仅是技术共享，更是创新理念和价值观的传播。中国AI要实现真正的引领，必须积极拥抱开源开放，参与全球规则制定，贡献中国智慧。

23.2　技术制高点：AI 核心技术的自主可控

在全球科技竞争日益激烈的背景下，人工智能核心技术的自主可控已不仅是产业发展的关键，更成为国家战略安全与科技主权的基石。AI核心技术就像国之重器，谁掌握了技术制高点，谁就把握了数字时代的发展主动权。

AI核心技术的自主可控，战略意义主要体现在四个维度。首先是国家安全维度。AI技术正深度融入国防、金融、能源、交通等关键基础设施，依赖外国技术可能导致系统性安全风险。2023年国际数据安全评估机构披露的全球性AI供应链漏洞事件就暴露了技术依赖的潜在危害——超过30个国家的关键信息系统因同一外国AI组件的安全缺陷遭受影响，其中完全依赖外国技术的国家受创最为严重。在关键领域，技术依赖就是安全隐患，保持核心技术自主可控是维护国家安全的必然要求。

其次是产业发展维度。自主可控的AI技术体系是构建现代化产业生态的基础。依赖外国技术不仅面临高额授权费用和市场准入限制，还可能被控制发展路径和市场规模。全球前500强企业中已有63%接入大模型API服务，平均每个企业年度授权支出约1200万美元，[1]这一数字还在快速增长。自主技术则能破除这些束缚，实现产业链的内循环，创造更大发展空间。

再次是创新自由维度。拥有自主可控技术，意味着可以根据本国国情和发展需求，选择符合自身发展路径的技术方向，而非被迫接受外国技术预设的发展轨迹。毕竟技术自主不仅关乎安全与成本，更关乎创新自由度和战略选择权，这是一个负责任大国必须具备的能力（见图23-2）。

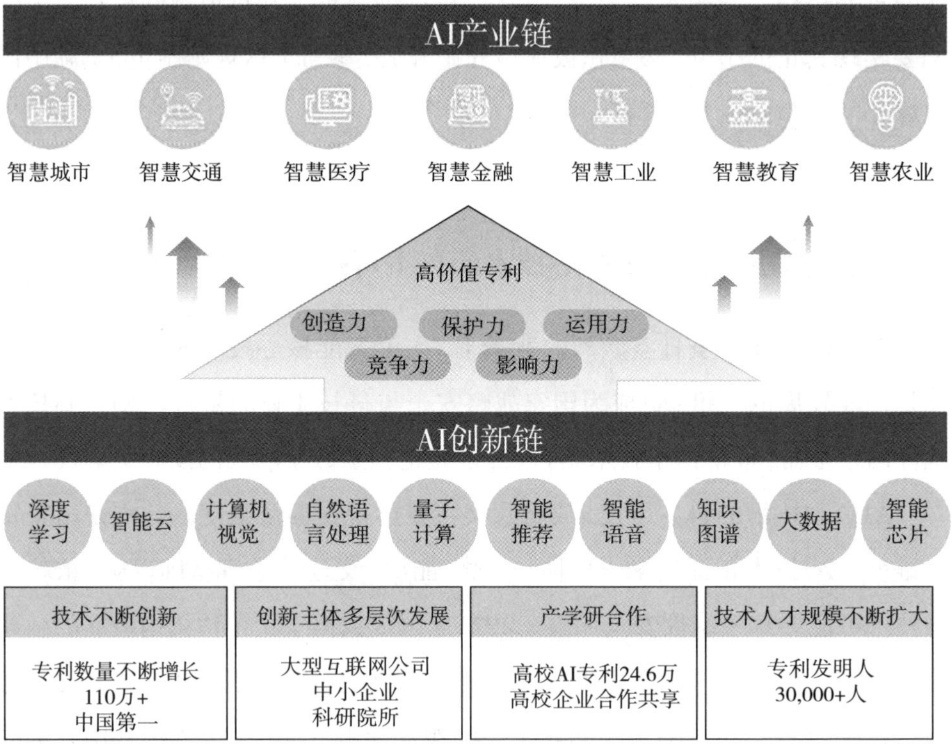

图23-2　中国AI双链融合发展全景

最后是国际竞争维度。在全球科技竞争日益白热化的背景下，技术领先

〔1〕 参见《主流LLM大语言模型的商业模式与盈利状况》，载百家号“deepdata_cn”，https://baijiahao.baidu.com/s?id=1823126195600405342&wfr=spider&for=pc，最后访问日期：2025年7月29日。

已成为国际话语权和规则制定权的重要来源。掌握AI核心技术制高点，才能在国际标准制定、规则构建和秩序重塑中拥有更大发言权，维护国家发展利益。

当前形势下，AI核心技术自主可控的紧迫性更为凸显。一方面，全球技术封锁与限制日益严峻。2023年以来，以美国为首的一部分西方国家通过“芯片法案”、出口管制和投资审查等多重手段，全方位加强对中国AI技术获取的限制。这些措施不仅针对硬件设备，还延伸至基础算法、研究合作和人才交流等多个维度，构成全面技术遏制。另一方面，技术迭代加速与竞争加剧，使“追赶窗口期”不断缩短。从深度学习框架到大型语言模型，AI核心技术的迭代周期从年缩短到月，任何技术依赖都可能导致不可逾越的代差累积，最终丧失竞争力。

在基础硬件层，AI芯片是最关键的制高点。中国企业通过“特色路线+自主创新”策略，实现了从跟跑到并跑的重要跨越。寒武纪、比特大陆等企业基于自主架构设计的AI专用芯片，在特定场景下已经能够媲美国际一流产品。以寒武纪为例，其思元300系列AI芯片采用自主研发的云端智能处理架构，国际标准MLPerf基准测试中的表现已接近NVIDIA同期产品的85%，成功打破国外垄断。[1]在芯片制造方面，尽管先进工艺研发仍面临挑战，但中国企业通过架构创新和算法优化实现了“以设计弥补工艺”的突破，这些技术路线是差异化竞争而非简单模仿，通过特色架构设计和场景深度优化，在特定应用领域实现“弯道超车”。

在基础框架层，开源生态建设取得显著进展。华为的MindSpore、百度的飞桨（PaddlePaddle）等自主深度学习框架已形成完整技术体系，用户规模迅速增长。其中，飞桨平台已拥有650万开发者和18万企业用户，在工业、医疗、

〔1〕 寒武纪思元370芯片基于7nm工艺，采用chiplet技术，集成390亿晶体管，算力达256TOPS（INT8），支持LPDDR5内存，性能和能效均领先国内同类产品。参见寒武纪官网，https://www.cambricon.com/index.php?m=content&c=index&a=lists&catid=360，最后访问日期：2025年7月29日。

城市治理等垂直领域具有独特优势。这些框架不仅支持模型训练和推理，还融合了多项自主创新技术，如分布式训练、混合精度计算和模型压缩等，这些框架在某些垂直场景已经超越国际主流产品。

在核心算法层，中国在大模型和多模态AI领域实现了里程碑式突破。2023年年底发布的DeepSeek，一举跃升为全球领先的开源大型语言模型，其1760亿参数规模和优异性能，标志着中国在通用人工智能领域迈入全球第一梯队。DeepSeek团队采用的混合专家（Mixture of Experts）架构和自研的大规模分布式训练系统，不仅大幅提升了模型性能，还将训练成本降低至国际同类产品的1/10左右，创造了显著的成本优势。同时，商汤、旷视等企业在计算机视觉和多模态AI领域也取得了具有国际影响力的原创成果。例如，商汤科技自主研发的SenseTime ML大模型在医疗影像分析中的准确率超过98%，处于全球领先水平。

在应用生态层，中国企业依托庞大的应用场景和数据资源，构建了独具特色的AI应用生态。阿里云的“达摩院”、腾讯云的“混元”等行业大模型，通过融合垂直领域知识，在金融、医疗、工业等场景实现了精准落地。科大讯飞在教育、医疗和政务领域的AI解决方案已覆盖全国数百个城市。同时，以AIGC（AI生成内容）为代表的创新应用生态正在蓬勃发展，文心一言、通义千问等产品用户规模迅速扩大，为中国AI技术的普惠应用奠定了坚实基础。

值得特别关注的是DeepSeek大模型的突破。作为中国完全自主研发的通用人工智能大模型，DeepSeek不仅在技术参数上与国际领先模型比肩，更在实际应用能力上展现出独特优势。该模型采用自主设计的双塔混合专家架构，通过“静态路由+动态激活”机制，实现了计算效率和推理性能的显著提升。更重要的是，DeepSeek团队基于自研的大规模分布式训练平台，将训练成本降低至同类产品的1/10，创造了明显的成本优势。

可以看出，中国AI核心技术的自主创新呈现出三个显著特点：一是坚持自主路线与差异化发展，不是简单模仿国外技术路径，而是基于中国应用场景和产业特点开辟新方向；二是注重全栈技术布局与协同创新，从芯片到算法再到应用构建完整体系；三是强调开源生态与产业协作，通过开放合作扩大技术影响力和应用范围。这些特点共同构成了中国AI技术自主创新的鲜明特色。

总体来说，AI核心技术的自主可控是中国AI发展道路的基石，也是AI作为新智生产力核心引擎推动产业变革的关键保障。通过系统性创新布局和持续技术攻关，中国已在多个AI核心技术领域实现重要突破，正在从技术跟随者向创新引领者转变。这一转变不是简单的技术追赶，而是发展理念和创新模式的根本变革——从"以市场换技术"到"以创新引领市场"，从"适应性创新"到"引领性创新"，标志着中国AI发展进入新的历史阶段。

23.3　标准引领：技术话语权的战略构建

在全球AI竞争格局中，技术标准已成为国际话语权和战略影响力的关键载体。"谁制定标准，谁就掌握话语权；谁引领标准，谁就把握主动权。"这一判断在AI时代尤为鲜明。随着中国AI技术实力的显著提升和应用场景的丰富深化，从标准跟随者向标准引领者转变已成为中国AI国际化战略的重要一环，也是技术自主创新到产业主导权的必然延伸。

技术标准对产业发展与国际竞争的战略影响，主要体现在四个维度。首先是市场准入维度。AI标准越来越成为进入国际市场的"通行证"，不符合主流标准的产品和服务将遭遇市场准入障碍。例如，欧盟AI法案明确要求所有在欧盟市场销售的AI系统必须符合其安全、透明度和数据治理标准，这使得标准合规成为市场竞争的前提条件。中国企业若不能参与标准制定，就可能在遵循标准时被动"买单"，甚至面临技术路径受制于人的风险。

其次是产业效能维度。统一的技术标准能够降低行业协作成本，促进技术扩散和实现规模经济，提升整体产业效率。根据中国社会科学院及相关权威机构发布的研究报告，标准化水平的提升显著促进了相关产业的研发效率和成本优化。具体来看，随着标准化体系的不断完善，相关产业的研发效率和生产成本均呈现出改善趋势。对于正处于快速发展阶段的人工智能产业而言，建立高效、完善的标准体系不仅是推动规模化应用的基础，更是实现产业化突破的关键支撑。标准化有助于提升技术兼容性和协同创新能力，从而加快研发进程，降低生产成本，推动产业整体迈向高质量发展。[1]

再次是创新引导维度。标准不仅是技术创新的结果，更是引导创新方向的"航标"。通过前瞻性标准的制定，可以凝聚产业共识，引导创新资源向战略方向集中，避免无序竞争和资源浪费。中国信息通信研究院院长余晓晖指出："好的标准既能够总结当前技术成果，也能够前瞻性地指引未来发展方向，是技术创新和产业发展的'指南针'。"

最后是地缘政治维度。在全球科技竞争日益激烈的背景下，技术标准已成为国际影响力的重要体现和国家战略利益的关键保障。美国、欧盟、日本等发达经济体都将AI标准制定作为国家战略，通过标准输出扩大国际影响力，维护技术主导权。美国白宫发布的《国家AI研究与发展战略计划》明确将"领导AI国际标准制定"列为八大战略优先事项之一，足见其战略重要性。

对中国而言，参与AI国际标准制定具有特殊重要性。首先，这是打破技术封锁、确保发展空间的必然要求。在全球科技博弈加剧的背景下，标准已成为技术竞争的重要战场。若不积极参与标准制定，中国AI产业将面临被边缘化的风险，技术创新成果也难以获得国际认可和市场空间。

其次，这是提升产业国际竞争力的关键抓手。通过标准引领，可以将中国

---

〔1〕 参见李沫阳、李晓华：《生成经济的科技、产业影响与全球竞争格局》，载《甘肃社会科学》2025年第1期。

AI技术优势转化为市场优势和生态优势，推动中国AI产品和服务更好地融入全球市场。标准是技术创新的放大器，能够将点状技术优势扩展为系统性产业优势，这对推动中国AI产业走向全球至关重要。

最后，这是塑造公平合理国际规则的重要途径。AI不仅是技术工具，更是重塑全球数字秩序的关键力量。通过参与AI国际标准制定，中国能够贡献符合发展中国家利益的方案，推动构建更加包容、平衡的全球AI治理体系。

当前，中国企业和组织在AI技术标准领域的参与呈现出从边缘到中心、从跟随到引领的积极转变。在国际标准化组织中，中国代表的身影和声音日益活跃。特别值得关注的是，中国在AI伦理、数据治理、隐私保护等新兴领域的标准贡献正获得国际认可。

在国内AI标准体系建设方面，中国已形成以国家标准为引领、行业标准为支撑，团体标准为补充的多层次标准体系。国家标准化管理委员会、工信部等部门联合发布的《国家人工智能标准体系建设指南》明确了AI标准的总体框架和发展路线图，为标准化工作提供了顶层设计。

构建“技术—专利—标准”联动的创新体系，是中国获取AI产业发展战略主动权的关键路径。这一联动体系的核心在于将技术创新、知识产权保护和标准制定有机结合，形成相互促进、螺旋上升的创新闭环。清华大学技术创新研究中心主任陈劲教授分析道：“技术突破是基础，专利保护是手段，标准引领是目标。三者有机结合，才能实现从点状技术优势到系统性产业优势的跃升，最大化创新价值。”〔1〕

总之，中国AI自主创新的核心价值，不仅在于技术突破本身，更在于构建了具有中国特色的创新范式——坚持需求导向与前瞻布局相结合，注重应用场景与基础研究的良性互动，强调自主可控与开放合作的辩证统一。这一创新范式既符合中国国情和发展阶段，也为全球AI创新提供了差异化路径，丰富

〔1〕　参见张军、陈劲编著：《破局：“卡脖子”技术突破的战略与路径》，科学出版社2022年版。

了全球创新的多样性，为新智生产力提供创新动能的同时，通过技术革命性突破与生产要素创新性配置的双轮驱动，加速了人工智能与我国实体经济的深度融合。

23.4 开源中国：建设 AI 创新的全球公地

在全球AI技术竞争日益激烈的背景下，开源创新正成为推动技术进步、促进全球协作的关键力量。从最初的技术追随者，到如今的积极贡献者和领导者，中国在AI开源生态中的角色正经历着历史性转变。这一转变不仅体现了中国AI技术实力的提升，更展现了中国对构建开放包容、互利共赢的全球AI创新体系的战略担当。

AI开源创新模式的战略价值，首先体现在技术进步的加速效应上。开源打破了创新壁垒，实现了全球智力资源的高效流动与优化配置，大幅缩短了技术迭代周期。DeepSeek创始人梁文锋的观察印证了这一点："在闭源模式下，一个重大突破可能需要3～5年时间传播和应用；而在开源环境中，创新成果可以在数月甚至数周内被全球研究者吸收、验证和改进，形成创新飞轮效应。"这种加速作用对于AI这一迭代极快的技术领域尤为关键，有效防止了创新资源的碎片化和重复投入（见图23-3）。

其次，开源创新具有强大的生态构建效应。开源项目往往围绕核心技术形成庞大的开发者社区和应用生态，吸引全球人才参与技术演进和创新应用。这种生态效应不仅扩大了技术影响力，也促进了标准形成和产业化应用，最终转化为市场和产业优势。百度飞桨平台从2016年开源至2025年，已吸引了超过500万开发者和5万家企业加入，形成了从基础研究到产业应用的完整创新链，这种生态优势已远超过单纯的技术优势。

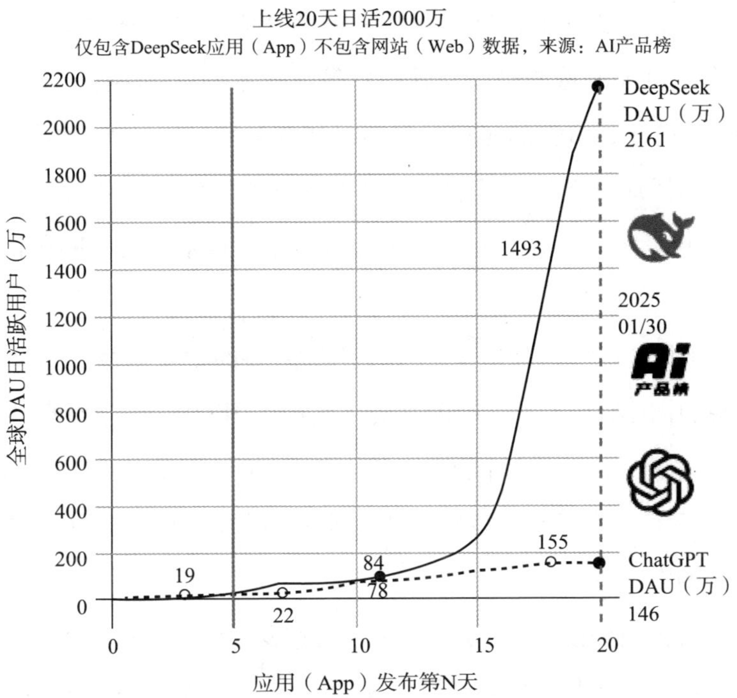

图23-3　DeepSeek采用开源模式，成为全球增速最快AI应用

再次，开源模式具有显著的人才培养效应。开源社区为技术人才提供了学习、实践和成长的平台，有效降低了AI技术的学习门槛，加速了人才培养。据GitHub统计，2023年中国开发者在全球AI开源项目的贡献者中占比达26%，已成为全球第二大贡献源，[1]这既反映了中国AI人才的快速成长，也为未来创新储备了丰富的人才资源。

最后，从地缘政治和全球治理角度看，开源创新具有重要的战略平衡作用。在技术民族主义和封锁限制加剧的背景下，开源成为维护技术全球化和创新共享的重要力量，有助于构建更加平衡、多元的全球创新格局。

〔1〕《中国何以在开源AI浪潮中突围？解码“中国速度”背后的关键密码》，载知乎专栏，https://zhuanlan.zhihu.com/p/22556784618，最后访问日期：2025年7月8日。

对中国而言，参与和引领AI开源生态具有特殊的战略意义。首先，这是实现技术自立自强的重要路径。开源不等于技术外泄，而是在保持核心竞争力的同时，通过开放协作加速技术进步。华为昇腾AI计算平台的开源实践表明，通过有选择地开源基础组件，同时保留核心算法和架构设计能力，不仅没有削弱自身竞争力，反而通过社区反馈加速了技术迭代，巩固了技术领先地位。

其次，开源是扩大国际影响力和技术辐射力的重要途径。通过贡献高质量开源项目，中国AI技术和标准能够更广泛地被国际社会接受和采用，进而影响全球技术发展方向。例如，阿里巴巴开源的机器学习平台PAI已被美国、欧洲和东南亚等多个地区的研究机构和企业采用，有效提升了中国在AI领域的国际技术影响力。

最后，开源是构建全球创新伙伴关系的重要平台。通过开源协作，中国AI企业和研究机构能够与全球创新网络深度融合，建立更加开放、互信的合作关系。例如，百度飞桨平台已与超过20个国家的研究机构建立了合作关系，共同推动AI技术在各领域的应用创新，这种基于开源的国际合作网络已成为中国融入全球创新体系的重要渠道。

中国企业在AI开源领域的实践，已经形成了多层次、全方位的创新格局。在大模型开源方面，2024年是中国AI开源的里程碑之年。DeepSeek开源系列引发全球瞩目，其中DeepSeek-Math被认为是当前全球数学推理能力最强的开源模型之一，DeepSeek-Coder在代码生成和多步推理方面展现出卓越性能，标志着中国在AI核心技术领域已具备全球引领能力。

此外，开源还为中小企业和开发者提供了公平的创新机会。杭州一家30人规模的初创公司基于DeepSeek开源模型，仅用3个月时间就开发出针对医疗影像分析的专业大模型，性能接近国际同类商业产品，这种案例正在各行业不断涌现，形成了以开源为基础的创新创业浪潮。

本章小结

中国AI发展正经历从“跟跑”到“并跑”再到“领跑”的历史性转折，呈现出从引进吸收到自主创新，从技术追随到标准引领，从参与生态到构建生态的质变过程。

自主创新在新智生产力构建中具有双重战略价值：一方面，它是新智生产力的源头活水，提供技术突破和模式变革的原动力，确保AI发展按符合国情的路径可持续发展；另一方面，它是应对全球竞争的战略支撑，通过掌握核心技术和引领标准，赢得国际科技竞争的主动权。

然而，技术创新的终极目标不是技术本身，而是创造价值、造福人类。当从技术研发的“内向视角”转向价值创造的“外向视角”，我们需要构建全面的“AI时代生存指南”，从数字素养培养到AI伦理建立，从技能转型到组织变革，确保技术发展始终与人类福祉保持一致。

第 24 章 AI 生存指南：做 AI 的主人，而非仆人

随着AI深入改变经济社会的各个维度，我们不仅需要理解技术本身，更需要掌握与之共处的智慧与方法。AI时代的本质挑战不是技术替代，而是人与技术的关系重构——如何在享受技术便利的同时保持主导地位，真正成为AI的主人而非被动适应者。

24.1 数字公民：AI 素养的必修课

随着AI深度渗透经济社会的方方面面，人们正逐渐意识到，适应智能时代不仅需要基础的数字技能，更需要培养全方位的AI素养。作为新智生产力的核心引擎，AI正以前所未有的速度重构生产关系、改变工作性质、塑造社会形态。在这场智能变革中，"数字公民"作为一种新型公民身份，将成为个体融入智能社会的必备条件。所谓数字公民，不仅是数字技术的使用者，更是具备AI思维、伦理意识和创新能力的时代主体，能够主动适应、理性评估并创造性运用AI技术，真正做到驾驭技术而非被技术所驾驭。

AI素养作为数字公民的核心能力，可以概括为"四维一体"的能力结构：认知理解、技术应用、批判思考与伦理责任。认知理解层面，公民需要掌握AI基本原理与发展规律，了解AI如何获取数据、进行训练与做出决策，识别AI系

统的能力边界与局限性。以ChatGPT等大模型为例，公众需明确理解这类系统其实是基于统计模型，而非真正“理解”内容，这样既可避免盲目崇拜，也能防止因失望而全面否定。技术应用层面，公民应具备AI工具的操作与利用能力，能够使用AI助力学习、工作和生活，实现人机协同增效。例如，掌握提示工程（Prompt Engineering）的基本方法，使大模型生成更符合需求的内容；了解AI辅助创作、决策支持等应用场景的最佳实践。批判思考层面，公民需培养对AI输出的质疑与验证能力，识别可能的偏见、错误与风险，独立判断信息真伪与技术利弊。新闻教育专家建议，面对AI生成内容，公众应养成“二次确认”习惯，通过交叉验证评估信息可靠性。伦理责任层面，公民需理解AI应用的伦理边界与社会影响，在个人使用与社会参与中遵循负责任原则，推动AI向促进人类福祉的方向发展。

当前，构建数字公民能力评估标准已成为全球教育界的重要议题。欧盟委员会推出的“数字公民能力证书”（Digital Citizenship Certificate）体系将AI素养分为三个等级九个模块，通过在线测评、实践任务与伦理案例分析进行综合评估。中国则选择融合中国特色与国际经验的路径，构建“1+X”能力矩阵，即“AI通识+垂直领域应用”的评估体系。这些标准虽侧重点有所不同，但均强调AI素养不仅是技术技能，更包含批判思维、伦理判断与创新应用的综合能力。

基础教育阶段是培养AI素养的关键期。从全球实践看，AI教育正从选修课程走向必修内容，融入K-12全学段。芬兰在小学阶段即引入“AI启蒙课程”，通过游戏化方式介绍算法思维与数据概念；英国将“Computing”列为国家课程，从小学三年级开始系统学习编程与AI原理；韩国推出“AI+X”课程体系，将AI与传统学科深度融合。北京市海淀区作为试点，已在百所学校实施“AI素养培育计划”，开发出分学段AI教材与实践项目，学生通过编程机器人、设计智能应用等活动，培养计算思维与AI素养。上海则推出“AI创客教育”，每年举办青少年AI创新挑战赛，激发学生创造力。这些实践表明，AI教育不应局限于传授技术知识，还需通过项目式学习、跨学科整合与创新实践，培养学生的综合素养。

高等教育是培养AI高端人才与提升通识素养并重的关键场域。面对AI产业对人才的迫切需求，高校正在推动三重变革：专业教育重构、通识教育普及与教学方式创新。在专业教育层面，中国已有超过400所高校开设AI相关专业，年培养毕业生超过5万人。清华大学、北京大学等高校创建AI学院，采用“CS+X”交叉培养模式，将AI与医学、材料、艺术等领域深度融合，培养复合型人才。在通识教育层面，“AI素养课程”正成为各学科学生的必修内容。浙江大学开设的“AI与未来社会”通识课程，已覆盖全校80%学生，通过理论讲授、案例分析与项目实践，提升学生AI素养。在教学方式层面，AI正重塑高等教育生态。西安交通大学实施的“智慧教学助手计划”，利用AI辅助备课、课堂互动与作业评阅等手段，提升教学效率与质量。同时，高校也在积极应对学术诚信等AI挑战，制定AI使用规范，引导学生理性使用AI工具，保持独立思考能力。

成人教育与职业培训是推动全民AI素养提升的重要抓手。随着AI在各行业深入应用，职业素养与AI素养日益融合。政府层面，人社部推出“数字技能提升行动”，设立AI应用工程师、数据分析师等新职业标准，并将AI素养纳入职业技能等级评价体系。企业层面，许多头部企业已将AI培训纳入员工培养体系。华为的“AI赋能计划”分为三级九类课程，针对不同岗位员工系统培养AI素养；阿里巴巴大学开发的“数字化人才地图”，将每个岗位所需的AI能力细化为具体技能点，提供精准培训。社会层面，各地积极开展面向公众的AI素养教育。杭州推出的“数字公民成长计划”，通过社区课堂、移动应用与实践活动，覆盖不同年龄段市民；上海建设的“市民AI素养基地”，提供沉浸式体验与交互式学习，帮助公众理解AI原理与应用。这些多元培训体系共同构成了全民AI素养提升的网络，促进劳动力市场平稳转型。

此外，数字公民教育的创新实践还正在全球涌现。新加坡实施的“AI就绪指数”（AI Readiness Index）项目，为每位公民建立AI素养画像，提供个性化学习路径与资源推荐。该系统根据职业特点、年龄阶段与技能水平，智能匹配培训课程与实践项目，已覆盖全国70%劳动人口。芬兰推出的“Elements of AI”免费在线课程，以通俗语言与互动练习讲解AI基础知识，已有全球160多个国家的100万人完成学习。[1]韩国开发的“AI公民护照”体系，将AI素养学习游戏化，公民通过完成不同任务获得技能认证与数字徽章，激发学习积极性。中国的“数字公民实验室”项目，整合线上课程、实体工作坊与社会实践，形成全方位培养体系。南京实施的“青少年AI创客空间”项目，在100所学校建立开放实验室，学生通过设计智能应用解决社区问题，将AI素养与社会责任结合。这些创新实践的共同特点是强调实践性、情境性与持续性，将AI素养培养融入真实生活场景。

现如今，数字公民素养作为21世纪的关键能力，其价值已超越个人技能提升，成为社会创新与治理完善的基础。在这一过程中，随着AI在产业变革中的作用日益凸显，个人AI素养与企业数智化转型正形成相互促进的关系。一方面，员工的AI素养水平直接影响企业的数字化转型效果。调研显示，员工AI素养水平较高的企业，数字化项目成功率提升30%，投资回报率提高45%。另一方面，企业数字化转型也为员工提供了实践与AI素养提升的场域。[2]越来越多的企业开始意识到，数字员工的素养不仅是个人能力的体现，更是关乎企业竞争力提升的关键组成部分。

24.2 企业转型指南：从试点到全面智能化

在AI引发的新一轮产业变革浪潮中，企业数智化转型已从战略选择演变

〔1〕 The Elements of AI 是由芬兰赫尔辛基大学和 MinnaLearn 联合创建的一系列免费在线课程，旨在向广大用户普及人工智能的基本概念和应用。该课程适合对 AI 感兴趣的非专业人士，无需复杂的数学或编程知识。载AIEO官网，https://aieo.cn/tool/1406，最后访问日期：2025年7月8日。

〔2〕《研究发现：AI聊天机器人让初级员工工作效率提高了35%》，载企鹅号“站长之家”2023年4月26日。

为一种生存必需的现实路径。与以往的信息化、数字化不同，AI驱动的智能化转型不仅改变了技术工具，更深刻重构了业务模式、组织形态与价值创造方式。然而，麦肯锡2025年年初的全球调研显示，尽管85%的企业已启动AI项目，但仅有23%实现了规模化应用，超过60%的AI项目未能从试点阶段迈向全面落地。[1]这一"试点困境"背后，是企业在战略规划、实施路径、组织变革等方面面临的系统性挑战。如何构建智能化转型方法论，已成为企业领导者不得不面对的一个关键命题。

企业AI转型的战略框架可概括为"三层四阶"模型。"三层"指转型的三个层次：技术层、业务层与组织层。技术层聚焦AI基础设施与能力构建，包括数据体系、算法模型、计算平台等要素；业务层关注AI与具体业务场景的融合，通过流程重构、决策优化提升效率与价值；组织层则侧重企业文化、人才结构与管理模式的适应性变革。"四阶"则指转型的四个阶段：认知启蒙（Awareness）、试点验证（Pilot）、规模推广（Scale）与智能重构（Transform）。在认知启蒙阶段，企业建立对AI的基本认知，识别潜在机会，培养初步意识；试点验证阶段，企业选择适合的应用场景开展小规模实施，验证技术可行性与商业价值；规模推广阶段，企业将成功经验横向复制、纵向深化，建立规模化应用能力；智能重构阶段，企业实现业务模式与组织形态的系统性创新，形成AI驱动的新型企业形态。

对不同规模企业而言，AI转型的切入点与实施路径需量体裁衣。大型企业通常采用"中央赋能、业务主导"的双轨模式，即设立中央AI团队负责技术平台与能力建设，同时由业务部门主导具体场景应用。这种模式平衡了规模效应与业务敏捷性，避免出现"孤岛创新"与"脱离业务"这两种极端。以工商银行为例，其设立"AI创新实验室"作为集团级能力中心，负责基础模型研发与技术平台建设，同时在各业务条线设立"AI应用工作组"，负责场景识别

[1] 参见《麦肯锡：AI规模扩大的障碍是企业家而非员工》，载新浪财经，https://finance.sina.com.cn/wm/2025-02-24/doc-inempsmt0322427.shtml。

与解决方案实施。[1]通过这种“轮辐式”结构，工行在三年内实现了从单点试验到全面智能化的跃迁，AI应用覆盖95%业务流程，实现年化效益超过300亿元。而对中小企业而言，由于资源有限，这就要求其必须更加聚焦的转型策略。从这个角度考虑，采用“轻量切入、渐进扩展”的路径更加务实，即从具有明确投资回报的场景开始，积累经验后逐步扩展。以浙江某中型制造企业为例，其AI转型始于质检环节，通过引入计算机视觉技术将产品缺陷检出率提升40%，在验证价值后逐步扩展至设备预测性维护、需求预测等场景，以较低投入实现了显著价值。此外，中小企业还可充分利用AI服务商的成熟解决方案与云服务，通过“轻资产”模式降低转型门槛。

平衡短期价值与长期竞争力是AI转型的核心挑战。现实中，许多企业由于过度追求短期投资回报率（ROI），致使转型最终流于表面，无法构建持久竞争优势。鉴于此问题，企业可采用“三层组合”的投资组合策略：基础层投资（占比约30%）聚焦数据基础设施、AI平台等长期能力建设，虽然回报周期长但价值持久；应用层投资（占比约50%）针对具体业务场景开发AI解决方案，实现1～2年内的价值回报；创新层投资（占比约20%）用于探索前沿技术与创新模式，虽然风险高但可能带来颠覆性机会。以华为为例，其AI投资组合明确区分“确定性投资”与“战略性投资”，前者聚焦提升运营效率与客户体验，要求2年内实现投资回报；后者则着眼于技术突破与商业创新，采用里程碑评估而非单纯ROI考核。这种平衡策略使华为在享受AI短期价值的同时，保持技术领先性与商业创新力。

从试点到规模化是AI转型的关键跃迁，也是多数企业面临的瓶颈。成功的规模化需要解决三大挑战：技术标准化，将个性化解决方案转化为可复制的技术组件与应用模式；管理体系化，建立支持AI大规模应用的治理机制、评估标准与运营流程；文化转型深入化，将数据驱动、算法思维融入组织DNA，形

〔1〕 参见《吕仲涛：打造“人工智能+金融”新范式——工商银行千亿级大模型体系建设实践》，载金融数字化发展网，https://www.fddnet.cn/2024/jinrongkeji_1010/2416.html，最后访问日期：2025年7月29日。

成持续创新的文化土壤。微软提出的“AI工厂”[1]模式为规模化AI转型提供了范例。该模式将AI开发流程工业化，通过模块化设计、自动化工具与最佳实践库，大幅降低AI应用开发门槛。微软内部从最初开发一个AI模型需要数月时间、专业数据科学团队全程参与，转变为业务人员通过低代码平台几天内完成模型开发与部署，AI应用数量在三年内增长了20倍。阿里巴巴的“智能中台”战略同样聚焦规模化能力，其将共性AI能力（如图像识别、自然语言处理、知识图谱等）沉淀为中台服务，前台业务可通过API快速调用。这种“中台赋能、前台创新”模式使阿里在电商、物流、金融等多领域实现AI能力的高效复用，显著提升转型效率。

当然，AI转型最终是人的转型。技术可以引入，但价值创造则依赖于人对技术的理解、应用与创新。企业智能化的核心挑战不是技术本身，而是如何培养数字时代的人才队伍，构建支持创新的组织环境。调研显示，超过70%的AI项目失败与人才短缺、技能不匹配或组织阻力相关，远高于技术因素导致的失败率。成功的企业普遍重视人才战略，将AI素养培养融入企业文化与人才发展体系。IBM推行的“AI素养地图”划分18类岗位的AI能力要求，针对性设计学习路径与认证体系，三年内完成全球25万员工的AI技能培训。[2]华为建立的“AI伙伴计划”通过导师制、学习社区与创新激励，促进技术专家与业务人员的协同学习，形成跨领域创新团队。这些实践表明，技术与人才的协同发展是AI转型成功的关键。

24.3 终身学习：适应性思维的培养路径

在人工智能深刻重塑产业版图的时代，个人发展面临前所未有的机遇与

[1] See https://www.f5.com.cn/company/blog/defining-an-ai-factory.

[2] See https://www.ibm.com/cn-zh/think/insights/data-differentiator/data-literacy-culture.

挑战。一方面，AI技术带来了大量新职业、新岗位与新能力要求；另一方面，传统技能加速贬值，职业路径日趋不确定。世界经济论坛《2025年未来工作报告》指出，未来五年内全球约85%的工作岗位将发生实质性变化，44%的员工核心技能将面临更新。在这样的环境中，终身学习已从理想选项转变为生存必需，适应性思维成为个人在智能时代的核心竞争力。所谓适应性思维，是指个体在面对环境变化时，能够灵活调整认知框架、学习新知识、尝试新方法的能力。这种能力使人不仅能适应技术变革，更能主动创造价值，真正成为AI时代的主人而非被动适应者。

终身学习在AI时代具有全新内涵。传统终身学习强调知识更新与技能提升，而AI时代的终身学习呈现出三大特征：一是从线性学习到网络化学习，知识不再按预设路径积累，而是在多领域交叉中形成认知网络；二是从知识掌握到能力建构，重点从“知道什么”转向“能做什么”，从记忆信息到解决问题；三是从被动学习到主动创造，学习者不仅需要接收既有知识，更需参与知识创造与共享。

适应性思维的核心组成包括学习敏捷性、知识迁移力、创新思维与自我驱动力四大维度。学习敏捷性是指快速获取新知识、掌握新技能的能力，体现为学习速度与灵活性。知识迁移力是将已有知识应用于新情境的能力，建立跨领域联系，实现知识的创新组合。创新思维是突破常规思路，提出新观点、新方法的能力，包括批判性思考、系统性分析与发散性创造。自我驱动力则是指持续学习的内在动力，包括学习热情、成长意识与目标导向。这四大能力相互支撑、相互促进，共同构成适应性思维的能力体系。

培养学习敏捷性需要一套系统性的方法论。首先是元认知能力的强化，即对自身学习过程的觉察与调控。斯坦福大学设计学院教授提什·维尼格（Tish Venig）开发的“学习雷达”工具帮助学习者识别自己的学习风格、优势与盲点，提高学习效率。其次是学习策略的优化，如“微学习”方法将复杂知识分解为小模块，通过短时高频学习提高吸收效率；“间隔重复”技术根据遗忘曲线安排复习节奏，提高知识保留率。再次是跨界学习的实践，有意识地跨出专业舒适区，接触不同领域知识。谷歌的“20%时间”政策允许员工将工作时间的五分之一用于探索主要职责之外的项目，不仅催生了Gmail、谷歌地图等创新产品，也大幅提升了员工的学习敏捷性。最后是学习伙伴与社区的建立，通过协作学习放大个体学习效果。LinkedIn的“学习挑战”项目鼓励员工组成学习小组，共同完成对特定技能的掌握，参与者的学习完成率比个人学习高出40%。

知识迁移力是智能时代的关键能力。哈佛大学教授大卫·柏金斯的研究表明，高水平知识迁移者在面对新问题时，能够识别底层原理，应用已有知识框架，而不仅停留在表面特征。培养这一能力需要四个关键实践：一是跨领域学习，刻意接触不同学科知识，发现共通原理；二是模式识别训练，学习辨别问题背后的结构与规律；三是类比思维培养，通过建立不同领域的联系激发创新；四是实践反思，在真实问题解决中总结经验教训。苹果公司的设计团队以跨领域知识迁移著称，其产品设计汲取建筑学、材料科学与人类学等多领域灵感，创造了极简美学与卓越用户体验的融合。特斯拉创始人埃隆·马斯克的“第一性原理”思维方式，即将问题分解至基本要素再重新构建解决方案，也是知识迁移力的典型应用，这种思维方式帮助他在航天、电动车、隧道工程等不同领域实现了创新突破。

创新思维在AI时代尤为关键。当越来越多的常规性工作被AI取代，更高一级的创造性和非线性思考方式则成为人类的优势所在。培养创新思维需要多个维度的投入：其一，具有挑战假设能力，即质疑既有认知框架和打破思维定式的习惯。其二，具有系统思考能力，即能够看到事物间的复杂关联而非孤立部分；其三，拥有跨界整合能力，即将不同领域洞见重新组合生成新观点；此外还应具备实验精神，即愿意尝试新方法并从失败中不断总结和学习的能力。麻省理工学院媒体实验室采用“反学科”（Antidisciplinary）理念培养创新人才，鼓励学生在学科交叉地带探索新知，如从生物与计算、艺术与工程的结合点上寻找思考路径。谷歌的“创新沙盒”（Innovation Sandbox）为员工提供安全失败的空间，允许大胆假设、快速验证与迭代优化，进而培育了企业敢于冒险的创新文化。

从大量的案例中可以看到，企业在构建终身学习生态中往往扮演着关键角色。很多领先企业在从传统培训模式转向学习型组织建设过程中往往呈现出四种趋势：一是从集中培训到持续学习，如Adobe的“学习基金”为每位员工提供年度学习预算，支持自主选择学习内容与形式；二是从标准课程到个性化路径，如IBM的“Your Learning”平台利用AI分析员工技能图谱与职业志向，推荐定制化学习内容；三是从被动接受到主动分享，如Spotify的“学习午餐”鼓励员工分享专业知识与学习心得，培养知识共享文化；四是从单一技能到综合能力，如亚马逊的“技术学院”不仅传授具体技术，更注重培养问题解决能力与创新思维。AT&T的“人才重塑”（Talent Overhaul）计划是企业推动终身学习的典范。面对通信业数字化转型，AT&T投资近10亿美元，为员工提供在线学位、技能认证与内部流动机会，三年内培训超过10万员工掌握数据科学、云计算与软件开发技能，使公司平稳度过技术变革期，员工留任率提高28%，内部晋升比例提升62%。

当然，社会层面的终身学习支持体系同样重要。政府与社会机构需从三个方面构建终身学习的基础体系：（1）政策支持。如新加坡“技能创前程”（SkillsFuture）[1]计划为每位公民提供终身学习账户与补贴，支持职业转型。（2）制度保障。构建灵活的资格认证体系，促进非正式学习成果的社会认可。（3）基础设施。建设开放的学习平台与资源库，降低终身学习门槛。丹麦“弹性安全”（Flexicurity）[2]模式结合就业灵活性与社会保障，为劳动者提供终身

---

〔1〕 新加坡“技能创前程”（SkillsFuture）是一项面向所有新加坡公民的技能提升计划，旨在帮助个人获取关于就业、职业发展和培训的信息。该计划提供技能框架，并为40岁及以上的新加坡公民提供培训津贴，津贴额度基于过去12个月的平均收入，每月至少300新元，最多3000新元。

〔2〕 丹麦“弹性安全”（Flexicurity）是一种独特的劳动力市场模式，它结合了劳动力市场的灵活性和社会保障制度。这种模式允许雇主根据经济情况更容易地雇佣和解雇员工，同时为失业工人提供充足的失业救济金。这种模式在20世纪90年代末期得到了广泛关注，并被视为一个典范。

学习支持，包括带薪学习假期、技能提升补贴与职业转换培训，使丹麦在数字化转型中保持较低失业率与较高劳动力市场活力。而芬兰赫尔辛基推出的“城市作为校园计划”（City as Campus）则是将图书馆、博物馆、企业研发中心等公共空间转变为学习场所，通过这一计划，市民可通过移动应用程序发现附近学习资源与活动，创造了无处不在的学习环境。在变革时代，终身学习者将继承未来，而已学会者则会发现自己装备齐全却只适应一个不复存在的世界。

本章小结

数字公民素养、企业数智化转型与终身学习能力构成了相互支撑的能力生态：数字素养的提升为企业转型提供人才基础，企业转型为个人创造实践场域，而终身学习则连接个人发展与组织变革，三者共同构筑适应AI时代的基本框架。

从新智生产力的视角来看，AI技术的真正价值在于与人的创造力、判断力和价值观紧密结合。在现代经济体系中，技术作为生产要素，需与人力协同方能激活倍增效应。因此，培养具备AI素养的数字公民、建设智能化转型的现代企业、构建终身学习型社会生态，不仅是应对技术挑战的策略，更是激发新智生产力效能的积极举措，是从“被动适应”走向“主动塑造”的关键路径。在AI赋能和引领下的新智生产力变革中，只有保持开放心态、灵活思维和持续学习能力，才能成为变革的主人而非仆从。

结　语
拥抱 AI，共创智慧新世界

人类文明已走过农业、工业、数字三个历史性阶段，现如今我们正站在智能文明的门槛，见证又一场深刻的生产力变革。从最初的概念探索，到大模型引爆全球热潮，再到千行百业的融合应用，人工智能已经从过去的科幻故事走进了人们的现实生活，成为重塑生产关系、创新生产方式、提升生产效率的关键引擎。正如本书所系统阐述的，AI不仅带来了工具层面的技术进步，更催生了认知层面的范式变革，并从此开启了人类社会发展的全新阶段。

回望本书的理论探索，我们将AI置于人类文明演进的宏大背景中加以审视。从达特茅斯会议的理论构想，到AlphaGo击败人类棋手的历史性时刻，再到ChatGPT、DeepSeek等大模型的惊艳亮相，人工智能的发展历程印证了技术与文明互塑共进的辩证关系。从发展的角度来看，AI从根本逻辑上判断就不可能仅仅是一种单一的技术工具，而是融合了算法、算力与数据的复合型智能系统，并正在从专用工具向通用基础设施演进，从单点赋能迈向系统重构。这一理论认知为我们理解AI驱动的产业变革提供了思想框架，也揭示了新智生产力的内在机理——它不是简单的效率提升，而是生产要素、生产关系、生产方式的全方位重塑。

在技术维度，本书深入剖析了支撑人工智能创新发展的三大支柱：算法突破、算力支撑与数据要素。算法从传统模式识别到深度学习，再到大模型架构，每一次进化都拓展了机器认知的边界；算力从中央处理器到图形处理器，再到专用AI芯片，不断突破计算极限，为智能算法提供物理基础；数据则从结构化记录到多模态信息，再到知识图谱，逐步丰富了AI的“经验世界”。这三大要素相互促进、协同演进，构成了推动人工智能持续迭代升级的创新动力系统。在全球科技博弈加剧的大背景下，中国坚持自主创新，在算法框架、芯片设计、数据治理等领域已经形成了独特得优势，这无疑为传统产业的现代化升级提供了强大支撑。

场景应用是人工智能价值实现的关键路径。本书通过制造、金融、医疗、教育、交通、法律等多领域的详实案例，展示了AI如何从实验室走向千行百业。在工业场景，AI驱动的智能制造正重构从研发设计到生产制造、从质量控制到供应链管理的全流程；在服务领域，AI赋能的智慧金融、精准医疗、个性化教育不断提升服务效能与体验；在社会治理方面，AI支持的智慧城市、数字政务优化资源配置，提升治理精度。这些鲜活案例证明，AI不再是遥不可及的未来想象，而是已经深入经济社会血脉的创新引擎，正以前所未有的广度与深度加速重塑经济形态。

同时，本书并未回避AI发展所面临的挑战与风险。从伦理困境到安全隐患，从监管空白到数字鸿沟，AI的快速发展往往伴随复杂的社会议题。如何确保算法公平，防止数据偏见？如何平衡隐私保护与数据价值？如何应对自动化对就业市场的冲击？这些问题没有简单答案，需要技术创新、伦理规范、法律制度与社会共识的多维协同。本书提出的“平衡发展、安全可控、普惠共享”理念，为应对这些挑战提供了思想引导，强调技术发展必须以人为本，服务人类福祉。

展望未来，人工智能与人类的关系将从工具与使用者，发展为更加深入的协作伙伴关系。本书所描绘的这种人机协同关系，不是简单的机器取代人类，而是人机优势互补，共同突破认知局限，释放创新潜能的全新图景。AI擅长数据处理、模式识别与逻辑推理，人类则具备创造性思考、价值判断与情感共鸣的独特能力。只有两者结合，才能释放前所未有的生产力潜能。这种全新的协同关系要求我们不得不去重新思考教育方式、工作性质与组织形态，并且积极地采取一切必要手段和方式去培养更加适应智能时代的复合型人才，建设学习型、创新型社会。

在全球层面，人工智能的发展正在呈现出合作与竞争并存的复杂格局。基于“人类命运共同体”理念，本书强调AI治理需要开放包容、互利共赢的国际合作框架。技术创新无国界，数字红利应普惠全球。中国作为重要的AI创新力量，正秉持“共商共建共享”原则，通过技术开源、能力建设、规则共建，推动AI技术造福全人类，为解决气候变化、公共卫生、可持续发展等全球挑战贡献智慧。

面对人工智能引领和驱动下的新智生产力革命，国家、企业与个人都需要未雨绸缪，主动拥抱变革。国家层面，需加快数字基础设施建设，完善法律法规体系，创新治理模式，构建良好的创新生态；企业层面，需推动数智化转型，重构业务流程，培养复合型人才，打造学习型组织；个人层面，则需提升数字素养，培养终身学习能力，发展适应性思维，在变革浪潮中把握机遇，实现自我价值。

历史告诉我们，每一次生产力革命都会带来经济与社会形态的持续深刻变革。蒸汽时代重构了工业文明，电气时代塑造了现代社会，电脑时代开启了数字化进程，互联网时代推动了全球化发展，而AI时代将创造怎样的未来图景？这一问题的答案，不仅取决于技术革命本身，更取决于我们如何理解、应用与引导技术发展。技术虽没有意志，但技术的使用者却有选择。我们能够也应该确保AI发展方向与人类共同福祉相一致，使技术进步与人文关怀相互促进，避免对立。

站在历史与未来的交汇点，我们既要保持理性审慎，充分认识到人工智能发展的长期性、复杂性与不确定性；又要秉持一种开放的心态，坚信人类所拥有的智慧能够引导AI技术创新走向光明的未来。正如本书所揭示的，AI的意义不仅在于其技术维度，更在于其为人类提供了重新思考生产、生活和治理方式的契机。只有通过深入理解AI的本质和影响，积极参与AI的创新与应用，共同构建负责任的AI治理框架，我们才能促使这一强大工具真正服务人类，创造更加美好的世界。

拥抱AI，不仅是接纳新技术这么简单，更是人类敞开胸怀、满怀期待地迎接一个智慧共创新时代的明智选择。这一过程中，人与机器、技术与文明、创新与传统将不断碰撞融合，激发前所未有的创造力。智慧新世界的美妙图景已然展开，而这幅画卷的最终样貌，将由所有人共同描绘。让我们以积极的心态与前瞻的视野，从容迈入这个充满无限可能的新纪元，与AI一起，创造属于人类的美好未来。

参考文献

一、图书类

1.［意］卢西亚诺·弗洛里迪（Luciano Floridi）:《第四次革命：人工智能如何重塑人类现实》，王文革译，浙江人民出版社2016年版。

2.［美］约翰·普利亚诺:《机器人来了：人工智能时代的人类生存法则》，胡敏燕、黄海萍译，文化发展出版社2018年版。

3.李开复、王咏刚:《人工智能》，文化发展出版社2017年版。

4.［美］马文·明斯基（Marvin Minsky）:《心智社会：从细胞到人工智能，人类思维的优雅解读》，机任楠译，机械工业出版社2016年版。

5.熊清泉主编:《地平线2025——人工智能来了》，湖南科学技术出版社2018年版。

二、学术讲座类

6.段路明（清华大学姚期智讲座教授、美国密歇根大学费米讲席教授）:《量子计算与人工智能》，"学在清华真人图书馆"系列讲座特邀报告，2017年。

7.谭昶（CCF大数据专家委员会委员、科大讯飞大数据研究院执行院长博士）:《用人工智能理解人、服务人》，2020年。

8.杨青（度小满技术委员会执行主席、数据智能部总经理）:《人工智能在金融行业中的创新应用》，2023年。

9. 李开复:《人工智能与人类商业社会》,创新工场董事长暨CEO博士讲座,2025年。

10. 艾芊(上海交通大学教授):《新型电力系统中人工智能应用与扩展》,2025年。

11. 沈沉(清华大学教授):《电力系统数字孪生与人工智能技术》,紫金论电专题论坛——数智赋能新型电力系统,2025年。

12. 况琨(浙江大学计算机学院、浙江大学人工智能教育教学研究中心副教授):《生成式人工智能赋能智慧司法及相关思考》,2025年。

三、研究报告类

13. 零壹智库Pro:《保险科技十周年之际,企业AI专利哪家强?》,2023年。

14. 德勤:《加快人工智能转型:助推人工智能释放巨大价值的四项关键行动——德勤企业人工智能应用现状分析(第五版)》,2022年。

15. 德勤人工智能研究院:《AI案例精选》,2025年。

16. 德勤, Centre for Regulatory Strategy:《人工智能在金融服务业的可靠应用:亚太地区监管概述》,2025年。

17. GSMA Intelligence. *Telco AI: State of the Market, Q4 2024-Progress and the return-on-investment question*, 2025.

18. IDC:《人工智能引领全球数字化转型》,2025年。

19. Onalytica. *ARTIFICIAL INTELLIGENCE TOP 100 INFLUENCERS, BRANDS AND PUBLICATIONS*, 2016.

20. Tableau from Salesforce. *The Data Culture Playbook: Your guide to accelerating the value of analytics and AI*, 2024.

21. Accenture. *A new era of generative AI for everyone: The technology underpinning ChatGPT will transform work and reinvent business*, 2025.

22. 马克·珀迪、邱静、陈笑冰:《埃森哲:人工智能助力中国经济增长》,2025年。

23. 阿鲁普(ARUP):《人工智能与未来城市:城市规划与设计》,2025年。

24. KPMG, APACMed:《挖掘亚太地区人工智能在医疗科技领域的价值:让人工智能在医疗科技领域可信、可得、可用的主要考虑因素》,2025年。

25. BOND. *Trends–Artificial Intelligence*, 2025.

26. 中国互联网协会:《人工智能赋能教育发展研究报告》,2025年。

27. 中国信息通信研究院人工智能研究所:《人工智能赋能行业发展高质量建设指南(2024年)》,2024年。

28. 花旗全球展望与解决方案:《人工智能机器人的崛起:物理人工智能即将到来》,2024年。

29. 中国移动研究院,中移智库. *AI + Communication Service White Paper*, 2025年。

30. AI人工智能基地:《DeepSeek爆火详细报告:回顾DeepSeek的爆火过程》,2025年。

31. 毕马威、思科:《人工智能就绪度白皮书:企业数智化转型的AI变革路径与评估指南》,2025年。

32. RISFOND锐仕方达:《2025生成式人工智能薪酬报告:百家争鸣,π型人才或成产业刚需》,2025年。

33. 德勤洞察力:《Tech Trends 2025:2025年技术趋势》,2025年。

34. 上海市人工智能与社会发展协会、EY安永:“可信人工智能治理报告”,2025年。

35. 北京鼎慧管理顾问有限公司:《苹果人工智能发展战略研究报告》,2025年。

36. 阿里云(北京)科技有限公司:《人工智能技术背景下的设计趋势研

究：设计的未来&未来的设计》，2025年。

37. 赛迪智库：《人工智能扩散框架》，2025年。

38. 赛迪研究院：《未来产业研究》，2023年。

39. Deloitte, EMEA. *AI and you: Perceptions of Artificial Intelligence from the EMEA financial services industry*, 2024.

40. SS&C blueprism：《2025人工智能、自动化与编排趋势：智能商业运营的未来》，2025年。

41. KPMG. *A new age of cybersecurity culture: How to harness AI to promote secure workplace behaviors*, 2025.

42. Transportation Research Board. *TRB Webinar: Equity in Artificial Intelligence Applications*, 2023.

43. 清华大学新闻与传播学院新媒体研究中心元宇宙文化实验室：《普通人如何抓住DeepSeek红利》，2025年。

44. 中国人工智能产业发展联盟（AIIA）科学智能（AI4S）工作组：《科研智能（AI4R&D）——人工智能驱动的研发新范式》，2024年。

45. 中国移动通信有限公司研究院：《光网络人工智能（AI）应用白皮书（2021年）》，2021年。

46. World Governments Summit. *AI: A Roadmap for Governments*, 2025.

四、行业标准规范类

47. NIST. *NIST Trustworthy and Responsible AI NIST AI 600-1 Artificial Intelligence Risk Management Framework: Generative Artificial Intelligence Profile*, 2025.

48. 香港特别行政区政府数字政策办公室：《香港生成式人工智能技术及应用指引》，2025年。

49. 中国（深圳）知识产权保护中心：《人工智能AI领域专利布局与申请指引》，2024年。

50. 国际电子工业联接协会（IPC）首席技术专家委员会：《释放人工智能在自动光学检测（AOI）领域的潜能》，2025年。